AI시대 캡스톤디자인 교육

| 박수정 · 임미가 · 김정은 · 김영아 공저 |

Capstone Design Education in the Age of AI

창의성 | 학생 자기주도 | 실무문제 해결
직업세계 연결 | 산학협력 강화

학지사

머리말

“ 산학연계 교육의 대명사가 된 캡스톤디자인(Capstone Design) ”

캡스톤디자인, 이제는 한국의 대부분 대학과 전문대학에서 교육과정으로 편성되어, 그 이름을 모르는 사람이 없을 정도로 대표적인 과목이 되었습니다. 궁금합니다. 캡스톤디자인은 과연 무엇일까요? 왜 필요하고, 어떻게 하는지, 그리고 효과적으로 운영하고 지원할 수 있는 방안은 무엇일까요?

캡스톤디자인은 2000년대 초 공학교육인증에서 권장하는 과목으로 출발하여 이공계 중심으로 발전해 왔습니다. 대학과 현장의 연계는 모든 학문 분야에서 중요하기 때문에, 현재는 거의 모든 학과에서 운영되고 있으며, 지역사회 연계와 융복합적 성격의 캡스톤디자인도 활발하게 이루어지고 있습니다. 그러나 대학에서 운영되는 캡스톤디자인의 교육학적 이론과 방법론이 체계적으로 구축되었다고 보기는 어렵습니다. 그간의 실제 운영 경험과 교육학적 내용을 토대로, 캡스톤디자인의 이론과 실제를 정리하는 것이 필요한 시점입니다.

‘공동체’는 가르치는 자의 ‘정체성’을 세우는 과정입니다. 이 책은 캡스톤디자인 교육을 더 잘하기 위해 대학의 교수자들이 매달 연구모임을 가지면서 기획되었습니다. 최근 동향과 다양한 문헌을 검토하고, 각자의 전문성을 살려 원고를 집필했습니다. 수차례 협의와 원고 검토를 거쳐 완성된 결과물을 이렇게 출간하게 되었습니다.

이 책의 구성은 다음과 같습니다. 제1, 2, 3장에서는 캡스톤디자인이 무엇이고, 어떻게 운영하며, 왜 필요한지에 대해 다루었습니다. 캡스톤디자인의 핵심을 이해할 수 있는 중요하고 기본적인 장으로, 반드시 읽어 보길 권합니다. 제4장에서는 캡스톤디자인의 다양한 유형과 운영 사례를, 제5장에서는 캡스톤디자인 수업에 적용할 수 있는 팀 학습의 비법을 소개하였습니다. 제6장에서는 AI 융합 캡스톤디자인의 개념과 사례를, 제7장에서는 캡스톤디자인 결과물의 권리화 수단으로서 지식재산의 활용을 다루었습니다. 모든 장을 순서대로 읽어도 좋고, 궁금하거나 관심 있는 장을 먼저 읽어도 좋습니다.

각 장의 집필진을 소개합니다. 대학 수업과 팀 학습에 관한 저술과 교수법 특강을 전문적으로 하는 박수정 교수가 제3, 5장을, 메이커교육을 전공하고 다양한 유형의 캡스톤디자인 수업을 강의한 임미가 박사가 제1, 2, 6장을, 10년 넘게 캡스톤디자인을 운영하며 다수의 특허를 보유한 김영아 교수가 제7장을 집필했습니다. 학교 공간의 교육 기획과 디자인 프로젝트를 수행하는 김정은 교수가 제4장을 집필하고 전체적인 조율 과정에서 수고해 주었습니다.

학생들의 목소리를 듣고자 캡스톤디자인 수업을 수강한 학습자 이야기를 넣었습니다. 소감을 공유해 준 학생들에게 고마움을 전하고, 저자들의 연구모임에 자료 조사를 도운 황혜민 학생에게 감사와 응원을 보냅니다.

“ 지금 참고하고 바로 적용할 수 있는 알찬 캡스톤디자인 안내서 ”

이 책은 캡스톤디자인을 이미 운영해 본 교수자에게는 탄탄한 기반과 새로운 아이디어를, 새롭게 운영하는 교수자에게는 유용한 기초와 적용 방안을 제공할 것입니다. 대학이 존재하는 이유는 무엇일까요? 학생의 학습과 성장을 위한 교육, 상호작용과 피드백이 활발한 수업을 고민하는 모든 이들에게 도움이 되었으면 합니다. 캡스톤디자인으로 더욱 크게 도약할 학생들과 교수자의 보람을 기대하고 응원합니다!

2025년 9월

저자를 대표하여 박수정 씀

차례

제1장

캡스톤디자인, 무엇인가

Capston Design

"대학에서 캡스톤디자인 수업을 듣고 온 학생과 그렇지 않은 학생들의 역량에 차이가 있는 것 같습니다. 캡스톤디자인 수업을 수강한 학생들이 대체로 문제해결력이 높아요. 저는 직원 선발 면접을 볼 때 캡스톤디자인 수업을 들었는지 물어보기도 합니다. 기업 입장에서는 대학에서 캡스톤디자인 교육이 더 많아졌으면 좋겠어요."

바이오 분야에서 국내 · 외적으로 우수 성과를 보이고 있는 한 기업의 임원이 한 말이다. 창의적 문제해결력과 기업 실무적응력을 높이는 것이 캡스톤디자인의 주요 목표이기는 하지만, 기업인의 입을 통하여 "캡스톤디자인이 더 많아졌으면!"이라는 말을 들으니 그동안 대학과 교수들이 기울여 온 노력이 헛되지 않은 것 같다.

1 '캡스톤디자인' 이름이 붙여진 이유

캡스톤디자인(Capstone Design). 과거에는 들어 본 적이 없는 과목이었는데, 지금은 보편적인 과목이 되었다. 분명 교양 과목은 아닌데, 캡스톤디자인(또는 종합설계)이라는 동일한 이름으로 전기공학과에 개설되어 있고, 경영학과에도, 의류학과에도 개설되어 있다. 경우에 따라서는 교육학과의 '교육문제 캡스톤디자인', '진로교육 캡스톤디자인'처럼 전공 특성이 드러나게 이름 지은 경우도 있지만, 전공별 특성이 뚜렷한 차이를 드러내는 대학에서, 이처럼 동일한 과목을 강의한다는 것은 놀라운 일이다.

게다가, '캡스톤디자인'은 한국 대학에서 사용되고 있는 보통의 전공 과목명(교육학개론, 유체역학, 경영학원론, 대학음악이론 등)과는 사뭇 결이 다르다. 독특하다. 캡스톤디자인에 관련한 한 가지 놀라운 기억은, 캡스톤디자인 첫 오리엔테이션 시간에 70여 명의 학생들(3개 강좌 통합 인원)에게 '이전에 다른 캡스톤디자인 수업을 수강한 경험이 있는지'를 물었을 때 약 절반가량의 학생이 손을 들었지만, '캡스톤디자인이 무슨 뜻인지'를 물었을 때에는 모두가 눈을 동그랗게 뜨고 정적이

흐른 채로 나를 쳐다보았던 일이다. 그 의미를 정확하게 대답하는 학생은 단 한 명도 없었다.

꼭 부정적인 뜻으로 한 말은 아니다. 상처에 붙이는 밴드가 우리나라에서 '대일 밴드'로 통용되는 것처럼, 캡스톤디자인이 어떤 특정한 교육의 형태를 지칭하는 대표 고유명사가 된 듯하다. 그만큼 이제는 캡스톤디자인이 대학에서 자연스럽게 받아들여지고 있는 것이라고 생각된다.

캡스톤디자인 강의 시간에 세 개의 영어 단어를 칠판에 적는다.
'Cap', 'Stone', 'Design'

우리 학생들은 이 세 단어의 뜻을 정확히 알고 있었다.
'모자', '돌', '설계'

그렇다면 캡스톤디자인의 의미를 이해하는 것은 어렵지 않다.

'캡스톤(Capstone)'이라는 단어는 본디 건축의 영역에서 건축물을 지을 때 사용하던 용어이다. 직역하자면 '모자돌', 즉 '벽이나 건축물의 정점에 놓인 돌'을 뜻한다(임미가, 2023a). 이 마지막 돌조각이 자리 잡을 때 비로소 그 건축물은 온전히 '완성'된 것이다.

'디자인(Design)'은 '대상, 사물 또는 시스템을 만들어 내기 위한 계획, 또는 그것의 실행'이라는 의미이며, 이와 같은 뜻을 가진 명사로도, 동사로도 사용할 수 있다. 디자인이라는 어휘는 '지시하다 · 표현하다 · 성취하다'의 뜻을 가지고 있는 라틴어의 '데시그나레(Designare)'에서 유래되었다. 조금 바꾸어 말해 보면, 디자인은 '어떠한 목적을 가지고 있는 산출적 행위'를 의미한다.

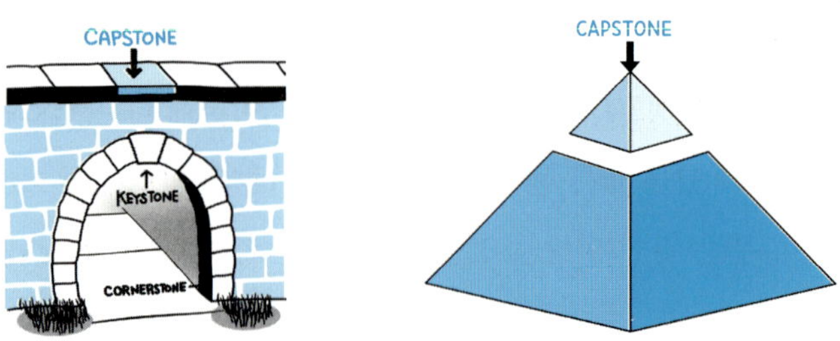

[그림 1-1] **건축물의 캡스톤**

이상을 종합하여 보면, 대학에서의 '캡스톤디자인'은 '교육을 완성하는 마지막 마무리 및 성취의 실행'을 의미한다(임미가, 2023a). 따라서 캡스톤디자인은 학부 3학년 또는 4학년에 이수하도록 하고, 그 결과로서 어떠한 형태의 산출을 수행하도록 계획하는 것이다. 즉, 대학에서 캡스톤디자인은 교육을 마무리하는 시점에서, 이론과 실제를 연결하는 통합의 장이 된다(임미가, 2023c).

2 캡스톤디자인의 정의

캡스톤디자인은 과목명인가? 일련의 학습 과정인가? 또는 교수학습 방법인가? 캡스톤디자인은 '종합설계'라고도 번역된다. 여기에서 '종합'의 의미는 학습자가 가지고 있는 전공 이론과 실무적 탐구 및 실현의 종합을 의미하는 것이겠지만, 말 그대로 종합적인 과정이다 보니, 때로는 캡스톤디자인에 대한 이해도, 정의도, 방법도 말 그대로 '종합적'으로 표현된다. 그리하여 캡스톤디자인의 정의에 대해서 학자들마다 중점적인 방향이 다르다.

이 부분을 조금 정리하면 캡스톤디자인을 이해하기가 한결 수월할 것이다. 우선, '과목, 과정'으로서의 캡스톤디자인의 정의를 살펴보자.

캡스톤디자인에 대한 국내외 학자 및 기관의 정의는 〈표 1-1〉과 같다. 그 안에 경험 또는 학습으로서의 언급도 일부 있지만, 여기에서는 '과목, 과정'에 집중하였다.

〈표 1-1〉 **캡스톤디자인 과목의 정의**

학자/기관	내용
Wagenaar (1993)	전공 학습 내용을 통합하고 실제적 맥락에 적용하는 것
Todd et al. (1995)	학생 엔지니어에게 실제 엔지니어링 프로젝트를 해결할 기회를 제공하는 중요한 활동
Australian National University (2020)	전공지식 통합, 시스템적 사고, 범위 설정, 팀 구성 등 종합설계를 졸업 직전 단계에서 수행하는 실무 중심 교육
한국공학대학교(2024)	산업체가 필요로 하는 과제를 학생들이 스스로 기획 · 설계 · 제작하는 과목

이상의 정의에서 언급되는 내용 중 과목이나 과정으로서의 특징들을 추출하면, '전공지식의 응용, 전공과 사회의 연결 및 통합, 산업 문제해결, 종합설계, 실제적 맥락, 실무 중심, 팀 프로젝트'이다. 표현은 조금씩 다르더라도 '전공 활용, 실무 문제해결, 팀 프로젝트'라는 키워드가 핵심이 된다.

이상의 내용을 기반으로 '캡스톤디자인 과목'의 정의를 다음과 같이 표현할 수 있다.

> “캡스톤디자인은 전공지식을 기반으로 실제 산업 및 사회 문제를 팀 프로젝트 수행으로 해결하는 종합설계형 실무 중심 과목이다.”
>
> – 임미가(2023a).

3 캡스톤디자인의 교육학적 특징

앞서 살펴본 캡스톤디자인 과목의 정의를 교수학습적 관점에서 살펴보면 '문제해결'이 가장 핵심이 되며, 이때 학습자가 해결해야 할 '문제의 성격'이나 '문제해결의 방식'에 특정한 '조건'이 반드시 수반되어야 함을 알 수 있다. 이때, 문제의 성격은 실제 산업 및 사회의 실무 중심이어야 하고, 문제해결의 방식은 팀 프로젝트 기반의 종합설계형이다.

캡스톤디자인 수업에서 이루어지는 교수 · 학습을, 조금 더 교육학적 시각으로 들여다본다면 어떠한 특징을 찾아볼 수 있을까? 여기에서는 '경험, 학습'으로서의 캡스톤디자인의 특징을 살펴보고자 한다.

〈표 1-2〉 캡스톤디자인 학습의 정의

학자/기관	내용
Dym et al. (2005)	개방형 문제해결, 팀워크, 의사소통 기술, 공학 지식 통합을 강조하는 경험 중심의 학습
Hotaling et al. (2012)	캡스톤디자인 프로젝트는 학생들에게 실제적인 공학 실무에 참여할 수 있는 구조화된 기회를 제공함
ABET (2023)	공학 기준과 현실적 제약 조건을 반영하여, 이전 교육에서 습득한 지식과 기술을 바탕으로 수행하는 통합 설계 경험
신창범, 권오성(2014)	졸업 후 산업현장에서 만날 수 있는 각종 문제(과제)를 해결할 수 있도록 이론과 실무를 융합적으로 적용하여 문제를 해결하는 능력을 배양하고, 산업체와 연계하여 작품을 기획 · 설계 · 제작하는 일련의 전 과정
김현주, 장현주, 김윤희(2020)	PBL 체계를 활용하여 설계되었으며, 주어진 문제를 해결하는 과정에서 실무 경험, 자기주도학습, 팀 협업 능력을 키우는 수업
허미선, 이정민(2021)	캡스톤디자인 수업은 인지적 · 정의적 · 사회적 학습 효과가 뚜렷하며, 특히 직업기초능력과 창의력 향상에 효과적임
이규진(2022)	PBL 기반 캡스톤디자인 수업을 통해 학생들이 산업체와 협력하여 문제를 정의 · 해결하고 실무 역량, 팀워크, 창의성을 향상시키는 실무 중심 교육

이상의 정의에서 언급되는 내용 중 학습이나 경험으로서의 특징들을 추출하고 이것을 다시 교육목표, 교육내용, 교육방법, 교수자 참여 유형, 학습자 참여 유형, 교육환경의 측면으로 구분하여 정리하면 〈표 1-3〉과 같다.

〈표 1-3〉 캡스톤디자인의 교육학적 특징

구분	내용
교육목표	창의성, 비판적 사고, 종합적 사고력, 문제해결력, 팀워크, 실무 적응력 함양
교육내용	실무 기반, 실제 문제해결
교육방법	프로젝트기반학습, 문제기반학습, 구성주의
교수자 참여 유형	코칭, 멘토링
학습자 참여 유형	협업, 팀 프로젝트, 학습자 중심, 자기주도
교육환경	산학협력

출처: 임미가(2024).

〈표 1-3〉의 내용을 종합하여 캡스톤디자인의 교수 · 학습적 특징을 정리해 보면 다음과 같다.

캡스톤디자인 과목의 교수 · 학습은 구성주의적 관점(학생이 스스로 지식을 구성) 아래 프로젝트 중심의 문제해결 학습으로 설계되며, 학습자는 자기주도적 협업을 통해 창의성, 비판적 사고, 문제해결력, 종합적 사고력을 함양하도록 한다. 교수자와 산업체 전문가의 멘토링과 코칭, 그리고 산학협력 기반의 실제성 높은 교육 환경은 학습자가 실무 적응력을 갖춘 인재로 성장하는 것을 돕는다.

이상의 내용을 기반으로 '캡스톤디자인 교육'의 정의를 다음과 같이 표현할 수 있다(임미가, 2023a).

> " 캡스톤디자인은 구성주의적 관점 아래 이루어지는 프로젝트 중심의 실무 문제해결 학습으로, 교수자와 산업체 전문가는 멘토링 및 코칭의 역할을 하고, 학습자는 자기주도적 협업을 통해 창의성, 비판적 사고, 문제해결력, 종합적 사고, 팀워크, 실무적 응력을 함양한다. "

지금까지 도출한 캡스톤디자인 과목과 교육의 정의를 통합하여 캡스톤디자인의 정의를 종합적으로 표현하면 다음과 같다.

> 캡스톤디자인은 전공지식을 기반으로 실제 산업 및 사회 문제를 팀 프로젝트 수행으로 해결하는 종합설계형 실무 중심 과목이다. 구성주의적 관점 아래 이루어지는 문제해결 학습의 성격을 가지며, 교수자와 산업체 전문가는 멘토링 및 코칭의 역할을 하고, 학습자는 자기주도적 협업을 통해 창의성, 비판적 사고, 문제해결력, 종합적 사고, 팀워크, 실무적응력을 함양한다.
>
> – 임미가(2023a).

4
캡스톤디자인의 발전 과정

국가통계포털(KOSIS)에서 캡스톤디자인 운영 대학과 이수 학생 수를 확인하면, 운영 대학 수는 2011년 121개 대학에서 2023년 275개 대학으로 약 2.3배 증가하였다. 2023년 기준 우리나라 전체 대학(일반대학+전문대학) 323개 중 85%에 해당하는 대학이 캡스톤디자인을 운영하고 있는 것이다. 이수 학생 수는 2011년 65,215명에서 2023년 287,285명으로 약 4.4배 증가하였다. [그림 1-2]와 같이 캡스톤디자인 운영 대학 수는 꾸준히 증가추세를 보이며, 특히 2011~2013년, 2016~2017년의 증가 추세가 두드러짐을 알 수 있다.

캡스톤디자인이 우리나라에서 어떻게 발생하고, 확장되고, 안착되어 왔는지 그 과정을 살펴보자.

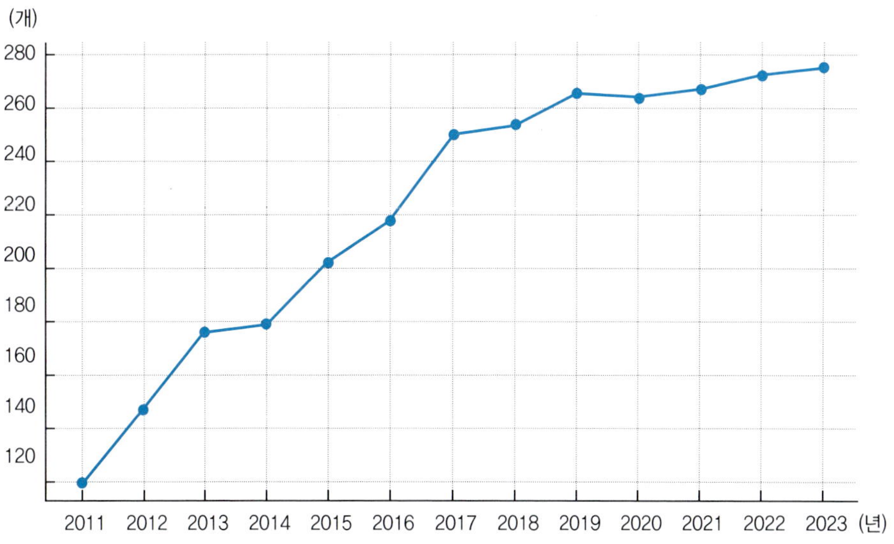

[그림 1-2] **캡스톤디자인 운영 대학 수**

출처: 국가통계포털(KOSIS).

1) 미국의 캡스톤디자인 발전 배경

초기 캡스톤디자인은 1980년대 미국 대학을 중심으로 시작되었다. 루이지애나 주립대학교(Louisiana State University)의 기계공학과 교수들이 1981년에 캡스톤디자인 프로젝트 수업을 시작하였고, 지금까지 지속적으로 발전되어 왔다. 캡스톤디자인은 미국 공학교육을 중심으로 발생하고 발전하였다(임미가, 2023a).

공학(engineering)은 라틴어 '창조하다(Ingenerare)'에서 유래하였다. 공학교육에서 근원적으로 강조되는 점은 '실용적 산출을 위한 최적화된 조건'을 만들어 내는 것이다. 즉, '사고'나 '앎'으로서의 지식에 더하여, '최적화된 산출'을 이루어 내는 것이 중요하다(임미가, 강바람, 2024). 이러한 학문적 특성에 따라, 공학에서는 실용 및 실무 중심의 역량을 함양하는 것이 중요하며, 이것이 곧 공학 전공 졸업생들이 몸담게 될 산업계의 바람이기도 하다.

미국의 공학교육에서는 이러한 요구에 부응하기 위해 캡스톤디자인이라는 실무 중심의 프로젝트 수업을 계획하고 발전시켜 왔다. 그리고 산업 경쟁력 강화를 위해서 이론 교육보다는 실무 중심 교육이 이루어져야 함을 인식하고 이를 인증하기 위한 체계를 마련하였다.

미국공학교육인증원(Accreditation Board for Engineering and Technology: ABET)은 산업계가 원하는 역량을 갖춘 인재 양성을 목표로 하여, 교육기관의 실무형 교육의 질을 인증하는 비영리기관이다. 핵심 평가 요소는 교육목표의 적절성, 학생성과 및 역량, 실무형 교육과정, 교수진의 산업 경험 및 기여도, 적절한 실습환경 등이다. 대학 전체를 대상으로 하기보다는 특정 학과나 교육 프로그램을 대상으로 인증하는데, ABET 인증을 통해 교육기관은 교육 신뢰도를 인정받을 수 있고, 학생은 산업계에서 필요로 하는 양질의 실무 역량을 함양 · 인정받을 수 있으며, 기업은 우수한 실무형 인재를 채용함과 함께 신뢰로운 산학협력 활동을 할 근거를 제공받을 수 있다.

매사추세츠 공과대학교(MIT), 스탠퍼드 대학교, 조지아 공과대학교, 퍼듀 대학교 등 상위권 대학을 포함한 대다수의 미국 대학이 ABET 인증에 참여하고 있으며, ABET 인증은 대학 경쟁력, 학생 취업률, 미국 국립과학재단(NSF)으로부터의

〈표 1-4〉 미국공학교육인증원의 학생 성과 기준

순서	핵심 능력	상세 설명
SO1	문제해결 능력	수학, 과학, 공학 원리를 적용해 복잡한 공학 문제를 정의하고 해결할 수 있는 능력
SO2	설계 능력	공공 보건, 안전, 환경, 경제, 사회 등 요소를 고려하여 공학 설계를 수행할 수 있는 능력
SO3	의사소통 능력	다양한 청중과 효과적으로 의사소통할 수 있는 능력(프레젠테이션, 보고서 등)
SO4	윤리 및 판단력	공학인의 윤리와 책임을 이해하고, 전문적 판단을 내릴 수 있는 능력
SO5	팀워크 능력	팀 안에서 리더십, 협업, 책임 분담 등을 통해 목표를 달성할 수 있는 능력
SO6	실험 및 분석 능력	실험을 설계하고, 데이터를 분석하여 결론을 도출할 수 있는 능력
SO7	지속적 학습 능력	새로운 지식을 스스로 습득하고, 적절히 적용할 수 있는 평생학습 능력

출처: ABET (2024).

연구 지원 등에 실질적으로 영향을 미친다.

ABET 인증의 중요 요소 중 하나는 학생 성과(Student Outcomes: SO)이다. SO는 공학 프로그램을 졸업한 학생이 졸업 시점에서 반드시 갖추고 있어야 할 능력을 의미하며, ABET의 표준 SO는 〈표 1-4〉의 일곱 가지이다.

ABET의 이러한 '성과중심교육'은 캡스톤디자인과의 연결 고리를 만들어 낸다. 성과중심교육(Outcome-Based Education: OBE)이란 가르치는 내용이 아닌 학습자의 최종 성과(outcome)가 중심이 되는 교육체계를 말한다. 대학들은 ABET 인증을 받기 위해, 성과중심(학생들의 SO 함양) 교육방법을 채택하였고, 이에 적합한 교육의 형태가 캡스톤디자인이었다. ABET 인증의 확대와 함께 각 대학에서 자연스럽게 캡스톤디자인이 확대되었고, 이후 캡스톤디자인이 ABET 인증 체계의 핵심 교육으로 자리 잡게 되었다.

한편, ABET은 공학 학사 프로그램에 대한 국제 상호인정 협약인 워싱턴 어코드(Washington Accord)의 주요 참여 기관이기도 하다. 워싱턴 어코드는 1989년 미국, 캐나다, 영국, 호주, 뉴질랜드, 아일랜드 6개국이 창립하였는데, 이를 통해 공학 학위의 국제 표준을 확보할 수 있고, 회원국들의 학생들이 자국에서 받은 공학인증이 있다면 워싱턴 어코드 소속 국가에서 학위 및 자격을 동등하게 인정받을 수 있다. 창립 이후에는 한국, 일본, 싱가포르 등 다양한 국가들이 합류하면서 현재는 20개국 이상이 정회원으로 참여하고 있다. 워싱턴 어코드 참여국들은 각 국가마다 ABET 기준에 준하는 인증 체계를 마련하여 자체적으로 운영하고 있으며, 국가별 주요 인증기관 일부는 〈표 1-5〉와 같다.

〈표 1-5〉 국가별 공학인증기관

국가	인증기관명	인증기관 정식 명칭
미국	ABET	Accreditation Board for Engineering and Technology
캐나다	CEAB	Canadian Engineering Accreditation Board
영국	ECUK	Engineering Council
호주	EA	Institution of Engineers Australia
한국	ABEEK	Accreditation Board for Engineering Education of Korea
일본	JABEE	Japan Accreditation Board for Engineering Education

2) 한국의 캡스톤디자인 발전 배경

우리나라에도 산업계와 학계의 요구에 부응하여 공학인증기관인 한국공학교육인증원(Accreditation Board for Engineering Education of Korea: ABEEK)이 1999년에 설립되었다. ABEEK는 공학교육인증 기준에 캡스톤디자인 과목을 필수 요소로 포함시켜, 전국 대학에서 해당 과목이 개설되도록 유도하였고, 2001년부터 서울과학기술대학교(당시 서울산업대학교) 등과 협력하여 캡스톤디자인 교육 모델을 개발・확산하기 위해 노력하였다. 지속적인 발전과 개선으로 2007년 워싱턴 어코드에 정회원으로 가입하여, 한국의 공학교육 프로그램이 국제적으로 동등한 자격을 인정받을 수 있는 기반을 마련하였다.

ABEEK의 공학교육인증제도는 '공과대학 교육과정에 대한 평가를 통해 해당 과정을 이수한 졸업생이 산업체의 수요와 글로벌 스탠다드를 충족하는 역량을 갖추게 되는 것을 인증하는 제도'이다. ABEEK에서 요구하는 역량은 기초 역량, 전공활용 능력(자료분석, 문제정의, 공학실무, 공학설계), 문제해결 역량(팀워크, 의사소통, 사회이해, 공학윤리, 평생학습 능력)으로 크게 3영역 10가지 항목이다.

ABEEK의 공학교육인증을 받기 위해서는 해당 교육 프로그램이 설계과목 9학점을 포함한 54학점 이상으로 구성되어야 하고, 수학, 기초과학, 전산학, 교양 등 전공 과목 이외에도 필수적으로 특정 과목을 포함하여 구성하여야 한다. 즉, 대학들이 ABEEK 공학교육인증을 받기 위해서는 캡스톤디자인(종합설계) 개설이 필수적이다.

대학의 공학 관련 학과에서의 공학교육인증 프로그램 운영은 필수는 아니고 선택의 문제이지만, ABEEK 공학교육인증이 있을 경우 기관의 교육수준이 우수한 것으로 평가되고, 공학교육인증을 받은 학생이 국내외 기업 취업에 유리하며, 글로벌 진출이 용이하다는 점에서 선호된다. 2025년 3월 기준 전국 84개 대학, 483개 프로그램이 공학교육인증을 운영 중이다.

> “설계 교과목에는 최소한 기초설계 과목 1과목과 최상위 학년의 종합설계 과목(캡스톤디자인)이 반드시 포함되어야 하며, 전체 설계 학점은 9학점 이상이어야 한다.”
>
> – 공학교육인증 운영 매뉴얼

한국의 캡스톤디자인이 발달한 중요한 계기는 산학협력선도대학육성사업(Leaders in Industry-university Cooperation: LINC; 이하 'LINC사업')이다. LINC사업은 2012년부터 교육부가 주관하여 대학-기업 간 산학연계 강화를 목표로 시행된 대형 국책사업이다. LINC사업단은 캡스톤디자인을 기업 중심의 실무형 교육 모델로 발전시켰다. 캡스톤디자인에서 학생들이 해결해야 할 문제를 기업현장에서 발굴하거나 기업이 직접 제시하는 것을 지향하고, 문제해결의 과정에서 기업인이 직접 전문가 멘토로 참여하며, 시제품 제작, 특허출원, 산업 연계 EXPO 개최 등을 통해 학생들의 문제해결 결과가 산업 성과로 이어질 수 있도록 지원하는 것에 중점을 두었다.

LINC사업은 1단계 사업이 2012년에 시작되었고, 학계와 산업계의 호응을 얻어 LINC+(링크플러스)라는 이름으로 2단계 사업이 2017년에 시작되었다. 그리고 LINC사업이 대학의 산학협력 활성화에 실질적으로 기여한다는 평가 아래 2022년에 LINC3.0사업이 시작되었고 2025년에 종료되었다. 앞서 [그림 1-2]에서 캡스톤디자인 운영 대학 수가 2011~2013년, 2016~2017년의 증가 추세가 두드러짐을 확인하였는데, 이러한 시점이 각각 LINC사업의 1단계와 2단계가 시작되는 시점이라는 점에서 LINC사업이 우리나라 캡스톤디자인의 발달에 의미 있는 역할을 했다는 것을 확인할 수 있다.

ABEEK와 LINC사업단이 캡스톤디자인을 대하는 방식은 엄밀히 말하면 차이가 있다. ABEEK은 산업체가 요구하는 역량을 학생이 '함양'하는, 주로 교육적 목적으로 캡스톤디자인 운영을 평가한다. LINC사업단은 실제 캡스톤디자인 과정이나 결과를 통해 '산학연계'가 강화되는 것, 즉 산학협력 확대를 목적으로 캡스톤디자인 운영을 지원한다. 주된 목적은 다를지라도 두 기관은 서로 협력적 역할을 하면서 대학에 캡스톤디자인이 안착하고 발전하는 것에 함께 기여하였다.

캡스톤디자인 관련 ABEEK와 LINC사업단의 주요 특징은 〈표 1-6〉과 같다.

〈표 1-6〉 한국공학교육인증원(ABEEK)과 LINC사업단 비교

구분	ABEEK	LINC사업단
기관의 형태 및 기능	독립된 단일 기관으로서 공학인증 기준 적용 및 관리	대학 내 산하조직으로서 소속 대학의 산학협력 활성화
캡스톤디자인 운영 방향	공학인증을 위한 필수 교과목	캡스톤디자인을 산학협력으로 확장
캡스톤디자인 결과 활용	졸업인증 요건, 학습성과 평가	산학협력 강화, 산업가치 창출(특허, 창업 등)

ABEEK은 '공학' 인증 기관이고, LINC사업은 공학뿐 아니라 대학 내 전 학과를 대상으로 하지만 운영 목적이 '산학협력 강화'라는 점에서, 자연스럽게 캡스톤디자인의 시작은 공학계열이 중심이 되었다. 그러나 최근 전 학문 영역의 실무형 교육이 중시되면서 캡스톤디자인이 경영, 예술, 인문 · 사회 계열 등 대학의 다양한 학문 분야로 확대되고 있고, 지역사회와의 협업, 융복합 분야 문제해결 등이 주요 주제로 대두되었다.

LINC3.0사업이 2025년 5월 종료됨에 따라, 대학의 산학연 협력과 교육혁신을 지원하던 주요 기능 중 일부는 '지역혁신중심대학지원체계(Regional Innovation

System of Education: RISE)'로 이관될 예정이다. RISE는 지방자치단체가 지역 내 대학 지원에 대한 권한을 갖고 기획, 예산, 평가에 이르는 전 주기를 주도함으로써, 지역 수요 기반의 고등교육 정책을 구현하고, 대학-지방자치단체-산업체 간 유기적인 협력을 강화하려는 국가 차원의 전략적 정책이다. 2025년부터 전국 모든 시 · 도에 단계적으로 도입되며, 기존 중앙정부 주도의 획일적 대학 지원 체계를 탈피하여, 지역 맞춤형 고등교육 생태계를 조성하는 데 초점을 둔다.

이와 같은 전환 속에서 캡스톤디자인 지원 또한 RISE 체계를 통해 지속될 예정이다. 지방자치단체와 대학이 협력하여 지역 현안 해결형 과제, 지역산업 연계형 프로젝트 등을 확대하는 방식으로 지역 산업 중심의 산학협력 교육 모델로 발전할 가능성이 높다. 이미 캡스톤디자인은 다수 대학과 학과에서 정규 교육과정으로 안정적으로 정착되어 있으며, 향후에는 RISE를 통한 정책적 지원과 더불어, 대학 자체 재원 확보를 통해 지속적으로 발전할 것으로 생각된다.

5
캡스톤디자인과 미래 인재

1 vs 34. 캡스톤디자인 교수자를 대상으로 간단한 설문조사를 실시하였다. '나는 캡스톤디자인 수업이 학생들에게 필요한 수업이라고 생각한다.'라는 문항에 대하여 '그렇다 또는 매우 그렇다'에 응답한 교수자는 응답자 35명 중 34명(97%)이다. 이들은 캡스톤디자인이 학생 취업에 도움이 되며(89.6%), 전공지식 활용 역량 함양(100%), 의사소통 역량 함양(97%), 창의적 문제해결력 함양(94.3%) 등에 긍정적인 영향을 준다고 생각하였다.

캡스톤디자인의 수업 효과에 관하여 설문을 진행한 엄우용 외(2022)의 연구에서도 100명의 대학교원들은 캡스톤디자인 수업이 학습자 문제해결력 향상, 의사소통 역량, 설계 역량 향상, 실무 역량 함양에서 높은 효과를 보인다고 인식하고 있었고(평균 5점 중 4.18점 이상), 캡스톤디자인 관련 21편의 국내 학술문헌을 메타분석하여 학습 효과를 분석한 허미선, 이정민(2021)의 연구에서도 캡스톤디자인은 큰 학습 효과를 나타내고 있었다.

우리가 크게 인식하지 못한 사이에, 캡스톤디자인의 자리는 점차 넓어지고 있다. [그림 1-3]에서 4학년 이수 권장 과목은 취창업연계과목, 캡스톤디자인, 현장실습 인턴십으로 학생들을 실제 세계와 통하는 문으로 인도하고 있다.

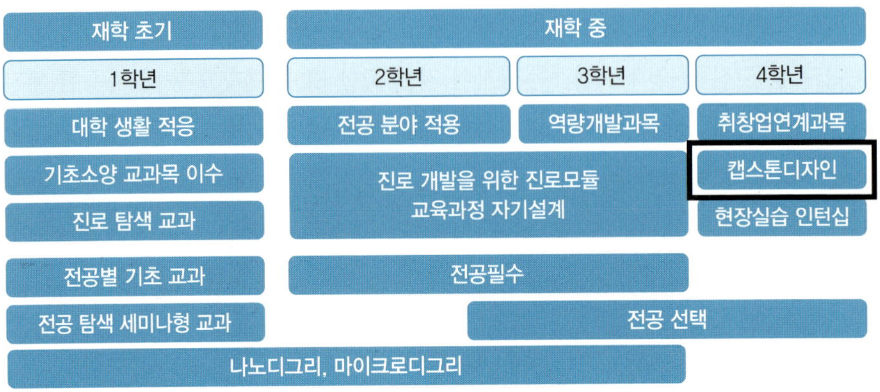

[그림 1-3] 학년에 따른 교과목 이수 영역 프레임

출처: 이석열 외(2025).

캡스톤디자인의 실질적 효과는 제3장에서 상세히 다룰 것이며, 여기에서는 사회적 변화와 요구의 관점에서 캡스톤디자인의 필요성을 살펴보고자 한다.

1) 캡스톤디자인의 필요성

캡스톤디자인의 필요성은 크게 '네 가지 변화'에 기인한다.

그것은 AI 중심의 산업 패러다임 변화, 글로벌 융복합 문제 심화, 기대 역량의 변화, 대학교육의 역할 변화이다. 이러한 변화에 적응하기 위한 교육을 캡스톤디자인을 통해 실현할 수 있을 것으로 기대한다.

(1) AI 중심의 산업 패러다임 변화

산업의 구조는 기술적 · 사회적 · 환경적 요인의 변화에 따라 끊임없이 진화해왔다. 특히 최근 수년간 디지털 기술의 급속한 발전과 함께 산업 간 경계가 허물어지고, 새로운 패러다임이 형성되고 있다. 지금 이 순간도 여러 요인이 작용하며 산업의 변화가 발생하고 있지만 최근의 주요 흐름은 크게 AI 기반 디지털 전환, AI 중심 기술 융합화로 이야기할 수 있다.

첫째, AI 기반 디지털 전환은 단순한 IT 인프라 도입을 넘어서, 산업 전반의 흐름을 재정의하고 있다. 제조업 분야에서는 IoT(사물인터넷), 센서, AI 기반 분석 기술이 결합된 스마트 팩토리(Smart Factory) 모델이 확산되고 있으며, 이는 단순 자동화를 넘어 실시간 데이터 기반의 의사결정 시스템 구축으로 진화하고 있다. 이러한 변화는 생산 효율을 극대화하고, 불량률 감소, 에너지 최적화라는 측면에서 경영 성과에 직접적으로 기여하고 있다(Deloitte, 2023).

서비스 산업에서도 디지털 전환은 새로운 경쟁력의 핵심 요소로 자리 잡고 있다. 고객 행동 데이터 분석에 기반한 초개인화 서비스, 챗봇 기반 무인 접객, 클라우드 기반 백오피스 자동화 등이 전통적인 서비스 모델을 대체하고 있으며, 이는 고객과 기업 간의 인터랙션 방식 자체를 바꾸고 있다.

한편, 메타버스, 가상현실(VR), 증강현실(AR), 확장현실(XR) 기술 또한 게임과 엔터테인먼트를 넘어 제조, 교육, 의료, 건설 등 현실 산업에 적용되며 빠르게 확산되고 있다.

둘째, AI 중심 기술 융합은 전통 산업 간의 경계를 허물고 있다. 이제 더 이상 제조, IT, 의료, 에너지 산업은 독립적인 산업군으로 작동하지 않는다. 이들 산업은 AI, 데이터, 소프트웨어 등의 기술을 매개로 융합되며, 클러스터형 생태계 산업으로 진화하고 있다. 대표적인 사례가 모빌리티 산업이다. 기존의 자동차 제조는 이제 배터리 기술, 자율주행 AI, 커넥티드 서비스 플랫폼이 융합된 복합 산업이 되었다. 디지털 헬스케어 분야 역시 의료기기, AI 영상 진단, 원격 모니터링 시스템이 통합되며 새로운 산업군으로 부상하고 있다. 이처럼 제품 단위의 경쟁에서 벗어나 생태계 단위의 경쟁 구조로 전환되면서, 플랫폼 구축 능력이 산업 경쟁력의 핵심으로 부상하고 있다.

(2) 글로벌 융복합 문제 심화

세계는 지금 급격한 기후변화, 팬데믹, 지정학적 갈등 등의 복합적 문제 속에 있다. 이에 따라 친환경으로의 전환, 산업의 클러스터화와 같은 융복합적인 산업 구조의 변화가 일어나고 있다.

첫째, 친환경으로의 전환은 충격적인 환경오염과 기후위기 속에서 인간 생존의 문제가 되었다. EU는 탄소국경조정제도를 도입해 철강, 알루미늄, 시멘트 등 고탄소 제품에 대해 수입세를 부과하고 있으며, 향후 고탄소 업종의 제품 경쟁력은 환경 적응 역량에 따라 좌우될 것이다.

둘째, 산업의 클러스터화는 세계가 최근 우크라이나-러시아 전쟁과 미국-중국 갈등으로 원자재 및 에너지 공급 불안 현상을 겪으면서, 산업 집중으로 인한 리스크 예방의 필요성에 따라 부각되었다. 글로벌 차원에서 EU 배터리 연합과 같은 국가 간 연계 클러스터 전략이 확대되고 있으며, 한국에서도 지역 단위 산업 클러스터 전략이 부상하고 있다. 정부는 지역 특성에 맞는 산업 거점을 중심으로 산업-연구-인재를 집적하고 있으며, 이러한 흐름은 공급망 분산뿐 아니라 지역 일자리 창출, 기술 내재화, 국산화 비율 제고 등의 효과를 유도하며, 기존 중앙집중형 산업 구조의 대안으로 기능하고 있다.

(3) 기대 역량의 변화

이러한 산업 구조의 변화와 기술 혁신은 단순히 제품이나 서비스 수준의 변화에 그치지 않는다. 이는 기업의 직무 구조와 필요 인재상의 변화, 나아가 교육의 변화에 대한 사회적 요구로까지 이어진다. 디지털 전환, 기술 융합, 친환경으로의 전환, 산업의 클러스터화 등의 변화 속에서 사회와 기업이 요구하는 인재상은 '융합적 사고를 가진 창의적 인재'로 전환되고 있다. 단순한 반복 업무와 규칙 기반 직무는 자동화로 대체되고 있어, 인간 고유의 문제해결능력, 창의적 사고, 감성적 소통 등이 더 큰 가치를 갖게 되었다.

기업들은 문제를 구조적으로 분석하고 협업을 통해 해결하는 'T형 인재'를 선호한다. 이는 하나의 전문성을 갖추되, 다양한 분야에 대한 이해와 유연한 연결 능력을 가진 인재를 의미한다. 특히 기술–경영–디자인의 융합 능력, 데이터 해석력, 그리고 변화 대응 적응력은 미래 인재의 핵심 속성으로 부상하고 있다.

이러한 변화에 따라 미래 인재가 갖추어야 할 주요 역량은 〈표 1-7〉과 같이 정리할 수 있다.

〈표 1-7〉 미래 인재 역량

역량 영역	세부 역량	설명
정보기술 역량	• 디지털 리터러시 • 데이터 분석 능력	모든 산업에서 데이터 기반 의사결정이 필수화됨에 따라, 디지털 환경을 이해하고 데이터를 활용할 수 있는 능력이 필요
AI 활용 역량	• AI 활용 능력 • AI 기반 융합 역량	모든 산업 및 직업군에서 AI 활용 역량 필요
문제해결 역량	• 복합 문제 분석 • 시스템 사고 • 비정형 문제 대응력	복합적인 문제 상황에서 핵심 원인을 파악하고, 체계적으로 분석하여 해결책을 제시할 수 있는 능력
창의적 설계 역량	• 기획력 • 대안 설계 • 변화 유연 적응	창의적으로 새로운 아이디어를 설계 · 적용하고 변화에 유연하게 대응하는 능력
협업 및 소통 역량	• 다학제 협업 • 온 · 오프라인(하이브리드) 커뮤니케이션 • 팀워크	복잡한 조직 구조와 글로벌 협업 환경에서 효과적인 의사소통과 조정 능력
윤리 · 지속가능성 역량	• ESG 이해 • AI 윤리 • 환경 감수성	사회적 책임과 지속가능성 중심의 의사결정 능력

출처: 임미가(2024).

특히 AI 기반의 디지털 기술 융합 역량은 모든 분야에서 기초 문해력(digital literacy)을 넘어서, 생산성과 경쟁력을 좌우하는 핵심 능력으로 작용하고 있다. 또한 ESG(Environmental, Social, Governance: 환경, 사회, 지배구조) 가치 기반의 의사결정능력은 기술, 경영, 정책의 공통 요소로 반영되고 있다(UNESCO, 2023).

(4) 대학교육의 역할 변화

산업 변화에 따라 고등교육의 역할도 근본적인 전환이 필요하다. 과거의 대학교육은 정해진 지식 전달 중심이었지만, 앞으로의 대학교육은 지속가능한 학습력, 실행 기반의 교육 모델, 산업과의 연계성을 중심으로 재설계되어야 할 것이다.

산업 구조와 기대 역량의 변화 속에서 대학 교육은 어떠한 모습을 갖추어야 할까?

① 지식 전달 중심에서 문제해결 중심으로

기존의 강의식 교육에서 벗어나, 실제 사회 · 산업의 문제를 정의하고 해결하는 능력을 함양하는 문제기반학습, 프로젝트기반학습 등이 중심이 되고 있다. 이러한 학습은 캡스톤디자인, 산학협력 과제 등을 통해 구현되고 있으며, 학생들의 실질적인 '실행력'과 '창의적 사고'를 강화하는 데 기여하고 있다.

② 학습자 주도성과 개별화된 학습 경로의 강조

획일적인 교육과정이 아니라, 학생이 스스로 학습 목표를 설정하고 학습 경로를 설계할 수 있도록 하는 자기주도학습 환경이 확대되고 있다. 지금의 대학은 마이크로디그리, 비교과 연계 프로그램, 학습 포트폴리오 등 개인화된 학습 경험을 가능하게 한다.

③ AI 중심 산업 및 직업 세계와의 연결성 강화

AI 중심으로의 산업 구조 및 직업 세계 변화에 대응하기 위해, 대학교육은 산업 현장과의 직접적인 연계를 강화하고 있다. 인턴십, 기업 연계 프로젝트, 현장 실습 기반의 실무형 교육과정이 확산되며, 학생들은 졸업 후 즉시 현장에서 적용 가능한 직무 역량을 갖추어야 한다. 이는 단순한 취업률 향상이 아닌, 직업적 정체성을 함께 키우는 방향으로의 전환을 의미한다. 특히 전 산업 및 직업 영역에서 AI 리터러시가 기본 역량으로 자리하면서 이제 대학에서의 AI 교육은 전공 영역을 불문하고 필수적인 기초 교육으로 구성되고 있으며, 특히 개인의 전공 영역과 AI와의 융합을 통한 창의적 문제해결력이 중요한 역량으로 자리 잡았다.

④ 지역사회와의 상호작용 확대

고등교육은 이제 더 이상 대학 울타리 안에 머무르지 않고, 지역사회와의 상생을 중요한 가치로 내세우고 있다. 지역 문제해결 프로젝트, 지역 특화 교육과정, 지방자치단체와의 협력 모델(RISE 등)을 통해 대학은 지역 혁신의 핵심 주체로 기능하고 있다. 이는 대학의 공공성과 사회적 책무성 확대라는 관점에서도 중요한 전환이다.

⑤ 지속가능성과 윤리적 역량에 대한 강조

글로벌 환경위기, 사회적 불평등, 기술 윤리 등 복합적인 문제 속에서, 대학 교육은 이제 지속가능성, 윤리적 판단력, 시민의식과 같은 포괄적 역량을 필수 요소로 포함해야 한다. 단순히 기술을 배우는 것이 아니라, 그것을 '어떻게', '왜' 사용할 것인가에 대한 통합적 사고를 기르는 것이 고등교육의 중요한 책무로 부상하고 있다.

이와 관련한 고등교육의 패러다임의 변화를 〈표 1-8〉과 같이 살펴볼 수 있다.

〈표 1-8〉 **고등교육 패러다임 변화**

구분	연구 제목	주요 내용
교육부 (2022)	대학혁신지원사업 종합 성과 분석 보고서	대학은 정형적 지식 전달을 넘어 산업 변화에 유연하게 대응하는 문제해결형 · 실행형 교육 플랫폼으로 진화해야 함
UNESCO (2021)	Reimagining our futures together: A new social contract for education	교육은 지식 전달이 아니라 지속가능한 학습 역량, 자기주도 학습력, 사회 연계성을 기르는 방향으로 전환되어야 함
OECD (2022)	Does Higher Education Teach Students to Think Critically?	고등교육은 학습자의 비판적 사고역량을 함양할 수 있도록 재구조화되어야 함

미래 사회를 위한 고등교육 변화의 방향을 종합해 보면 몇 가지 시사점을 도출할 수 있다.

사회와 산업의 변화에 대응하는 미래 고등교육의 지향점은,

문제해결, 지속가능성, 산학협력, 사회연계, 실무중심, 역량중심, 자기주도이다.

이러한 키워드들을 어디서 보았는가? 앞서 제시한 '캡스톤디자인의 정의'를 다시 한번 진술하면서 마무리하고자 한다.

캡스톤디자인은 AI 중심으로의 급격한 산업 변화에 대응하고, 글로벌 난제를 해결하는 인재를 양성하기 위한, 대학의 핵심 교육과정이 될 것이다.

캡스톤디자인은 전공지식을 기반으로 실제 산업 및 사회 문제를 팀 프로젝트 수행으로 해결하는 종합설계형 실무 중심 과목이다. 구성주의적 관점 아래 이루어지는 문제해결 학습의 성격을 가지며, 교수자와 산업체 전문가는 멘토링 및 코칭의 역할을 하고, 학습자는 자기주도적 협업을 통해 창의성, 비판적 사고, 문제해결력, 종합적 사고, 팀워크, 실무적응력을 함양한다.

핵심 POINT

01 '캡스톤'은 '건물의 정점에 놓인 마무리 돌'을 의미하며, 캡스톤디자인 수업은 '전공지식을 기반으로 실제 산업 문제를 해결하는 실무 중심의 팀 프로젝트 학습'이다.

02 1980년대 미국 대학에서 시작된 캡스톤디자인 수업은 공학 분야에서 가장 활발하지만, 현재는 인문, 사회, 예술 등 전 분야에서 이루어지며, 대한민국 275개의 대학에서 캡스톤디자인 수업을 운영 중이다.

03 캡스톤디자인 수업은 현장 실무 역량을 갖춘 실력 있는 인재, AI · 자원 · 기후 등의 글로벌 변화 및 위기에 대응할 미래의 문제해결자를 양성한다.

[산학연계형-글로벌형]과 [사회문제해결형] 캡스톤디자인 수강

아이디어를 현실로 구현하며 '진짜 역량'을 증명할 수 있는 캡스톤디자인

저는 대학 생활 중 두 가지 캡스톤디자인 수업에 참여하였습니다. 하나는 산학연계형 캡스톤디자인 수업이었으며, 다른 하나는 도시재생을 주제로 하는 캡스톤디자인 수업이었습니다.

산학연계형 캡스톤디자인에서는 연계된 기업이 직접 주제를 제시하고, 이에 맞춰 프로젝트를 진행했습니다. 한 학기 동안 연구하고, 마지막에는 현지 기업을 방문해 교육을 받는 경험을 할 수 있었습니다. 특히 교육 후 최종 개인 PT 발표를 준비하며, 실무와 연계성이 높은 주제를 고민하게 되었습니다. 저는 전공과 관련성이 깊은 부동산 개발 회사에서 교육을 받았습니다. 저희 팀이 선정한 주제는 '화재로 파괴된 집을 저렴하게 매입하여 이윤을 창출하는 법'이었습니다. 현장 PM 및 지역주민의 인터뷰를 통해 직접 매물의 가치를 평가하고, 주변 지역을 분석하는 등의 노력을 통해 좋은 평가를 받을 수 있었으며, 결국 회사로부터 인턴 제안까지 받는 뜻깊은 경험을 하였습니다.

도시재생을 주제로 하는 캡스톤디자인 수업에서 문제를 설정하기 위해 현장을 두 차례 답사하였습니다. 저희 팀은 미래의 주인인 어린이가 배제된 채로 도시재생이 논의되는 현실이 문제라고 느꼈습니다. 이에 따라 '어린이 놀이터가 재미있어지려면?'이라는 주제로 프로젝트를 진행하게 되었습니다.

저희 팀은 설정한 문제를 해결하기 위해 논의 과정을 거쳐 각도를 조절할 수 있는 의자를 개발했습니다. 이 제품은 상판을 교체할 수 있도록 설계하여 다양한 용도로 활용할 수 있는 것이 특징이었습니다. 또한 제작 및 운반의 편의성을 고려하여 가로 길이를 줄여 최적의 크기로 제작하였습니다. 실물 크기의 샘플을 만들기 위해 우드락과 폼보드로 프로토타입을 제작하며 처음 제작하였던 도면에서 여러 번의 수정 과정을 거쳤습니다. 최종적으로, 공방에서 직접 샘플을 제작하고 도면을 수정하였습니다. 이후, 실제 시제품을 제작하여 발표하며 성취감을 느낄 수 있었습니다.

직접 프로젝트의 주제를 설정하고, 실행과정을 설계하고, 시제품까지 제작하는 과정 속에서 팀원들과 협력하는 능력이 길러졌습니다. 또한 프로젝트 전반을 주도하며 설계와 제작의 연계성을 깊이 이해할 수 있었습니다.

특히 아동 놀이 스타트업 대표님을 직접 섭외하고 조언을 구하는 과정이 인상 깊었습니다.

기업과 협력하며 프로젝트를 현실적으로 발전시킬 수 있었고, 이를 통해 실무적인 협력 능력을 키울 수 있었습니다. 또한 저희 팀에는 외국인 유학생이 있었습니다. 한국과 다른 문화적 배경을 가진 팀원이 아동과 놀이를 바라보는 시각이 제게는 신선하게 느껴졌습니다. 문화적 배경에 따라 놀이환경에 대한 인식이 다를 수 있음을 직접 경험하고, 의견을 공유할 수 있었기 때문에 더욱 뜻깊은 시간이었습니다.

한편, 다른 팀들의 프로젝트를 보면서 같은 문제를 다루더라도 서로 문제를 바라보는 관점이 다를 수 있다는 점도 흥미로웠습니다. 저희 팀은 어린이의 관점에서 놀이 공간을 재구성하려고 했지만, 다른 팀들은 청년 창업, 가로환경 개선, 지역경제 활성화 등 다양한 주제를 선정했습니다. 또한 일본 대학 및 기관과의 협력을 통해 피드백을 받을 수 있었던 점이 인상 깊었습니다. 일본의 도시재생 지역을 방문하고, 나가사키 현립대학교 학생들과 교류하면서 테스트베드의 중요성을 실감할 수 있었습니다.

제가 수강한 두 가지 캡스톤디자인은 목표와 과정이 달랐지만, 프로젝트 수행 능력을 기르는 데에 큰 도움이 되었습니다. 저만의 관점으로 문제해결을 시도하는 것은 대학생으로서 할 수 있는 가장 좋은 경험이었다고 생각합니다. 자신만의 관점으로 문제를 정의하고, 해결책을 구체화하고, 직접 실행하는 경험은 앞으로 사회에서 주도적으로 프로젝트를 수행하기 위한 중요한 밑거름이 될 것이라고 생각합니다.

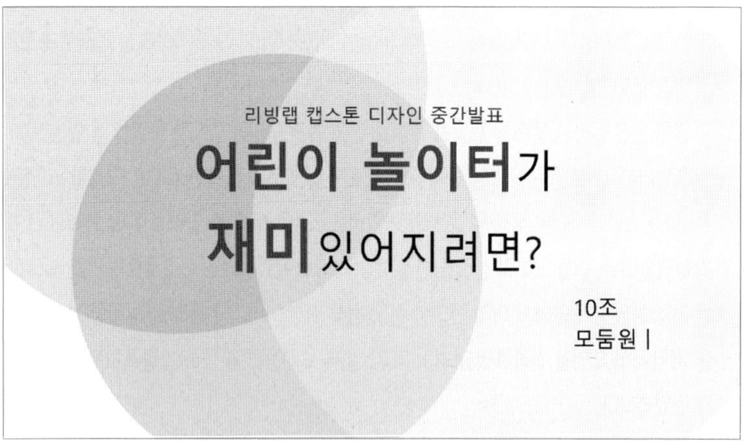

◆캡스톤디자인 중간발표 보고서 표지◆

김경인 (충남대학교 건설공학교육과)

제2장

캡스톤디자인, 어떻게 하는가

캡스톤디자인 수업에 대한 생각

- 캡스톤디자인 수업을 운영하시는 교수님들은 참으로 훌륭하신 분들이다.
  - 생각할 것도 많고, 계획할 것도 많고, 번거롭다. 하지만 학생들의 역량을 위해서 열심히 해내고 만다!

- 캡스톤디자인 수업에 적극 참여하는 학생들, 너희들은 꼭 성공할 거야.
  - 계획서, 중간발표, 결과발표까지 할 것이 너무 많다. 하지만 성취의 기쁨으로 최선을 다한다. 이룩하는 기쁨, 협력하는 즐거움, 때로는 대회수상 및 특허출원의 실리까지?!

실제 캡스톤디자인 수업의 경험을 기반으로, 수업과정을 **수업 전 준비, 수업 중 진행, 수업 후 확장**으로 나누어 전체적인 진행 과정을 살펴보자.

1 수업 전 준비

처음 캡스톤디자인 수업을 진행하려니 막막하다. 어디서부터, 무엇을, 어떻게 해야 할지. 다음의 준비사항을 따라가 보자.

[캡스톤디자인 수업 전 준비사항]

- 산업체 재직자 섭외
- 강의계획서 작성
- 각종 필요 양식 준비(캡스톤디자인 안내 자료 등)

1) 산업체 재직자 섭외

캡스톤디자인의 중요 요소가 '산업, 사회, 실무'이므로, 실제 산업 및 사회의 문제를 발굴해야 하며, 산업체 재직자를 멘토링 등으로 교육에 참여시키는 것이 바람직하다. 교육 일정을 구성하고자 하는데, 어떤 재직자가 적절할지, 그리고 멘토링이 실제 가능할지도 고민이 되었다. 그리고 가동할 수 있는 여러 네트워크 능력을 활용하여 산업체 멘토링 섭외에 성공한다고 해도, 실제 수업에 참여하는 부분에 있어서는 진행과정에서 여러 변동이 생기기도 하니 이 부분에 대한 마음의 준비도 필요하다. 산업체 재직자의 멘토링을 계획할 때는 주로 〈표 2-1〉과 같은 방법들이 많이 사용된다.

〈표 2-1〉 **교수자-산업체 네트워크 방법**

구분	특징
개인적 네트워크 활용	학과 전공 교수님들은 실무 분야에 인적 · 물적 네트워크가 풍부한 경우가 많다. 인재 양성에 이바지한다는 기쁨으로 흔쾌히 참여를 수락하는 산업체 재직자들도 많다.
대학 사업단 협조	대학의 LINC사업단에서는 산학연계 캡스톤디자인 활성화를 위해, 기업에서 해결하고자 하는 실무 문제를 사전 조사하여 홈페이지(실무문제은행)에 게시하고, 교수자와 학습자가 쉽게 접근할 수 있도록 함으로써, 산업체와 대학의 연결을 돕기도 한다. LINC사업단은 특정 기업의 실무 문제해결을 위해 해당 기업인의 멘토링까지 수업에 연계해 주는 'Meet up day'를 운영하기도 한다. 개인적 네트워크를 활용하든, 사업단의 협조를 얻든 사업단에서 산업체 재직자 멘토링 비용을 지원하기도 하므로, 해당 제도를 잘 확인하여 활용하면 좋다.
산학협력단 협조 (가족회사 연계 등)	대부분의 대학에는 '가족회사'가 존재한다. 기술 개발, 공동 연구, 인재 양성 등에서 대학과 긴밀하게 소통하고 상호 협력을 약속한 우리 대학의 가족과 같은 기업이다. 주로 산학협력단에서 관리하는데, 가족회사 재직자는 일반 기업보다는 교육참여에 협조적인 경향이 있다.
(기타사항) 보편적인 사항은 아니나, 가능하다면 수업의 초반 '변리사 멘토링'을 수행하면 좋다. 학생들이 아이디어를 계획하는 과정에서 특허 및 실용화의 관점으로 생각할 수 있도록 도움을 주고, 실제 지식재산화를 위해 학생들의 아이디어를 멘토링하므로, 실제 특허출원으로 이어지는 등, 수행 결과의 실용화 성과가 우수하다. 변리사 섭외는 LINC사업단 및 산학협력단의 협조를 얻는 것이 수월하다. 대부분 협력 변리사들을 활용할 수 있다.	

2) 강의계획서 작성

지금 생각해 보면 강의계획서 쓸 때에도 고민에 빠졌다. 이론 교과가 아니기 때문에 기존에 익숙하던, 내용 서술 중심의 대학 강의계획서를 작성할 수 없었다. 기존 캡스톤디자인 강의계획서를 살펴보아도 제각각이거나 굉장히 간략하여, 무엇을 하고자 하는 것인지 알기 어려웠다. 무엇보다 실제 교육과정 운영이 유동적이었기 때문에 강의계획서를 어떻게 작성해야 할지 감이 잘 오지 않았다. 몇 차례의 고민 끝에 작성한 캡스톤디자인 강의계획서의 주요 내용을 예시로 공유한다.

〈표 2-2〉 **캡스톤디자인 강의계획서 예시**

강의목표	전공지식을 기반으로 이루어지는 학습자 주도의 프로젝트형 실무 문제해결을 통해, 학습자가 창의성, 비판적 사고, 문제해결력, 종합적 사고, 팀워크, 실무적응력을 함양하도록 한다.	
강의내용	㈜OO 가구와 연계한 지역쉼터 공공가구 개발 프로젝트 진행	
1주차	오리엔테이션 팀 구성	캡스톤디자인 목적, 진행방법, 주제 및 문제 배경 안내 학습양식 검사/팀워크 증진 활동
2주차	문제 이해	주제 및 문제 분석(기업 및 산업 현황 조사 포함)
3주차	문제 이해	과제 선정 및 과제계획서 작성 (산출물의 종류 및 활용 방안 예상)
4주차	아이디어 탐색	창의 기법(확산적 사고) 활용 아이디어 탐색 사용자 인터뷰/선행기술 조사 등 수행
5주차	아이디어 선정	의사결정 기법(수렴적 사고) 활용 아이디어 선정 중간발표 준비
6주차	중간발표	팀별 PPT 발표: 아이디어 배경, 의도, 기대하는 효과, 향후 진행 방향 등(산업체 재직자 또는 변리사 참여)
7주차	실행(설계)	구상도, 설계도 등의 도면 작성
8주차	실행(제작)	프로토타입 제작 1
9주차	실행(개선)	프로토타입 테스트 및 개선 1
10주차	실행(제작)	프로토타입 제작 2
11주차	실행(개선)	프로토타입 테스트 및 개선 2
12주차	실행(제작/개선)	프로토타입 제작/테스트 및 개선 3
13주차	결과발표 준비	최종 산출물 점검, 팀별 PPT 자료 준비
14주차	결과발표	팀별 PPT 발표: 아이디어 배경, 프로젝트 진행 과정, 피드백 의견 및 개선 과정, 최종 산출물 설명, 경제성 및 사업화 관점, 향후 개선점 등 (산업체 재직자 참여)
15주차	최종 결과물 제출	최종 산출 작품 및 보고서 완성/제출
교육방법	토의, 프로젝트	
평가방식	절대평가(과정 및 결과 평가/교수자 평가 및 상호 평가 포함됨)	
기타사항	프로토타입 제작비 지원	

출처: 임미가(2023a).

2

수업 중 진행

캡스톤디자인 수업이 시작되었다. 이제 학생들과 함께 호흡하며 진짜 시작해 본다.

캡스톤디자인 수업 진행은 크게 세 부분으로 구분하였다. 일반 수업은 도입, 전개, 정리로 이루어지는데(박수정, 2023), 캡스톤디자인의 전체 수업 과정도 이에 따라 구분해 볼 수 있다.

첫째, 도입 단계는 교수자가 학습자에게 캡스톤디자인 수업이 무엇인지 소개하고, 주제를 안내하고 팀 구성을 하도록 지도하면서, 학생들이 수업 및 구성원들과 친숙해지는 과정이다.

둘째, 전개 단계는 본격적으로 수업이 진행되는 과정으로, 학습자 주도적으로 문제를 분석하여 과제를 도출하고, 과제 진행을 위한 아이디어를 생성 · 선정한다. 그리고 아이디어를 실물 또는 실물의 전 단계인 프로토타입으로 구성하며 최종 결과물을 만들어 간다.

셋째, 정리 단계는 그동안의 캡스톤디자인 과정과 결과를 발표 · 공유하고 의견을 교류하는 시간으로 구성한다.

〈표 2-3〉 **캡스톤디자인 수업 진행 과정**

구분	교수 · 학습 과정		교수자 활동	학습자 활동
도입	1) 캡스톤디자인 소개		캡스톤디자인 목적 및 사례 소개	캡스톤디자인의 목적 및 성격 이해
	2) 주제 안내		주제 및 문제 배경 안내	주제 및 문제 배경 이해
	3) 팀 구성		팀 빌딩 방법 안내	팀 빌딩 팀 내 역할 분담
전개	4) 문제 이해	주제 분석 문제 분석 과제 선정	기업 및 산업군 연계 방법 지도 과제계획서 작성 지도	과제계획서 작성 (과제 선정 배경, 수행 방법, 결과물 활용 등)
	5) 아이디어 탐색	해결방안 찾기	선행기술조사 소개 창의적 사고 기법 소개	선행기술 조사 수행 창의적 사고 기법 수행
	6) 아이디어 선정	우선순위 도출	수렴적 사고기법 소개	수렴적 사고 기법 실행 아이디어 우선순위 선정
	7) 실행	설계 제작 피드백	설계 및 제작 지도 지속적 피드백 의견	도면 작성 프로토타입 제작 작품/제품 제작 피드백 및 개선
정리	8) 결과발표	발표 전시	발표 및 전시 규칙 및 유의사항 안내	발표자료 작성 프리젠테이션 작품 전시 준비 및 수행
	9) 평가	정성평가 정량평가	교수 평가	자기 평가 상호 평가

출처: 임미가(2023a).

도입

1) 캡스톤디자인 소개

'첫만남의 설렘'

캡스톤디자인의 '첫인상'을 결정하는 순간이다. 캡스톤디자인을 이미 수강하였던 학생들도 '무엇인가를 수행하는 과목'이라는 느낌은 알고 있지만 그 의미를 정확히 모르는 경우가 많다. 교수자는 캡스톤디자인의 정의, 목적, 성격, 방법 등을 학생들에게 알려 주고, 캡스톤디자인에 대해 잘 이해하도록 지도해야 한다.

무엇이든 '첫 단추'가 중요하듯이, 캡스톤디자인의 목적성을 명확히 하면 학생들은 실제 수업에 임하는 태도가 진지해진다.

이 책의 제4장에 소개될 캡스톤디자인의 사례 중 일부를 첫 시간에 함께 소개하면 학생들은 더욱 명확하게 캡스톤디자인을 이해하고, 더욱 선명하게 앞으로의 방향을 그려 나갈 것이다.

학생들은 교육의 내재적 목적과 함께 외재적 목적(교육을 통해 얻을 수 있는 실제적/외부적 가치)도 의미 있게 여기므로, 캡스톤디자인의 결과로서 성취할 수 있는 여러 실질적 성과들도 함께 언급하면 학습동기가 더욱 향상될 것이다(예: 아이디어의 상품화, 창업 아이디어 산출, 각종 경진대회 참여 및 수상의 기회, 특원출원의 기회, 기술이전 등).

2) 주제 안내

'이제 시작해 볼까.'

캡스톤디자인을 통해 학습자가 해결해야 할 '주제'를 안내한다.

"학생들에게 어떤 주제를 어느 범주까지 구체화해서 제시해야 할까?"

(1) 하향식(Top-down) 주제 제안

캡스톤디자인은 종류 및 연계 유형에 따라 주제 제안 방식이 다양하다.

산학연계 캡스톤디자인의 경우 통상 주제의 윤곽은 정해져 있다. 교수자 또는 산업체에 의해 주제 범주가 설정되어 학생에게 제안되는 경우를 하향식 주제 제안이라고 할 수 있겠다. 그러나 캡스톤디자인이라는 과목 자체가 '구성주의적'이며, '학습자 주도적'이라는 측면에서 실제 해결해야 할 과제는 학생들이 직접 발굴하는 것이 바람직하다.

정리하자면, 교수자는 주제 또는 문제를 제안하고, 학습자는 교수자가 제안한 주제 범주 안에서 구체적으로 해결할 과제를 발굴하여 스스로 해결해 나아간다.

산업체에서는 본인들이 겪고 있는 고민사항을 해결하기 위한 아이디어가 얻어지기를 희망하는 경우가 많다. 교수자는 '수업 전' 과정에서 산업체 커뮤니케이션을 통해, 산업체에서 희망하는 주제를 파악한 후, '수업 중' 과정에서 학습자에게 적절한 주제 범주로 문제를 제안하는 것을 고민하여야 한다.

〈표 2-4〉 **캡스톤디자인 하향식 주제 제안 예시**

주체		내용	구분
산업체	식품회사 ㈜OO	밀키트 상품 홍보 방안	**주제**
교수자	경영학부 교수	밀키트 산업 동향에 기반한 대학생 대상의 밀키트 상품 홍보 방안을 제안하시오.	**문제**
학습자	경영학부 학생	건강지향 트렌드를 겨냥한 저탄고지 기반의 대학생 밀키트 구독서비스 개발	**과제**

주제, 문제, 과제를 명확히 구분하여 캡스톤디자인 수업에 적용하기는 어려우나, 주제, 문제, 과제의 사전적 정의를 기반으로 〈표 2–5〉와 같이 그 성격을 구분할 수 있다.

〈표 2-5〉 **주제, 문제, 과제의 구분**

구분	의미	역할	범위
주제	관심이나 탐구의 범위	전체 방향 설정	가장 넓음
문제	해결이 필요한 대상	탐구 핵심 도출	중간
과제	해결을 위한 구체적 활동	해결을 위한 실행	가장 구체적

교수자가 산업체와 직접적인 커뮤니케이션을 하지 않고, 사업단 등에서 구축해 놓은 아카이빙 시스템을 활용하여 산업체나 주제를 탐색한 후 학생에게 제안할 수도 있다. 단, 프로젝트 아카이빙 시스템은 대학이나 LINC사업단의 상황에 따라, 존재 유무나 운영 체계에 차이가 있을 수 있다.

- 과제 검색 및 팀 구성
- 산학연연계 교육
- 취업지원
- 현장실습지원(백마인턴십)
- 창업교육

번호	과제번호	과제명	제안기관
45	2025013	[2025] 유성구 도시 농촌 지역 빈집 활용 아이디어 등록일 : 2025.03.10	유성구청
44	2025012	[2025] 공영주차장 무단방치차량 예방 아이디어 등록일 : 2025.03.10	유성구청
43	2025011	[2025] 고독사·은둔형외톨이 위험군 발굴 및 지원 아이디어 등록일 : 2025.03.10	유성구청

[그림 2-1] **캡스톤디자인 주제 아카이빙 예시**

출처: 충남대학교 링크사업단(2024).

(2) 상향식(Bottom-up) 주제 제안

창의형 캡스톤디자인의 경우, 교수자에 의한 특정 주제 제안 없이 학습자 스스로 주제 및 문제를 발굴하는 사례도 있는데, 이를 상향식 주제 제안이라고 할 수 있다.

이런 경우, 하향식 주제 제안에 비하여 문제 설정이 창의적이고 발산적 사고를 요하므로 창의성, 비판적 사고, 문제해결력, 종합적 사고의 함양에 더욱 도움이 될 수 있으나 문제 이해 및 선정에 지나치게 많은 시간이 소요될 수 있고, 교수자 입장에서는 문제 선정 및 해결 과정에서의 학생 지도에 더 많은 시간 및 노력이 소요될 수 있다.

3) 팀 구성

'함께하는 거야. 캡스톤디자인은.'

"팀 구성이 매우 어렵다. 팀원 간의 소통에 학생들이 어려움을 느끼는 것 같다. 최대한 개별 발표와 팀별 발표를 혼합하여 수업을 운영하고 있으나, 팀 구성과 팀원 간의 소통 방식 개선을 위해 고민 중이다."

– 캡스톤디자인 세미나에서 만난 어느 교수자의 말

캡스톤디자인에서는 팀 활동이 중요한 요소이면서, 팀의 구성 · 운영 · 평가에 있어 교수자가 어려움을 느끼는 부분이기도 하다. 그리하여 이 책에서는 제5장에 팀 학습에 대한 이론적 배경과 함께 상세한 내용을 별도로 구성하였다. 여기에서는 간략하고 비교적 즉각적으로 적용 가능한 몇 가지 활용 사례를 소개한다.

✔ 팀 구성 인원은 몇 명이 좋을까?

통상 인정되는 '팀 구성 인원'은 2인 이상이다(사업을 주관하는 한국연구재단 기준에 따라 팀을 구성해서 캡스톤디자인을 운영할 때 재료비 지원이 가능하다). 그러나 이것은 최소 기준일 뿐, 실제 팀 학습에 적절한 인원은 아니다. 더욱이, 프로토타입 중 시제품 또는 산출물 완성이 중요한 캡스톤디자인에서는 실제 운영에 있어 2인 팀 구성은 활동에 어려움이 따른다.

캡스톤디자인 수업에서 팀 구성 인원을 몇 명으로 하면 좋을까? 경험적으로 볼 때, 가장 적절하다고 생각되는 팀 인원은 4명이었다.

캡스톤디자인 혁신교수법 세미나 중, 캡스톤디자인의 여러 실무 부분에 대한 의견 교류를 이어 갈 기회가 있었는데 한 교수자가 캡스톤디자인의 팀 구성 방법 및 인원 구성이 어렵다고 의견을 구하였다. 캡스톤디자인 강의를 진행한 경험이 있는 여러 교수자들이, 실제 운영에는 4명이 적절하며 최대 6명을 넘지 않도록 구성하는 것이 팀원 간 역할 배분, 의견 교류, 완성도 높은 결과 완성에 유리하다고 의견을 모았다.

일반적으로 팀 활동에 적절한 학습자 수는 4명으로 알려져 있기도 하고(장경원, 2023), 이론적으로도 구성원 사이에 상호작용을 원활하게 하는 데 가장 적합한 팀 인원은 4~6명이다(허미선, 이정민, 2021).

✔ 팀 구성을 어떻게 하면 좋을까?

팀 구성(팀 빌딩) 방법은 상황, 주제, 교수자의 철학에 따라 다양하다.

캡스톤디자인 지도 교수를 대상으로 시행한 설문조사에서 학생 '팀 구성 방법'을 묻는 문항에 35명 중 18명(51.4%)이 학생 주도 자유 구성, 11명(31.4%)이 교수가 구성한다고 답하였다. 여러 팀 구성 방법 중 학습활동에 더 효과적인 방법이 있을까?

이질적 팀 구성 vs. 동질적 팀 구성

이질적 팀 구성과 동질적 팀 구성의 효과와 관련된 부분은 어떤 특성을 기준으로 팀을 구성하는지, 어떤 목적을 가진 수업인지에 따라 차이가 있을 것이다.

통상 학습 집단 구성 요인과 학습 효과와의 관계에 대한 여러 연구에서는 효과적인 집단 구성을 위한 요인으로 성별, 인지 수준, 학습유형, 유화성 수준, 친밀성 등을 다루고 있다. 실제 학업 성취에 있어서는 이질 집단과 동질 집단 간에 유의미한 차이가 없다는 연구 결과도 있지만(Webb, 1982), 협력 학습에서 학습자들은 각각 상이한 사전경험과 기능, 동기, 태도, 성향 등을 안고 학습에 임하기 때문에, 가능한 이질적 특성을 가진 학생들로 한 팀을 구성하는 것이 바람직하다는 연구자들의 의견이 많다.

학생 주도 자유 구성 vs. 교수자 주도 구성

강인애와 정은실(2010)은 팀 구성 방식에 따른 차이를 확인하기 위하여 학생 주도로 자유롭게 팀을 구성한 '학생자율팀', 학습유형 검사 결과를 기반으로 하여 교수자가 팀을 구성한 '학습유형팀'을 구성하고, 두 집단에 대한 학습자 스스로의 의견을 비교하였다. 주로 팀 토론 수업으로 진행한 15주 수업 이후, 팀 활동에 대한 학생들의 주요 의견은 〈표 2-6〉~〈표 2-8〉과 같았다.

〈표 2-6〉 **팀 구성에 대한 만족도**

팀 구성 방법	팀 구성 만족도			전체
	만족	보통	불만족	
학생자율팀	74%	16%	10%	100%
학습유형팀	79%	4%	17%	100%
계	76%	11%	13%	100%

출처: 강인애, 정은실(2010).

〈표 2-7〉 **팀별 학습활동 및 결과에 대한 만족도**

팀 구성 방법	학습활동 및 결과에 대한 만족도			전체
	만족	보통	불만족	
학생자율팀	42%	42%	16%	100%
학습유형팀	63%	37%	0%	100%
계	50%	40%	10%	100%

출처: 강인애, 정은실(2010).

〈표 2-8〉 **자신이 속한 팀에 대한 평가**

팀 구성 방법	팀 평가 점수			전체
	만족	보통	불만족	
학생자율팀	26%	61%	13%	100%
학습유형팀	75%	25%	0%	100%
계	45%	47%	8%	100%

출처: 강인애, 정은실(2010).

연구 결과를 보면, 팀 구성 방법에 대한 만족도는 학생자율팀이 조금 높으나, 결과적으로 학습활동 및 결과에 대한 만족도와 본인이 속한 팀에 대한 긍정적 평가는 학습유형팀이 높은 것으로 나타났다. 이 연구가 '대학생, 의견 교류가 필요한 팀 학습'을 대상으로 했다는 점에서 캡스톤디자인 수업에서의 팀 구성에도 시사하는 바가 있다.

결론적으로, 캡스톤디자인에서 팀은 이질적 특성을 가진 학습자로 교수자 주도의 구성이 효과성 측면에서 바람직하다.

(1) 학습유형 기반

① 기술적 문제해결의 5요인 학습양식

캡스톤디자인은 창의성을 기반으로 한 아이디어 생성, 제작 등의 '실행'이 주요 요소라는 점에서, 통상 교육계에서 널리 사용되어 온 인지 중심 학습양식이론(Kolb의 학습양식 등)을 적용하는 데에는 한계가 있다. 그러므로 캡스톤디자인 수

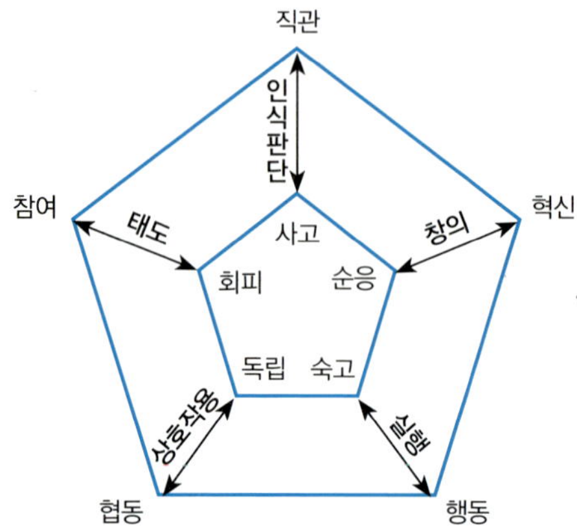

[그림 2-2] 기술적 문제해결의 5요인 학습양식 모형

출처: 임미가(2019).

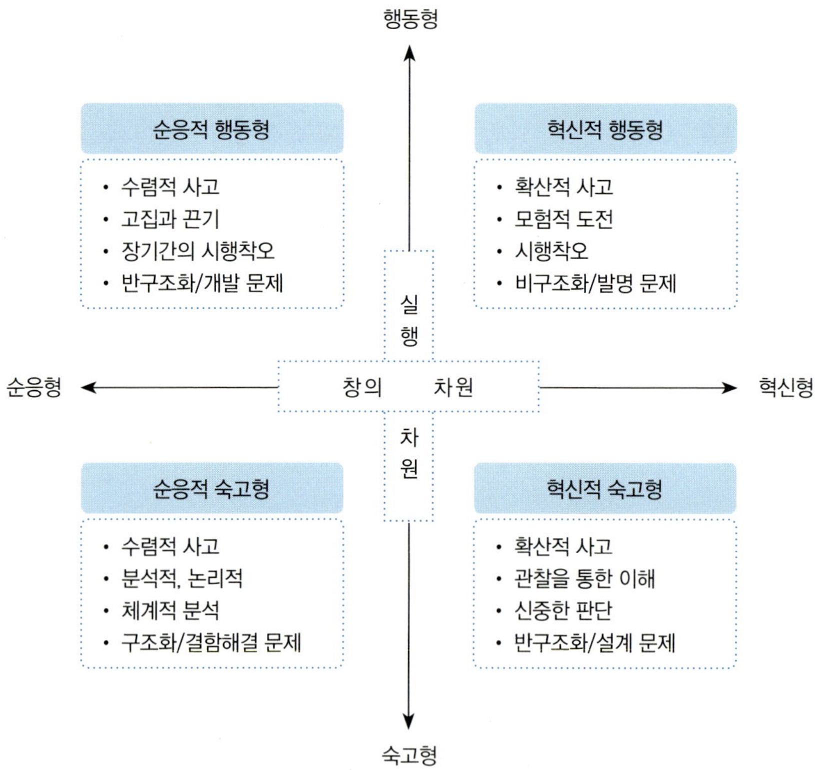

[그림 2-3] 기술적 문제해결에서 창의-실행 차원 학습양식

출처: 임미가(2019).

기술적 문제해결 학습양식 검사지

〈검사 목적〉 본 검사지는 학습자가 기술적 문제를 해결하는 과정에서 주로 어떠한 방식을 사용하거나 선호하는지를 알아보기 위한 검사지입니다.

〈검사 방법〉 한 질문에 있는 두 개의 보기 중 본인이 조금이라도 더 선호하는 것을 선택합니다. 반드시 둘 중 한 개만 선택하십시오.

번호	상황	순응형	혁신형
1	나에게 해결해야 할 문제가 주어지면	□ 많은 사람들이 사용하는 방법으로 해결하고 싶다.	□ 나만의 창의적인 방법으로 해결하고 싶다.
2	나는 주어진 문제를 해결할 때	□ 정해진 규칙을 벗어나고 싶지 않다.	□ 정해진 규칙을 벗어나더라도, 더 좋은 방법을 찾고 싶다.
3	나는 무엇인가를 할 때	□ 기존에 하던 방법으로 하는 것이 좋다.	□ 새로운 방법으로 하는 것이 좋다.
4	나는 만들기를 할 때	□ 누가 가르쳐 주는 대로 하는 것이 좋다.	□ 내 방식대로 하는 것이 좋다.
5	나는 수업 내용이나 방법이	□ 계획된 대로 진행되는 것이 좋다.	□ 상황에 따라 변화되는 것이 좋다.
6	문제를 해결할 때 내가 지켜야 할 규칙을	□ 세부적으로 정해 주는 것이 좋다.	□ 세부적으로 정해주는 것이 좋지 않다.
7	아이디어를 생각하는 것은	□ 어려운 일이다	□ 그리 어려운 일은 아니다.
세로줄의 선택 개수를 합하여 적어 주세요.		선택개수	선택개수
개수가 더 많은 쪽은 무엇인가요?			

번호	상황	숙고형	행동형
1	나는 물건을 고쳐야 하는 상황에서	□ 어떻게 고쳐야 할지 생각한 후 행동하는 편이다.	□ 어떻게 고쳐야 할지 다 생각하기 전에, 먼저 행동하는 편이다.
2	만들기 과제가 주어지면	□ 일단 주변 사람들이 어떻게 만드는지 관찰하는 편이다.	□ 일단 내 생각대로 만들어 보는 편이다.
3	나는 자전거를 타고 가다가 모르는 두 갈래 길이 나오면	□ 잠시 멈춰서 길을 보고 어느 길로 갈지 정할 것 같다.	□ 계속 달리면서 어느 길로 갈지 정할 것 같다.
4	나는 어떤 물건을 어떤 방법으로 만들어야 할지	□ 자세히 살펴보면서 판단한다.	□ 직접 만들어 보면서 판단한다.
5	나는 물건을 조립해야 하는 상황에서	□ 설명서를 꼼꼼히 읽어 본 후, 물건을 조립할 것 같다.	□ 설명서를 대략 살펴본 후, 일단 물건을 조립하여 볼 것 같다.
6	물건이 고장나면	□ 물건을 상세히 관찰하면서 원인을 찾아본다.	□ 일단 고쳐보면서 원인을 찾아본다.
7	나는 만들기 수업에 참여할 때	□ 교수자의 설명을 잘 듣고, 만들기를 시작하는 편이다.	□ 교수자의 설명을 듣기 보다는, 바로 만들기를 시작하는 것을 선호한다.
세로줄의 선택 개수를 합하여 적어 주세요.		선택개수	선택개수
개수가 더 많은 쪽은 무엇인가요?			

[그림 2-4] 기술적 문제해결에서 창의-실행 차원 학습양식 검사지

출처: 임미가(2019).

업에서는 임미가(2019)가 개발한 기술적 문제해결의 5요인 학습양식 검사지를 활용할 수 있다. '기술적 문제해결'이란 '실천적 활동을 포함하고 산출물을 요구하는 문제해결 활동'을 의미하며, 이때의 학습유형을 인식판단 요인(사고–직관), 창의 요인(순응–혁신), 실행 요인(숙고–행동), 상호작용 요인(독립–협동), 태도 요인(회피–참여)에서 각각 검사할 수 있는 검사지를 개발하였다. 기술적 문제해결 학습양식 검사지는 자기보고식 검사형식이며, 5요인 모두를 반드시 검사할 필요는 없고, 수업의 특성에 따라 주요하다고 여겨지는 요인 영역만을 선택하여 검사할 수도 있다. 캡스톤디자인 수업에서는 창의 요인(순응–혁신), 실행 요인(숙고–행동)에 대한 검사 결과를 토대로 하여 이질적 팀을 구성하는 것을 권한다.

(2) 학습자 일반적 성격 기반

장경원과 성지훈(2012)은 학습자들이 팀 과제를 수행하는 데 있어 팀원들의 성실성, 성격, 리더십이 가장 중요한 요인이라고 하였다. 이에 기반하여 장경원(2023)은 〈표 2–9〉와 같이 팀 편성을 위한 학습자 특성 조사표를 구성하였다.

〈표 2-9〉 **팀 편성을 위한 학습자 특성 조사표**

이름:		연락처:				
학과:	학년:	나이:		성별:		
지난 학기 성적(평점):	자료검색능력*: 하(　　) 중(　　) 상(　　)					
질문**		전혀 그렇지 않다	그렇지 않다	보통이다	그렇다	매우 그렇다
① 나는 주어진 역할을 충실히 수행한다.						
② 나는 과제를 위한 모임에 적극적으로 참여한다.						
③ 나는 다른 사람을 잘 배려해 준다.						
④ 나는 내 의견을 적극적으로 표현한다.						
⑤ 나는 소집단의 분위기를 즐겁게 할 수 있다.						
⑥ 나는 소집단 활동 시, 회의를 잘 진행할 수 있다.						

* 자료검색능력은 실력의 예시 항목으로, 수업 활동의 특성을 반영하여 발표력, 컴퓨터 활용 능력, 프로그래밍 능력, 외국어 능력 등으로 대체 혹은 추가할 수 있다.

** 질문 가운데 ①, ②는 성실도, ③, ④는 성격, ⑤, ⑥은 리더십을 묻는 질문이다.

출처: 장경원(2023).

〈표 2-9〉를 활용하여 성실성, 배려, 적극성, 리더십 등의 성향을 조사하여 팀 구성에 균형 있게 안배할 수 있다.

(3) 팀 내 역할 기반

Belbin(2010)은 다양한 형태로 팀을 구성하여 팀의 성과를 비교한 결과, 성과를 창출하는 성공적인 팀이 되기 위해서는 팀의 인원 수와 관계없이 팀 역할의 균형이 필요하다는 것을 발견하였다. 팀 내에서 역할이 균형 있게 이루어질 때 개인으로 활동하는 것보다 팀 활동이 더 큰 강점을 가질 수 있다(장경원, 2023). 따라서 팀을 구성할 때에는 학생이 어떠한 역할에 적합한지 파악할 수 있도록 하고, 이를 고려하여 팀 빌딩에 활용하면 좋다. 예를 들어, 〈표 2-10〉의 팀 역할에서 캡스톤

〈표 2-10〉 **팀 역할 구분**

역할	특성
전문가 (specialist)	한 가지 일에 전념하고 솔선하며 헌신적임. 전문분야의 지식과 기능을 잘 제공함
완결자 (completer)	근면성실하고 매우 열심이어서 실수나 빠진 것을 찾아내고 제시간에 일을 이룩해 냄
실행자 (implementer)	엄격하고 신뢰성이 있으며 보수적이고 능률적임. 아이디어를 실행에 잘 옮김
창조자 (plant)	창조적이고 상상력이 풍부하며 전통이나 인습에 얽매이지 않아 어려운 문제를 잘 해결함
분위기 조성자 (team worker)	협력적이고 온화하며 남을 잘 이해하는 등 외교적임. 경청하고 마찰을 하며 소직을 평온하게 함
자원 탐색가 (resource investigator)	외향적이고 열정적이며 말하기를 좋아하고 기회를 발굴/탐색하고 친교를 잘함
지휘/조절자 (coordinator)	성숙하고 자신감에 넘치는 훌륭한 지도자로서, 목표를 명확히 하고 의사결정을 증진하며 위임을 잘함
추천자 (shaper)	도전적이고 활기에 넘치며 곤경 속에서 번성함. 장애를 극복하는 추진력과 용기를 지님
냉철판단자 (monitor evaluator)	냉장하고 전략적이며 총명하고 모든 안을 살피고 정확히 판단함

출처: 장경원(2023).

디자인 팀 활동과 비교적 관련이 높은 실행자, 창조자, 자원탐색가, 지휘/조절자(팀장) 역할 중 학생 스스로 어떤 유형에 해당하는지 1, 2, 3, 4순위를 정하게 하고 교수자가 해당 유형을 고려하여 이질적으로 팀을 구성할 수 있다.

전개

4) 문제 이해

'자세히 보아야 예쁘다.'

문제 이해 과정에서 학습자는 캡스톤디자인의 주제 범주를 명확히 이해하고, 문제와 관련된 해결 과제를 직접 선정하여 중점 개선 사항이나 기대 효과 등을 분석한다.

다음은 문제 이해 단계의 문제 분석과 과제 선정에서 학습자가 진행해야 할 활동들이다.

(1) 문제 분석

- 문제 상황 이해
- 주제 및 문제 제안 배경의 이해
- 기대 목표 분석
- 가용 자원 및 환경 분석

문제를 분석하는 과정에서는 '주제'를 제안한 기업에 대한 정보, '문제'를 제안한 교수자의 의도, '결과'를 통해 기대되는 목표에 대해서 상세히 조사 · 분석하도록 한다. 필요에 따라 기업 관계자와의 간담회, 인터뷰 등이 필요할 수도 있다.

디자인씽킹 캡스톤디자인의 경우에는 (1)의 문제 분석 과정이 특히 중요하다. 디자인씽킹 캡스톤디자인은 최종 사용자의 입장에서 문제 상황과 기대 목표를 이해하는 '공감'의 과정이 문제해결의 첫 출발이 되기 때문이다.
디자인씽킹 캡스톤디자인은 일반적인 캡스톤디자인에 비하여 사용자에 대한 이해와 공감이 매우 강조되므로, 문제 분석 단계에서 사용자에 대한 충분한 조사, 관찰, 인터뷰 등이 이루어져야 한다.

(2) 과제 선정

- 문제 개선 방향 탐색
- 문제 해결 수행 방법 탐색
- 산출물의 종류 및 활용 방안 예상
- 과제 정의(목적, 대상, 방법)

문제 분석 후에는 현재의 문제 상황을 해결하기 위해 구체적으로 어떠한 과제를 수행하는 것이 좋을지 그 방향성을 정해야 한다. 앞서 〈표 2-4〉에서 교수자는 '밀키트 산업 동향에 기반한 대학생 대상의 밀키트 상품 홍보 방안을 제안하시오.'라는 문제 상황을 제시하였고, 이에 대해 학생은 (1) 문제 분석, (2) 과제 선정의 과정을 거쳐 '건강지향 트렌드를 겨냥한 저탄고지 기반의 대학생 밀키트 구독서비스 개발'이라는 구체적 과제를 설정할 수 있다.

5) 아이디어 탐색

'생각의 씨앗을 심자. 가능한 한 많이.'

"위대한 생각을 하고 싶으면 먼저 많은 아이디어를 내세요."

– 아이디오(IDEO) 설립자 데이비드 켈리(David Kelley)

진행해야 할 '과제'가 선정되었다면, 이후 유의미하고 유용한 결과를 도출하기 위하여 아이디어 탐색 단계를 진행한다. 아이디어 탐색 단계에서는 과제를 진행하기 위한 다양한 아이디어를 생성해야 한다.

때로 우리는 어떤 문제를 해결해야 할 때 '무엇을, 어떻게 해야 하지?'라는 막연함을 느낀다. 대학생들도 처음 시작에서 막연함을 느끼는 경우가 많다. 좋은 아이디어를 선정하여 실행하기 위해서는 우선 많은 생각의 씨앗을 만들어야 한다. 이를 위해 아이디어 탐색 단계에서는 학생들이 '확산적 사고'를 할 수 있도록 지도하는 것이 좋다.

확산적 사고(divergent thinking)

다양하고 창의적인 아이디어를 자유롭게 떠올리는 사고방식이다.

- 여러 방향으로 생각이 확산됨
- 정답이 정해져 있지 않음
- 유연성, 독창성, 다양성 강조
- 브레인스토밍, 창의적 글쓰기, 예술활동 등에서 자주 활용

생각의 씨앗을 만들기 위한 확산적 사고 기법으로, 이 책에서는 대표적으로 많이 활용되고 있는 (1) 브레인스토밍, (2) 브레인라이팅, (3) 스캠퍼 기법을 제시한다. 교수자가 실제 강의 상황에 적절한 것을 선택하기 바란다.

(1) 브레인스토밍(Brainstorming)

브레인스토밍은 비판 없이 자유롭게 아이디어를 말하고, 다른 사람의 아이디어에 자극을 받아 새로운 생각을 확산시키는 집단 창의 기법이다.

'Brainstorming'을 직역하면 '뇌폭풍'이다. 거칠고 빠른 바람이 휘몰아칠 때에는 일정한 규칙도, 방향성도 보이지 않는다. 폭풍이 휘몰아치듯이 머리속에 아이디어가 휘몰아치게 해 보자. 자유롭게 만들어지고 떠다니는 아이디어가 많아질수록 나중에 그 안에서 좋은 아이디어를 발견하기 수월해질 것이다.

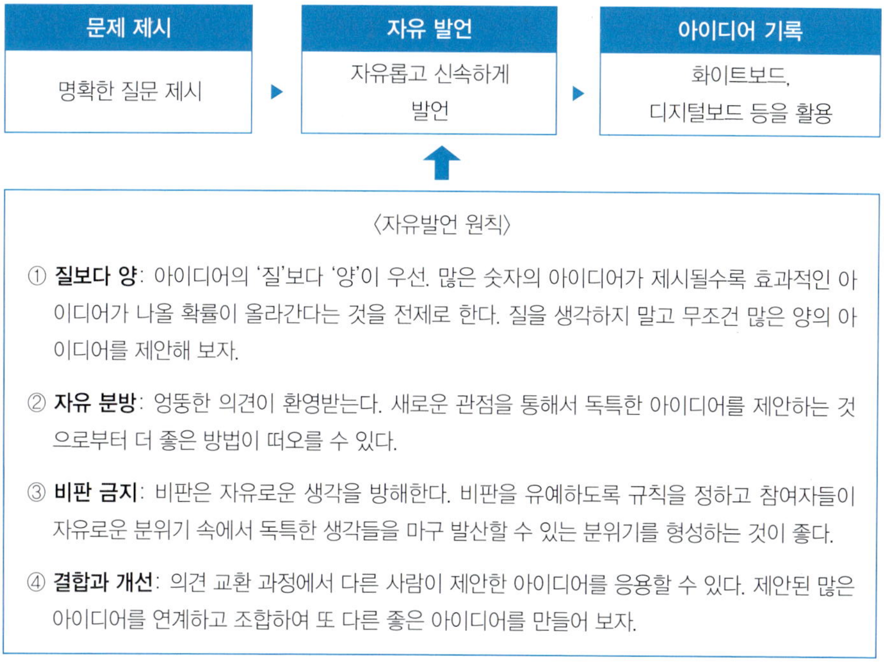

[그림 2-5] **브레인스토밍 과정**

(2) 브레인라이팅(Brainwriting)

브레인라이팅은 참가자들이 아이디어를 종이에 적고, 이를 다른 사람과 교환하거나 추가·확장해 나가는 형식의 아이디어 생성 기법이다. 브레인스토밍을 진행할 때 대화에 적극적인 소수만이 주도할 수 있다는 단점을 보완하기 위해 고안되었다.

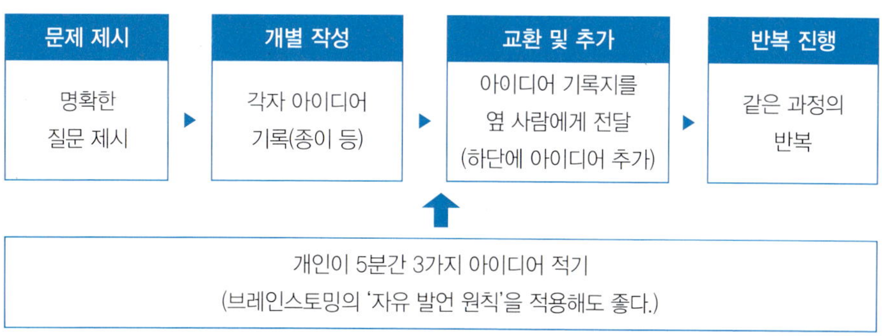

[그림 2-6] **브레인라이팅 과정**

브레인라이팅은 팀원들이 각자의 아이디어를 글로 적은 후 아이디어를 적은 종이를 모두가 볼 수 있는 벽에 붙인 다음, 참가자 모두가 함께 분류하며 의견을 나누는 방법을 많이 활용한다. 이러한 브레인라이팅을 통해 팀원 모두가 의견을 제시할 수 있게 된다.

(3) 스캠퍼(Scamper)

스캠퍼(S.C.A.M.P.E.R)는 창의적 사고를 유도하기 위한 일곱 가지 사고 질문 프레임워크이다. 각 글자는 특정 사고 방향을 의미하며, 기존 아이디어에 변형, 대체, 재조합을 유도한다.

〈표 2-11〉 **스캠퍼 활용 예시**

항목		의미	예시(텀블러)
S	Substitute (대체)	다른 재료, 방법, 인물 등으로 바꿀 수 있는가?	뚜껑의 실리콘 패킹을 자석식 자동 밀폐 구조로 변경
C	Combine (결합)	두 가지 이상을 조합하면 더 나은가?	텀블러 + 음료 섭취량 측정 센서 + 건강 앱 연동
A	Adapt (응용)	다른 상황에서 사용된 것을 적용할 수 있을까?	항공 우주 단열 기술로 극한 보온/보냉 강화
M	Modify/Magnify (수정/확대)	크기, 색, 형태, 과정 등을 바꿀 수 있을까?	손잡이, 스트랩 탈부착이 가능하도록 변경
P	Put to other uses (다른 용도화)	다른 용도나 사용자에게 적용할 수 있을까?	캠핑 시 미니 냄비 용도로 사용
E	Eliminate (제거)	무엇을 생략하거나 줄일 수 있을까?	뚜껑 개폐 버튼을 제거한 원터치 슬라이드 방식
R	Reverse/Rearrange (재배열/역전)	순서를 바꾸거나 거꾸로 해 보면 어떨까?	빨대 형태와 각도를 재배열할 수 있게 제작하여 텀블러의 위치에 상관없이 음용 가능

확산적(발산적) 사고 과정을 통해 [그림 2-7]과 같이 많은 아이디어를 생성해 냈다면, 이제 다음 단계에서는 수렴적 사고 과정을 통해 아이디어를 정제하고 우리에게 필요한 아이디어를 선택하도록 하자.

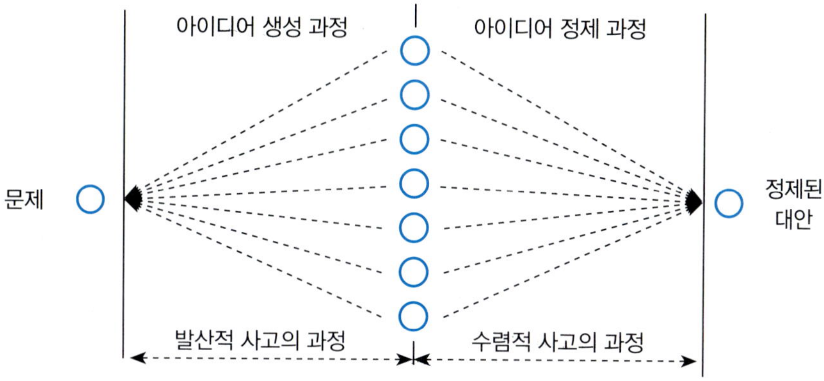

[그림 2-7] **확산적(발산적) 사고 과정과 수렴적 사고 과정**

출처: 김진홍(2022).

6) 아이디어 선정

'너는 내 운명'

확산적 사고 기법을 통해 여러 생각의 씨앗과 자원을 만들어 냈다면, 그중에서 우리에게 필요하고 유용한 아이디어를 잘 선정해야 한다. 이 단계에서 우리는 또 한 번 고민에 빠진다. '이 많은 아이디어 중에 어떤 아이디어를 선택해야 하지?'

물론 반드시 한 가지 아이디어만 선택해야 하는 것은 아니다. 아이디어 선정 단계에서는 학생들이 '수렴적 사고'를 할 수 있도록 지도하는 것이 좋은데, 이때 여러 아이디어를 비교 · 분석할 수 있는 생각의 틀이 있다면, 조금 더 쉽게, 그리고 적합한 아이디어를 선택할 수 있을 것이다.

수렴적 사고(convergent thinking)

다양한 정보나 아이디어 중에서 논리적이고 객관적인 기준에 따라 최선의 정답이나 해결책을 찾아가는 사고방식이다.

- 논리적이고 분석적인 과정
- 정답이 정해져 있음
- 정확성, 일관성, 판단력 강조
- 객관식 문제 풀이, 과학적 분석 등의 구조적 지식을 다룰 때 주로 사용

〈표 2-12〉 아이디어 산출 기법

유형	정의	핵심사고	기법
분류형	아이디어들을 묶거나 정리해서 구조화	유사성 · 주제 · 속성 중심으로 정돈	HIT
비교형	아이디어들을 상호 비교하여 우선순위 결정	투표, 점수화, 가중치, 상대 평가	Highlighting (하이라이팅)
분석형	하나의 아이디어를 다각도로 해부해서 평가	장단점, 구조, 영향요인 등 평가 중심	PMI

아이디어를 선정하는 의사결정의 과정에서는 분류, 비교, 분석이라는 명확한 사고 기준으로 정리하는 것이 좋다. 〈표 2-12〉에 소개된 몇 가지 기법을 활용하여, 많은 아이디어 중에서 소수의 의미 있는 아이디어를 선택할 수 있다면 유용한 결과 도출에 도움이 될 것이다.

(1) HIT(Hierarchical Input Transformation)

여러 아이디어를 유사한 주제끼리 그룹화하고, 각 그룹에서 핵심이 되는 대표 아이디어를 도출하여 다시 상위 구조로 정리하는 기법이다

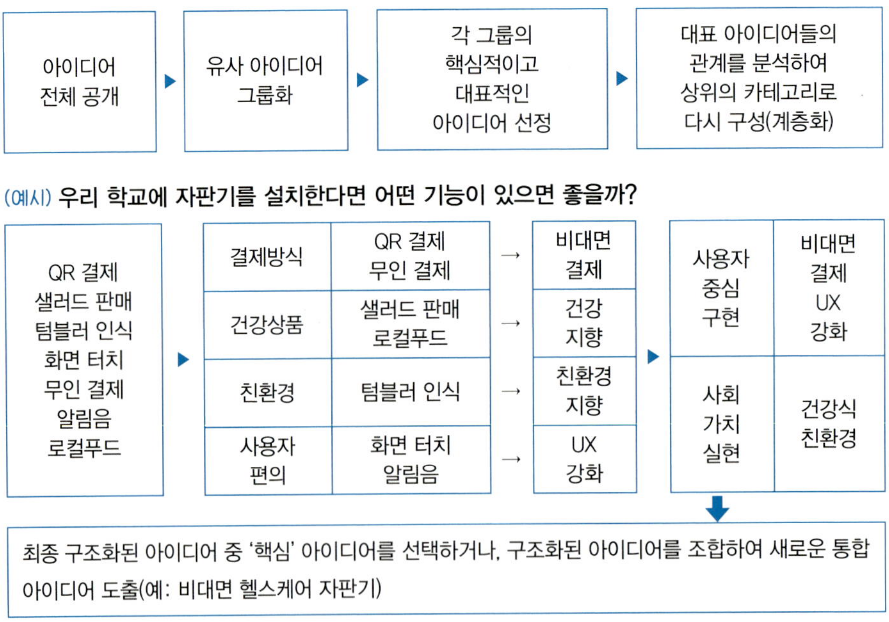

[그림 2-8] HIT 기법 예시

(2) Highlighting

많은 아이디어 사이에서 상대적으로 가치 있는 아이디어를 식별하고 선호도 또는 우선순위에 따라 선택하는 비교 기반 정렬 기법이다.

아이디어 전체 공개 ▶ 선택 기준 제시 (실현가능성, 효율성 등) ▶ 아이디어를 상대적으로 비교하면서 우선하는 아이디어에 스티커 등으로 투표 ▶ 다득표 아이디어 선별

[그림 2-9] Highlighting 기법 예시

(3) PMI(Plus-Minus-Interesting)

PMI 기법은 각각의 아이디어에 대해 긍정적인 점(Plus), 부정적인 점(Minus), 흥미로운 점(Interesting)을 각각 나누어 평가하는 분석 중심의 수렴적 사고 기법이다.

〈표 2-13〉 PMI 기법 적용 프레임

구분		아이디어 1	아이디어 2	아이디어 3
P(plus)	긍정적인 측면			
M(minus)	부정적인 측면			
I(interesting)	흥미로운 측면			

수렴직 사고 기법을 적절히 융합하여 활용하여도 좋다.

➡ HIT로 상위 아이디어 4개 도출 ➡ Highlighting으로 2개 선정 ➡ PMI로 1개 선정

참고

캡스톤디자인의

4 문제 이해 ➡ 5 아이디어 탐색 ➡ 6 아이디어 선정 과정에서

"**사용자 중심**"의 공감, 관찰, 이해, 탐색, 선정이 주로 이루어진다면?

"디자인씽킹 캡스톤디자인"

디자인씽킹(design thinking)이란 인간을 관찰하고 공감하며 문제를 정의하고 프로토타입과 테스트의 실패를 반복하여 최선의 답을 찾는 창의적 문제해결 방법이다. 디자인씽킹을 대표하는 언어는 '사용자 중심의 사고방식'이다. 디자인씽킹은 모든 아이디어의 중심에 사용자를 두는 사고 및 제작 방식이다. 즉, 어떤 제품이나 서비스를 개발하는 데 우선 사람을 중심으로 접근한다. 디자인씽킹은 대상 분야가 무엇이든 거의 모든 문제해결에 도움이 되기 때문에 주목받고 있으며, 대학의 다양한 전공 분야에 적용이 가능하다는 측면에서 학과 캡스톤디자인 수업에 많은 도움이 될 것이다.

앞서 언급한 일반적인 문제해결 및 캡스톤디자인 강의와의 가장 큰 차별점은 사용자에 대한 '공감'의 단계가 우선하며 매우 강조된다는 것이다. 작은 차이처럼 느껴지지만, 실제 문제해결에서는 사용자에 대한 공감, 이해 및 집중적인 관찰로부터 시작된 아이디어와 그렇지 않은 아이디어의 결과물은 효용성에서 차이가 크다.

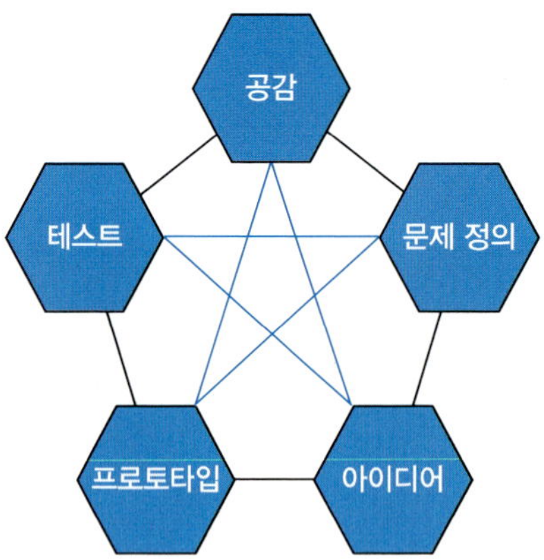

참고

캡스톤디자인의

4 문제 이해 ➡ 5 아이디어 탐색 ➡ 6 아이디어 선정 과정에서

"**지식재산 가치창출**"의 관점에서 이해, 탐색, 선정이 주로 이루어진다면?

"지식재산 캡스톤디자인"

캡스톤디자인 교수 · 학습은 그 발생의 목적이 실무적 역량 함양과 실제적 가치 창출에 있다(제1장의 '4. 캡스톤디자인의 발전 과정' 참조). 최근 여러 영역에서 캡스톤디자인을 진행하면서 그 목적이 점차 확대되고 있지만, 본질적으로는 캡스톤디자인 과정 및 결과가 지식재산 가치의 창출이나 기술사업화로 이어지는 것이 바람직하다.

대학생(대학원생)으로서 진행할 수 있는 기술사업화의 종류는 지식재산 거래, 기업으로의 기술이전, 소규모 창업 등이 대표적인데, 이를 위해 모두 지식재산(Intellectual Property: IP) 권리 확보, 특히 특허의 확보가 거의 필수적이다.

기술사업화를 위한 캡스톤디자인은 단순한 결과물 제작이 아니라, 시장 중심 문제해결, 지식재산 보호, 현실적 사업 모델 설계를 동반한 융합형 실전 프로젝트로 접근해야 한다.

교수자의 수업평가 기준은 단순 '완성도'가 아니라 '시장성+사업성+지속가능성' 중심으로 개편할 필요가 있고, 학습자는 발표나 디자인이 아닌 '사용자 반응, 비용 구조, 개선 가능성'에 더 집중해야 한다.

지식재산 가치 창출 및 기술사업화를 위한 캡스톤디자인에서 더욱 관심을 두어야 할 몇 가지 접근방법을 소개한다. 이 외 지식재산에 관한 상세 설명은 이 책의 제7장을 참고하기 바란다.

구분	내용
시장 중심의 문제 설정	• '기술 중심'이 아니라 '수요 중심'으로 문제를 정의해야 함 • 실제 사용자 불편, 시장 니즈에 기반한 문제 정의 필요
기술 독창성과 권리 확보	• 지식재산권 침해 여부 확인 및 권리 보호 필요 • 기존 특허, 디자인과 중복되는지 확인하고, 창작물은 즉시 저작권 등록 또는 특허출원 고려
실현 가능성 고려	• 단순 개념이 아닌 기술, 비용, 시간을 고려하여 설계 • 재료비, 유지관리 등 현실적 조건 반영

사업화 전략 동시 기획	• 타겟 고객, 유통 방식, 가격 전략, 수익 모델 등을 함께 기획
데이터 기반 근거 확보	• 기술 효과나 사용성에 대한 검증된 데이터 확보 • 실험 결과, 설문, 시제품 테스트 등 신뢰성 있는 근거 제시
윤리적 · 법적 고려	• 개인정보, 안전성, 표절 문제, 사회적 민감 이슈 사전 검토 (교육용 교구, 의료기기, 어플리케이션 등의 분야 더욱 주의)

아이디어 선정 후에는 학생들이 다음과 같은 과제계획서를 작성하는 것이 좋다. 사업단에서는 재료비 지원을 위해 사전에 과제계획서를 필수로 제출하도록 하는 경우가 많다.

2023학년도 캡스톤디자인(종합설계) 과제계획서

과 제 명	새로운 ○○○○ 패러다임 – 자율주행 살균 소독 ○○○○
팀 명	○○○○

1 과제 선정 배경

□ **배경 및 필요성**

• 코로나19로 인한 방역의 중요도가 증가함. 그에 따른 효율적인 ○○○○이 필요함
• 쾌적한 시민의 생활을 위해 ○○○○이 필요함
• 사람이 직접하는 살균은 효율이 낮은 문제점이 있기 때문에 ○○○○을 이용한 새로운 ○○○○ 개척

2 목표 및 수행 방법

□ **목표 설정**

자율주행 ○○○○에 ○○○○를 이용한 ○○○○ 기술을 통해 ○○○○에 대한 ○○○○ 및 효율성 증가

기존 방식(또는 문제점)	개선 방향(해결 방안)
기존의 ○○○○은 사람이 직접 조종하여 완전한 자동화가 아님	일정 시간마다 ○○○○으로 정해진 항로를 따라서 ○○○○이 날아다니며 ○○○○을 진행

□ **수행 방법**

- 현재 ○○○○의 현황 조사 및 문제점 탐색
- ○○○○ 기술 선행 연구 파악
- ○○○○ 실현 가능성 파악
- 결합할 각각의 부품들의 가격 및 경제성 파악
- 특허출원 양식 작성

3 결과물 활용

- 식당, 공장, 영화관 등 사람이 많고 오염물질에 취약한 시설에 드론을 보급하여 편리하고 효율적인 ○○○○를 할 수 있음
- 야외 콘서트, 페스티벌이나 잔디밭 등 실외 다중 밀집시설에서 ○○○○을 활용하여 ○○○○할 수 있음
- 기술 특허출원을 통해 ○○○○ 상품화 가능성이 높음

[그림 2-10] **과제계획서 예시**

중간발표는 결과의 퀄리티를 더욱 높여 준다!

과제계획서 작성 후 팀별 아이디어에 대한 중간발표를 진행하는 것이 필요하다.
학생들이 본격적으로 '7) 실행 단계'에 진입하기에 앞서서, 현재까지의 아이디어를 공유하고, 보완점에 대하여 다양한 시각의 피드백을 받을 수 있다는 장점이 있다.
중간발표 시 교수자, 다른 팀의 학생, 변리사 등 다양한 시각에서 피드백을 받을수록 우수한 결과물을 도출할 수 있다.

7) 실행

'아이디어에 숨을 불어넣다.'

실행 단계에서는 프로토타입(Prototype)을 만들어 보고, 지속적으로 테스트 및 개선을 수행하며 최종 결과물을 완성한다. 프로토타입은 제품, 서비스, 시스템 등의 최종 결과물을 모사하거나 시뮬레이션하기 위해 만든 초기 모형을 말한다. 프로토타입은 아이디어나 개념을 구체화하고 시각화하며 사용자 피드백을 통해 문제점을 발견하고 개선할 수 있도록 돕는다.

프로토타입은 목적에 따라 〈표 2-14〉와 같이 구분할 수 있다.

〈표 2-14〉 **프로토타입의 종류**

구분	설명	예시
탐색형 프로토타입	여러 아이디어의 실험 및 비교	종이 모형, 와이어 프레임
실행형 프로토타입	실제 동작 구현 중심 인터페이스 테스트	작동 가능한 UI, 기계 시제품

출처: 임미가(2023c).

프로토타입 개발 과정을 [그림 2-11]과 같이 진행하면 좋다.

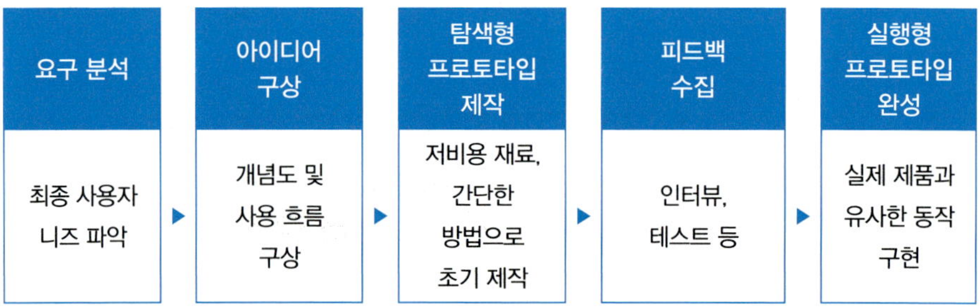

[그림 2-11] **프로토타입 개발 과정**

출처: 임미가(2023c).

시간과 비용이 많이 소요되지 않는 탐색형 프로토타입이 필요한 이유는 '프로토타입'의 본질과 연관된다. 앞서 말했듯, 프로토타입은 모사 및 시뮬레이션을 위한 초기 모형으로써, 여러 아이디어를 신속하게 다양한 관점에서 제작하여 시뮬레이션하고 최적의 과정을 찾아가는 과정이 중요하다. 따라서 처음부터 고비용의 실행형 프로토타입을 제작하기보다는 비용과 시간이 비교적 적게 소요되는 저비용의 탐색형 프로토타입을 제작하여 피드백 과정을 거치도록 하는 것이 중요하다.

> “프로토타입 제작은 값싸고 빠른 실패를 지속적으로 반복하면서 개선해 나아가는 진화의 과정이다.”
>
> – 김남기(2023).

실행 단계에서의 제작 비용은 사업단에서 지원받자!

그동안 LINC사업단이 존재하는 대학에서의 캡스톤디자인 프로토타입 제작 비용은 주로 LINC사업단에서 기준을 정해 지원해 왔다. 캡스톤디자인 이수 학생 수는 한국연구재단의 재원을 지원받는 LINC사업의 정량적 성과 지표로서 매우 중요하며, 지표 충족을 위한 핵심 기준은 캡스톤디자인 교과목 이수 학생의 ‘팀 활동’, ‘결과보고서 제출’, ‘재료비 사용’이다.

그만큼 캡스톤디자인에서 ‘산출물’과 ‘프로토타입’의 제작은 핵심적인 요소이다. 그러나 최근 인문사회계열, 예체능계열에서도 실무 경험과 감각을 위한 캡스톤디자인 교과목이 확대되면서, 물리적 재료비뿐 아니라 전문가 자문비, 소프트웨어 사용비 등 재원 활용 방식을 다양화하고 있다.

2025년 5월, LINC사업이 종료된 이후에는 각 대학의 라이즈사업단에서 캡스톤디자인 교과목 지원을 이어서 진행하거나, 그 외의 자생적인 방법으로 비용을 지원할 것으로 예상된다.

정리

8) 결과 발표, 9) 평가

'과정과 결과의 공유 및 성찰의 시간'

캡스톤디자인 강의의 마지막 정리 단계에서는 학생들이 그간의 과제 진행 과정과 결과를 종합하여 전시 및 구두 발표를 진행한다. 평가는 제작품 등의 물리적 대상에 대한 평가라기보다는 문제해결 과정의 전반과 결과에 대한 평가를 의미한다. 학생들은 최종 결과 발표를 통해 문제 이해, 아이디어 탐색 및 선정, 실행 및 결과의 전 과정을 소개하며, ① 스스로, ② 동료와 함께, ③ 교수자와 함께 과정과 결과를 평가한다. 이를 통해 지난 문제해결 과정에서의 우수한 점이나 개선점 등을 공유하고 추후의 발전을 위한 기반을 마련한다.

캡스톤디자인이 '과정 중심의 수행'이라는 점에서 결과 평가도 '과정 평가'로 이루어지면 좋겠지만, 실제로 대학에서는 학점 부여라는 정량적 평가 결과를 제시해야 한다는 현실의 벽에 부딪히기도 한다. 평가방식은 교수자 고유의 권한이므로 각자 차이가 있겠지만, 캡스톤디자인에 적용하면 좋을 만한 몇 가지 평가 방법을 간략히 제안한다. 또한 팀 활동에서의 상세한 평가 방식은 제5장을 참고하기 바란다.

구분	내용 (잘된 점, 아쉬운 점, 느낀 점 등 자유 서술, 본인 팀은 자기 평가)
1팀	
2팀	

[그림 2-12] 학생 상호 평가 양식 예시

출처: 임미가(2023c).

〈캡스톤디자인 결과 심사표〉

팀명		주제	

구분		평가항목	배점	평가
심사 기준	창의성	• 아이디어의 창의성 • 아이디어의 진보성 (기존 사례와의 차별성 등)	20	
	기획 및 운영	• 기획, 수행 과정, 문제해결 방안의 논리성 및 체계성 • 팀 구성과 역할 분담의 적정성, 협력 정도	20	
	완성도	• 수행 목적에 적정한 결과 도출 • 결과의 실현 가능성 및 완성도	20	
	기대효과	• 산업/사회의 수요 반영 및 예측 영향력 • 실용화 가능성 등 기타 기대 효과	20	
	성실성 유창성	• 수업 참여 과정의 충실성 • 발표 자료 구성의 충실성 • 현장 발표력	20	
계		–	100	
의견				

2024년　　　월　　　일

평가위원 ______________(서명)

[그림 2-13] 교수자 평가 양식 예시

출처: 임미가(2023c).

3

수업 후 확장

캡스톤디자인 수업이 끝났다. 시작할 때는 막연했고, 과정 중에는 힘이 들었지만, 마치고 나니 뿌듯하다.

캡스톤디자인 후속 진행 사항
• 지식재산권 확보(특허 출원, 저작권, 디자인권) • 기술사업화(상품화, 기술이전, 창업) • 경진대회 참여

1) 발전의 초석

캡스톤디자인 수업의 결과물은 한 학기 또는 1년 동안 학생들이 쏟은 노력의 결실로, 그 자체만으로 귀중한 가치가 있다. 우리 학생들이 캡스톤디자인 수업에서 경험한 것들과 산출된 아이디어는 미래 실무 현장에서 빛나는 성과를 이루는 데 기여할 발전의 초석이 될 것이다(임미가, 2023a). 캡스톤디자인 수업의 결과물을 개선 및 확장하여 그 가치를 더욱 높일 수 있도록 하는 몇 가지 사례를 소개한다.

2) 지식재산권 확보

"교수님! 제가 '특허' 소유자가 될 수 있나요?!"

학생의 창의적인 아이디어를 기반으로 특허출원을 진행할 수 있다. 캡스톤디자인 시작부터 특허 출원을 염두에 두거나(선행기술 조사), 변리사의 피드백을 포함하여 과제를 진행하면 지식재산권 확보가 그리 어렵지 않다.

캡스톤디자인 수강의 경험 자체가 학생들의 취업 스토리로도 도움이 되지만, 수업의 결과로 특허를 취득하게 되면 학생의 입장에서 또 하나의 강력한 무기가 된다(제2장의 '캡스톤디자인 학습자 이야기' 참조).

지식재산권의 개념, 특허 출원 및 등록의 요건, 절차 등은 이책의 제7장에 상세히 기록되어 있으니 참고하면 좋겠다.

3) 기술사업화

"교수님! 제가 '사업가'가 될 수 있나요?!"

기술사업화란 연구개발(R&D)이나 창의적 활동을 통해 창출된 기술, 지식, 아이디어, 지식재산 등을 시장에서 활용 가능한 제품이나 서비스로 전환하여 경제적 가치를 창출하는 것을 말한다.

〈표 2-15〉 **기술사업화의 유형**

기술사업화 유형	설명	예시
창업	시장진출을 목표로 새로운 사업을 시작하는 활동	기술 기반 창업, 쇼핑몰 개설
기술이전	기업, 출판사 등에 기술(저작권)이전(판매)	기업에 특허 라이선스 제공
공동 사업화	기업과 공동 개발 · 유통	대학과 기업이 공동으로 제품을 상용화
지식재산 거래	특허, 저작권, 디자인권 등의 매각	특허 양도, 각종 저작권 계약

4) 경진대회 참여

교수자의 지도와 학생들의 빛나는 아이디어로 완성된 귀중한 결과를 기반으로 각종 경진대회에 출전하도록 기획하여 보자. 처음 기획 단계에서 경진대회를 염두에 두고 진행하여도 좋고, 추후 아이디어를 개선하면서 새로운 대회에 계속 도전해도 좋다. 대학마다 교내 경진대회, 교내 기업연계 경진대회, 한국연구재단 경진대회 등 다양한 출전의 기회가 있다. 캡스톤디자인 경진대회에서 좋은 결과를 얻기 위해서는 필요성, 기술적 실현성뿐 아니라 '사업화(판매효과, 기대수익, 창업연계 등)'의 관점에서 구체적인 방법 및 데이터를 소개하는 것이 좋다.

〈표 2-16〉 캡스톤디자인 경진대회 예시

구분	주제 등 운영 개요	비고
1 2023 올해의 캡스톤디자인	• 자유 주제(캡스톤디자인 우수 아이디어 발굴 목적) • 학부 캡스톤디자인 교과목 당 2팀, 지도교수가 추천(대학원은 교과목당 1팀) • 특전: 특허출원, 전국단위 경진대회, 고도화 제작비 등 추가 지원	• 시기: 1학기 말, 2학기 말 • 총장상 • 장학금
2 유성구와 함께하는 지역사회 문제해결 공모전	• 주제: 유성구 지역사회 문제 • 공동 주관: 유성구청	• 시기: 1학기 말, 2학기 말 • 총장상/유성구청장상 • 시상품
3 한국중부발전과 함께하는 캡스톤디자인 아이디어 공모전	• 주제: ① 해양환경, ② 재생에너지, ③ 해양폐기물 활용 • 공동 주관: 한국중부발전	• 시기: 1학기 말, 2학기 말 • 총장상/중부발전사장상 • 시상품
4 삼성중공업과 함께하는 자율운항 아이디어 공모전	• 주제: 자율운항 분야 아이디어 • 공동 주관: 삼성중공업	• 시기: 2학기 말 • 삼성중공업 사장상 • 시상품
5 네이버 클라우드 기반 아이디어 공모전	• 주제: 클라우드 기반 문제해결 아이디어 • 공동 주관: 네이버클라우드	• 시기: 2학기 말 • 네이버클라우드 사장상 • 시상품
6 2023 웰니스관광 아이디어 공모전 '제주가자'	• 주제: 제주 지역 웰니스관광 아이디어 • 공동 주관: 제주관광공사	• 시기: 2학기 말 • 제주관광공사 사장상/시의회상 • 시상품
7 2023 캡-스타트업 아이디어 공모전	• 주제: 캡스톤디자인 기반 사업화 아이디어 • 공동 주관: 특허법인 공감	• 시기: 2학기 말 • 총장상 • 시상품
8 청년실패자원화 '우리는 이렇게 실패했다'	• 주제: 캡스톤디자인 실패 원인 분석을 통한 새로운 도전 사례	• 시기: 1학기 말, 2학기 말 • LINC 3.0 사업단장상 • 시상품

출처: 임미가(2023a).

핵심 POINT

01 캡스톤디자인 수업에서 교수자의 중요한 역할은 '네트워크'로, 대학과 기업, 학생과 실무 현장을 연결하는 것이 캡스톤디자인 교수-학습의 시작이다.

02 캡스톤디자인 수업의 도입 단계에서는 캡스톤디자인을 학생에게 소개하고, 주제를 안내하며, 학생들이 팀을 구성한다. 전개 단계에서는 학습자 주도로 문제를 분석하고, 아이디어를 생성하고, 프로토타입을 구현하도록 지도한다. 정리 단계에서는 수업의 전 과정과 결과를 발표하고 공유한다.

03 캡스톤디자인 수업의 결과는 경진대회, 지식재산 창출, 창업, 상품화 등의 실제적 가치로 발전시킬 수 있다.

캡스톤디자인 학습자 이야기

[창의형-다학제] 융합 캡스톤디자인 수강

생명을 구하는 기술, 제 꿈은 캡스톤디자인 수업을 수강하며 이루어졌습니다!

저는 셀트리온에서 완제의약품 제조 공정을 전반적으로 관리 담당하고 있습니다. 4학년 2학기 융합 캡스톤디자인을 수강하며 교수님과 좋은 팀원들을 만나 프로젝트를 진행하고 특허 출원까지 성공할 수 있었습니다. 이는 현재 근무하고 있는 회사에 입사하는 데에도 저만의 스토리로써 큰 도움이 되었습니다.

제가 수강한 캡스톤디자인은 여러 전공 분야 학생들이 함께 참여하는 수업이었습니다. 바이오시스템기계공학과인 저는 경영학부 학생과 한 팀이 되었습니다.

평소 '생명을 살리는 일'을 하고 싶었기에 취미인 수영을 연마하여 인명 구조 자격증을 취득했습니다. 융합 캡스톤디자인을 수강하며 저의 수상 구조에 관한 경험과 설계 역량을 활용하여 팀원들과 함께 '인명 구조용 튜브'를 구상하였습니다. 혼자 했다면 중간에 포기했겠지만 훌륭한 동료들을 만났고, 교수님께 지속적으로 피드백 받으며 부족한 부분을 채워 나갈 수 있었습니다. 또한 학기가 끝난 이후에도 변리사님과 연결되어 특허출원까지 진행할 수 있는 기회를 얻었습니다.

생명을 구하고자 했던 작은 아이디어는 이제 제 커리어의 방향이 되었습니다. 저는 생명공학을 전공한 것이 아니기에 의약품에 관한 지식은 없었습니다. 하지만 캡스톤디자인을 통해 '생명을 살리는 일'이라는 저의 관심사를 새로운 아이디어로 확장할 수 있었고, 실제 생산에 필요한 설비 및 도면에 관한 지식도 갖추어 나갔습니다.

저의 경험을 기반으로 새로운 시작을 할 수 있도록 디딤돌을 마련해 주신 임미가 지도교수님과 서로 다른 생각 속에서도 의견을 모아 훌륭한 성과를 함께 만들어 간 팀원 분들께 항상 감사드립니다. 앞으로도 저는 여러분의 선배이자 셀트리온의 일원으로서 바이오 산업을 선도하며 최고의 의약품을 통해 더 많은 생명을 살리는 일을 수행하겠습니다.

방진호 (충남대학교 바이오시스템기계공학과 졸업)

제3장

캡스톤디자인, 왜 하는가

Capston Design

캡스톤디자인을 대학과 정부에서 적극 권장하는 추세에 따라 많은 학과와 교수자들이 캡스톤디자인을 운영하고 있다. 과연 캡스톤디자인은 어떤 효과가 있을까? 어떻게 운영하면 이러한 효과를 더욱 커지게 할 수 있을까?

선행연구와 사례를 통해 캡스톤디자인의 효과와 관련된 요인들을 정리해 본다. 이를 바탕으로 교수자는 캡스톤디자인을 더욱 체계적이고 효과적으로 설계·운영할 수 있을 것이다.

1 캡스톤디자인의 학습효과

캡스톤디자인의 효과가 무엇이고 얼마나 있는지 규명하는 연구가 활발하게 이루어지고 있다. 수업과 교육의 방법으로서 분명한 목표를 가져야 하고 실제로 이를 달성했는지, 즉 효과가 있는지 확인하는 것이 중요하기에 많은 연구에서 캡스톤디자인의 효과를 분석하고 있다.

수많은 연구 가운데 관련된 기존 연구를 종합하여 분석하는 메타분석(meta-analysis) 연구를 먼저 살펴보도록 한다. 메타분석 연구는 개별 연구에 비하여 종합적인 파악과 이해에 유용하고, 교육학 연구에서는 교육 프로그램의 효과 크기를 종합적으로 분석하는 연구가 매우 활발하다(박수정 외, 2024).

국내 캡스톤디자인 교육의 학습효과를 메타분석한 연구(허미선, 이정민, 2021)는 국내 연구 21편 83건의 효과 크기를 종합적으로 분석하였다. 캡스톤디자인 교육이 학업성과에 미치는 전체 효과 크기는 0.96으로 매우 높게 분석되었고, 정의적 영역(1.08), 인지적 영역(0.93), 사회적 영역(0.82) 순이었다. 모든 영역에서 효과가 높지만, 학습만족도와 전공인식/태도와 같은 정의적 측면에서의 효과가 크다는 점이 주목할 만하다.

효과 크기는 학습만족도, 자기개발능력, 정보능력, 기술능력, 전공인식/태도, 의사소통능력, 문제해결능력 순으로 크게 나타났다. 개방성, 창의성, 진로, 학업

성취도 등은 중간 효과 크기로 나타났다. 이 중 기술능력, 문제해결능력, 의사소통능력, 자기개발능력, 정보능력은 국가직무능력표준(NCS) 직업기초능력(직업인에게 공통적으로 요구되는 기본적인 능력 및 자질)에 해당한다. 가장 많이 연구된 학습효과는 문제해결능력, 의사소통능력, 전공인식/태도였다는 점도 주목된다.

〈표 3-1〉 캡스톤디자인 교육의 학업성과 변인별 효과 크기

학업성과 변인	k	ES(g)	95% CI		Qb(df)	p
			Lower	Upper		
개방성	4	0.68	0.08	1.29	57.48 (12)	<.001
기술능력	4	1.70	0.74	2.66		
문제해결능력	13	0.95	0.62	1.28		
의사소통능력	10	1.02	0.55	1.49		
자기개발능력	3	2.28	1.12	3.45		
전공인식/태도	9	1.28	1.03	1.52		
정보능력	3	1.81	0.88	2.74		
진로	3	0.52	0.35	0.69		
창의성	5	0.65	0.06	1.25		
캡스톤 이해/인식	7	0.36	0.00	0.71		
학습만족도	3	2.32	−0.44	5.07		
학업성취도	5	0.45	0.26	0.65		
기타	14	0.74	0.53	0.95		

출처: 허미선, 이정민(2021).

허미선과 이정민(2021)의 메타분석 연구에서 조절변인을 분석한 결과를 통해, 캡스톤디자인의 효과가 어떠한 경우에 높게 나타나는지 참고할 수 있다. 효과 크기는 3, 4학년이 1, 2학년보다, 산업체와 협력하는 경우가 그렇지 않은 경우보다, 이론과 실습을 병행하는 경우가 실습만 진행하는 경우보다 컸다. 팀원 수는 4명 초과 6명 이하, 4명 이하, 6명 초과 순으로 효과 크기가 컸다. 전공은 단일 전공이 융합에 비해 효과 크기가 컸고, 교과목은 디자인, 교육, 인문사회, 항공, 기술/공학, 간호 순으로 나타났으나 사례 수에 차이가 있는 점에 주의할 필요가 있다. 이 중에서 95% 신뢰구간에서 통계적으로 유의한 차이를 보인 것은 교과목, 학년, 산업체 협력 유무, 수업 유형, 팀원 수이다.

〈표 3-2〉 **조절변인 분석 결과**

관련 변인		k	ES(g)	95% CI		Qb(df)	p
				Lower	Upper		
교과목	간호	4	0.26	0.05	0.46	55.49 (5)	<.0001
	교육	17	1.14	0.91	1.37		
	기술/공학	9	0.44	0.24	0.64		
	디자인	24	1.50	1.09	1.89		
	인문사회	22	0.81	0.52	1.09		
	항공	3	0.52	0.35	0.69		
연구 대상	초등학생	4	0.65	0.24	1.06	3.91 (3)	.271
	전문대학생	10	0.90	0.67	1.13		
	대학생	57	1.04	0.86	1.21		
	성인	12	0.79	0.42	1.16		
학년 (대학)	1,2학년	12	0.83	0.63	1.04	6.77 (1)	.010
	3,4학년	39	1.27	1.02	1.53		
산업체	유	63	1.16	0.97	1.35	36.31 (1)	<.0001
	무	17	0.45	0.31	0.58		
수업 유형	이론+실습	49	1.19	0.96	1.42	10.29 (1)	.001
	실습	31	0.74	0.58	0.89		
전공 융합	융합	12	0.79	0.42	1.16	1.78 (1)	.182
	단일	63	1.07	0.89	1.24		
팀원 수	4명 이하	9	0.82	0.50	1.14	16.28 (2)	.000
	4명 초과~ 6명 이하	25	0.99	0.80	1.18		
	6명 초과~	4	0.36	0.12	0.60		

출처: 허미선, 이정민(2021).

지금까지 소개한 메타분석 결과는 2012년부터 2020년까지의 연구물을 통합적으로 분석한 결과로, 2010년대 캡스톤디자인의 효과에 대한 종합적인 시사점을 얻을 수 있다. 코로나19 시기에 위축되었던 대면교육과 팀 학습이 이후 활발하게 이루어져 캡스톤디자인의 효과 분석 연구가 보고되고 있다. 앞으로도 어떠한 효과들이 얼마나 있다고 분석될지 살펴보고 참고할 필요가 있다.

이러한 양적연구 외에도 사례와 면담을 통해 학습효과를 분석한 연구들도 있다. 질적연구의 특성상 주로 경험을 조사하고 기술한 경우가 많은데, 그중에서 효과라고 볼 수 있는 것을 유추해 볼 수 있다. 최근의 연구사례를 중심으로 정리해 보면 〈표 3-3〉과 같다. 전공에 대한 이해, 자기주도적 학습 경험, 실무 · 실제 ·

〈표 3-3〉 면담으로 분석된 캡스톤디자인의 효과

연구	대상/방법	경험
남지연 (2020)	융합 (상담학과, 미술학과)	• 진공에 대한 이해 증진 • 학생 역량 개발의 증진 • 의미경험의 창출 • 자기발전 기회의 제공
민혜영, 김지영 (2020)	간호학과	• 개인의 노력과 역량 발휘의 중요성 인식 • 효과적인 역할 분배를 위한 노력 • 의사소통의 중요성을 깨달음 • 임상 실무에 필요한 역량을 강화함
유은정 외 (2021)	특수교육과 지역사회 기여 PBL	• 자기주도적 학습 경험 • 창의적 문제해결 과정 경험 • 이론과 실제 연계의 중요성 인식 • 지식의 활용 가능성 및 가치 인식
황지영 (2022)	유아교육과	• 사회문제에 대한 창의 · 융합적 문제해결을 통한 새로운 가치 창조 경험 • 다양한 긴장과 딜레마에 대처하며 팀 프로젝트에 대한 긍정적인 인식 확립 • 주도적인 자기개발을 통한 전문성 증진 • 미래지향적인 유아교육 전문가로서의 역량과 사회문제해결 책임감 형성
김승윤 (2022)	상담심리학과	• 전공지식의 심층적 이해 • 이론과 실무현장의 연결 • 학습자 중심 활동
유지은 (2023)	기독교교육과	• 자기주도성 향상을 통한 전공 심화 • 팀 과제를 통한 의사소통 기술 향상 및 팀워크 형성 • 실제적 · 창의적 문제해결력 형성을 통한 현장 이해 • 예비기독교사로서의 정체성 형성을 통한 진로 탐색
박선미 (2024)	마케팅과	• 전공 교과목의 이해도 증진과 실무 능력 향상 기회 • 일과 인간관계에 대한 인식 재정립 • 성장한 자신과의 만남

적용 경험, 소통과 협업 등의 성과가 엿보인다.

질적연구에서는 수업의 어려움도 함께 나타났다. 역량 부족의 확인, 협력활동의 와해(김승윤, 2022), 전문 역량 부족의 한계 경험, 팀 작업의 제한점(남지연, 2020), 자원관리의 어려움(민혜영, 김지영, 2020)도 보고되었다. 캡스톤디자인을 운영할 때 이러한 어려움을 극복할 수 있는 방안을 찾는 데 참고할 수 있다.

대부분의 연구들이 현재 대학에 재학 중인 학생들을 대상으로 하였다. 수업의 효과와 만족도에 대한 인식 조사는 재학생, 지도교수, 산업체 인사를 대상으로 한다. 그러나 졸업 후 취업 현장에 있는 자를 대상으로 연구하는 것도 필요하다. 전문대학 전기과 졸업생을 대상으로 설문조사를 통해 캡스톤디자인 수업 이수 졸업생은 그렇지 않은 졸업생에 비해 자기주도학습 역량이 통계적으로 유의하게 높은 평균점을 보였다(이경훈, 2024). 배운 것을 적용할 수 있는 학습전이(learning transfer)가 중요하기 때문에, 수업 종료 후 혹은 졸업 후 현업에서의 적용도와 동료 평가도 분석할 필요가 있다. 영화 제작 수업의 효과를 1년 후 익명으로 서면 조사한 연구(박수정, 2015)를 참고할 수 있고, 수강생들의 솔직한 수업 소감을 청취한다면 교수자가 직접 개입하지 않는 면담 조사(박수정, 박진호, 장은아, 2021)를 추천한다.

2 캡스톤디자인의 다양한 효과

캡스톤디자인의 직접적인 학습효과 외에도 다양한 효과를 기두고 있는 것으로 나타났다. 캡스톤디자인은 LINC사업의 추진으로 확대되면서 교육 중심 대학과 지방 대학에서 활발하게 이루어졌고, 특히 국립대학에서 크게 확대한 것으로 나타났는데, 이는 2018년에 시작된 국립대학육성사업을 통해 더욱 증가된 것으로 보인다(이인서, 2020).

캡스톤디자인은 산학협력선도대학육성사업(LINC)에서 중요한 교육활동으로 강조되고 왔다. 캡스톤디자인은 산학협력 수익에 효과를 가져오고(전호성, 2024), 대학의 핵심 역량과 전공 역량에도 영향을 주는 것으로 분석되었다(이하나, 김민정, 2024). 캡스톤디자인 수업을 경험한 학생들은 그렇지 않은 학생들에 비하여 평균 평점과 전공만족도가 높고, 진로를 결정할 확률이 높으며, 취업준비행동을 적극적으로 하는 것으로 분석되었다(문찬주, 한지예, 2023). 캡스톤디자인은 산학협력, 학생 역량, 진로행동, 지역연계 등에도 영향을 미친다고 볼 수 있다.

캡스톤디자인은 교수법의 하나로 제시될 정도로 그 위상이 강화되고 있다. 대학의 학습자 중심 교수법의 하나로 액션러닝, 문제중심학습, 디자인씽킹과 함께 캡스톤디자인이 주목되고 있다(정미선, 정세영, 2022). 또한 변혁적 역량 기반 교육에 적용될 수 있는 구성주의적 교육방법으로 문제중심학습, 메이커, 플립러닝, MOOC와 함께 캡스톤디자인이 제시되기도 하였다(설연경, 2020). 학생 주도의 현장 기반 대학교육이 필요한 상황에서 지역혁신 캡스톤디자인 강좌가 일종의 '대안적 대학교육 모델'로도 제시되고 있다(이광동, 박승우, 2019).

캡스톤디자인 수업의 방법에 대한 인식은 수업 선호와 학습성과 인식에 영향을 주는 것으로 나타났다(이옥진 외, 2020). 캡스톤디자인의 효과적인 수업 운영과 교육방법은 매우 중요하다. 캡스톤디자인에 적용하는 교수법으로 프로젝트학습, 문제중심학습, 액션러닝, 디자인씽킹 등을 고려할 수 있다. 특정한 교수법을 적용하지 않더라도 창의적 발상, 문제해결, 과제연구, 팀 학습 등이 필요하다. 자세한 방법은 제2장과 제5장을 참고하기 바란다.

3 캡스톤디자인에서 교수자의 역할

캡스톤디자인의 효과는 담당 교수자의 역량에 달려 있다고 해도 과언이 아니다. 전통적인 수업방식이 아니기 때문에 교수자가 어떠한 역할을 해야 하는지, 어떻게 행동해야 효과를 가져올 수 있는지 참고할 만한 가이드가 필요하다.

김종현과 엄우용(2023)은 전문가 델파이 조사를 통해 5개의 역량군, 14개의 역량 및 역량 정의, 43개의 역량 구성요소 및 행동지표로 구성된 캡스톤디자인 교수역량을 도출하고 설문조사를 거쳐 타당화하였다. 역량은 현장 지향 전문성(전공 전문성,

현장 연계), 긍정적 교육 마인드(수업에 대한 열정, 수업 개선 의지, 학생에 대한 긍정적 태도), 과제 수행지원 준비(과제 수행지원 설계, 과제 수행지원 자료 개발, 과제 수행 자원 준비), 팀 기반 과제 수행 촉진(효과적인 이해 촉진, 팀 활동 촉진, 현장 과제 발굴 및 선정 코칭, 과제 수행 촉진), 평가 및 결과물 활용 코칭(현장 연계 평가관리, 결과물 활용 코칭)이다. 각 역량과 주요 내용은 캡스톤디자인을 성공적으로 운영하는 데 중요하게 참고할 수 있다.

〈표 3-4〉 캡스톤디자인 교육역량 모델

역량군	역량	역량 정의	구성 요소	행동지표
1. 현장 지향 전문성	1-1. 전공 전문성	학생에게 전공지식 전수 및 현장 지향 과제 수행 코칭을 위한 전공 및 융합 관련 지식 및 태도	1-1-1. 전공지식 보유	캡스톤디자인 수업에서 지식 전수 및 피드백에 필요한 전공지식과 기술을 보유하고 활용할 수 있다.
			1-1-2. 최신 전공 트렌드 습득	전공 분야의 최신 트렌드를 지속적으로 습득하여 교육에 활용할 수 있다.
			1-1-3. 타 학문 분야와의 융합	전공지식과 기술을 타 학문 분야와 융합하기 위한 관심과 노력을 기울이며 관련 네트워크를 구축할 수 있다.
	1-2. 현장 연계	학생의 현장 지향 과제 수행 지원을 위해 필요한 현장에 대한 이해 및 현장 연계 역량	1-2-1. 현장에 대한 이해	과제와 관련된 현장에 대한 이해를 기반으로 현장의 특성을 설명할 수 있다.
			1-2-2. 현장과의 네트워킹	학생의 현장 연계 과제 수행을 지원하기 위해 산업체 및 기관 등과 네트워크를 형성하고 활용할 수 있다.
			1-2-3. 수업에 현장의 실제성 적용	과제와 관련하여 현장의 근무 환경 혹은 현장에서 실제로 발생할 수 있는 상황을 수업에 반영할 수 있다.
2. 긍정적 교육 마인드	2-1. 수업에 대한 열정	캡스톤디자인 수업 효과에 대한 신념을 가지며 교수 활동에 최선을 다하는 태도	2-1.1. 수업 효과(유용성)에 대한 신념	캡스톤디자인 수업이 학생의 핵심 역량 향상과 진로 설정에 도움이 된다는 확고한 신념을 가지고 있다.
			2-1-2. 수업에 대한 사명감	수업 준비와 수업 실행에 사명감을 가지고 최선을 다한다.
			2-1-3. 일정 및 시간 관리	캡스톤디자인 수업 준비 및 실행에 필요한 시간을 확보하고 일정 및 시간을 적절히 분배하여 효율적으로 관리할 수 있다.

	2-2. 수업 개선 의지	수업의 질 개선을 위해 담당 교원 스스로 수업을 진단·개선·환류하는 지속적인 개선 의지	2-2-1. 교수(방법) 개선에 대한 개방적 태도	수업 방법 개선에 대한 필요성을 스스로 인식하고 지속적으로 수업 방법을 개선하려고 노력한다.
			2-2-2. 수업 진단 및 성찰	전반적인 수업 활동을 스스로 진단하고 성찰할 수 있다.
			2-2-3. 수업 개선 적용	수업 성찰을 통한 구체적인 개선방안 도출 후 다음 학기 수업에 적극적으로 개선 반영할 수 있다.
	2-3. 학생에 대한 긍정적 태도	학생과의 원활한 소통과 효과적인 과제 수행 코칭을 위해 필요한 학생에 대한 긍정적인 마음가짐과 태도	2-3-1. 학생에 대한 관심과 애정	개별 학생 및 팀에 대해 관심과 애정을 가지고 학생이 겪는 애로사항을 파악하여 적절하게 조치할 수 있다.
			2-3-2. 실패 허용에 대한 교육적 사고	학생이 실패를 두려워하지 않는 도전적인 자세로 과제 수행을 할 수 있도록 허용하는 교육적 사고를 가지고 있다.
			2-3-3. 수평적 의사소통	위계적인 의사소통을 지양하고 학생의 사고방식과 의견을 존중하는 의사소통을 할 수 있다.
3. 과제 수행 지원 준비	3-1. 과제 수행 지원 설계	캡스톤디자인 수업의 효과를 극대화하기 위한 교수학습계획 수립 역량	3-1-1. 강의계획서 작성	수업목표-내용-방법-평가 간 일관성, 체계성, 논리성을 바탕으로 동기부여를 고려한 수업 전략을 수립하여 이를 반영한 강의계획서를 작성할 수 있다.
			3-1-2. 평가도구 개발	과제 수행 과정과 기대되는 결과물의 수준을 고려하여 타당성 있는 평가 방법과 채점 기준 등을 적용하여 평가도구를 개발할 수 있다.
	3-2. 과제 수행 지원 자료 개발	학생의 과제 수행 활동을 촉진하는 데 필요한 자료(강의자료, 과제 사례, 과제 수행도구 등) 개발 역량	3-2-1. 수업 매체 선정	수업 내용의 전달 및 상호작용 촉진을 위한 최적의 매체를 선정할 수 있다.
			3-2-2. 과제 관련 사례 수집	수업과 관련된 현장 연계 과제 주제, 문제해결 사례 등 다양한 자료들을 수집하여 수업자료로 개발할 수 있다.
			3-2-3. 과제수행 도구 개발	학생이 과제를 수행하는 데 도움을 줄 수 있는 각종 지원 도구나 양식을 선정하거나 만들 수 있다.

	3-3. 과제 수행 자원 준비	효과적인 과제 수행 지원을 위한 인적·물적 자원 준비 역량	3-3-1. 과제 수행에 적합한 환경 조성	팀 기반 과제 수행 활동을 촉진할 수 있는 강의실 환경을 적절하게 구성할 수 있다.
			3-3-2. 수업 지원 인력 확보	학생의 과제 수행에 도움을 줄 수 있는 현장 전문가 또는 멘토를 확보할 수 있다.
4. 팀 기반 과제 수행 촉진	4-1. 효과적인 이해 촉진	효과적인 과제 수행을 위해 필요한 수업 내용(관련 및 지식 과제 수행 방법 등)을 적절한 방법으로 학생을 쉽게 이해시킬 수 있는 역량	4-1-1. 학생 이해도 높은 전달력	적극적 상호작용, 적절한 예시 및 어휘 활용, 중요내용 반복 요약 등을 통해 과제 수행에 필요한 수업 내용(과제 수행 방법 및 과제 관련 지식 등)을 쉽게 이해시킬 수 있다.
			4-1-2. 적절한 학습매체 및 수업자료 활용	수업 중 학습 및 과제 수행에 대한 흥미와 이해도 증진을 위해 적절한 매체 및 수업 자료를 효과적으로 활용할 수 있다.
	4-2. 팀 활동 촉진	수업에서 학생의 팀 기반 활동이 역동적·생산적으로 이루어지도록 촉진하는 역량	4-2-1. 학생 특성 및 역량 수준 파악	학생들의 특성, 능력(수준), 선수지식, 요구사항 등을 분석할 수 있다.
			4-2-2. 과제 목표 달성을 위한 적절한 팀 구성	학생의 특성 및 요구도 분석 결과를 기반으로 과제 목표 달성을 위한 적절한 팀 구성을 유도할 수 있다.
			4-2-3. 팀 협업 능력 강화를 위한 팀 빌딩	팀원 간의 정서적 유대 및 협업 역량을 강화하기 위한 팀 빌딩 활동을 코칭할 수 있다.
			4-2-4. 팀 내 갈등 관리 코칭	팀원 간의 갈등과 애로사항을 팀 내에서 조정하고 해소할 수 있도록 코칭할 수 있다.
	4-3. 현장 과제 발굴 및 선정 코칭	학생이 현장 지향 과제를 성공적으로 발굴 및 선정할 수 있도록 코칭하는 역량	4-3-1. 실제 현장형 과제 사례 제시	학생의 과제 발굴에 대한 이해를 돕기 위해 다양한 분야의 실제 현장형 과제 사례를 효과적으로 제시할 수 있다.
			4-3-2. 관심 분야의 정보 수집 방법 지도	학생이 과제 관심 분야에 대한 정보를 수집 및 분석하는 방법을 코칭할 수 있다.
			4-3-3. 과제 명료화 코칭	학생이 관심 분야에 대한 문제점을 파악하고 과제 목표(문제)를 구체적이고 명확하게 설정할 수 있도록 코칭할 수 있다.

	4-4. 과제 수행 촉진	성공적인 과제 수행을 촉진하기 위한 다양한 지원 및 코칭 역량	4-4-1. 과제 수행 동기부여	학생이 과제에 관심과 흥미를 유지하여 과제 수행에 몰입할 수 있도록 적절한 방법으로 수업 전반에 걸쳐 동기를 유발할 수 있다.
			4-4-2. 과제 수행 과정 모니터링	팀별 정기 및 수시 면담을 통해 과제의 진척 과정 및 현황(과제 수행 진척 수준, 애로사항, 외부 전문가 멘토링 진행 과정 등)을 파악할 수 있다.
			4-4-3. 적절한 과제 수행 지원 도구 활용	과제 수행에 필요한 아이디어 발산 및 수렴을 촉진하고 아이디어를 정리할 수 있는 적절한 수준의 학습도구(양식)을 학생에게 제공하여 과제 수행을 도울 수 있다.
			4-4-4. 과제 수행 단계별 적절한 수준의 코칭	팀별 과제 수행 단계에 따른 활동을 촉진하기 위해 적절한 수준의 개입을 결정하고 코칭할 수 있다.
			4-4-5. 결과물의 적절성 검토 코칭	각 팀이 도출한 문제해결 과제물(prototype)의 적절성(경제성, 시장성 인정성 등)을 검토하는 방법을 코칭할 수 있다.
			4-4-6. 결과물 발표 코칭	학생의 성공적인 최종 결과물 발표를 위해 발표 자료 내용 구성 방법 및 발표 기법을 코칭할 수 있다.
5. 평가 및 결과물 활용 코칭	5-1. 현장 연계 평가 관리	과제 수행 과정 및 결과의 평가 시 현장성을 반영하여 공정하게 평가하고 결과에 대해 구체적으로 피드백하는 역량	5-1-1. 현장 연계 평가	과제 수행 과정 및 과제 수행 결과의 평가 시 현장성을 고려하여 평가할 수 있다.
			5-1-2. 공정한 평가	사전에 계획한 평가 방법, 시기, 기준 등을 학기 초에 학생과 충분히 공유하고, 적절한 평가 방법을 통해 공정하게 평가를 수행할 수 있다.
			5-1-3. 구체적인 피드백	학생의 과제 수행 활동 및 평가 결과에 대해 성적과 개선점 등을 구체적으로 피드백할 수 있다.

	5-2. 결과물 활용 코칭	수업 결과물을 활용하여 학생이 희망하는 후속 연계 활동에 대한 코칭 역량	5-2-1. 경진대회 연계 코칭	수업 결과물을 바탕으로 학생이 대학 내 · 외부 경진대회에 출품하기를 희망하는 경우, 경진대회의 정보와 조언을 제공할 수 있다.
			5-2-2. 지식재산권 연계 코칭	수업 결과물을 바탕으로 학생이 지식재산권 획득을 희망할 경우, 관련 정보와 조언을 제공할 수 있다.
			5-2-3. 취 · 창업 연계 코칭	학생이 취 · 창업을 희망하는 경우, 수업 결과물을 활용하는 방법에 대한 조언을 제공할 수 있다.

출처: 김종현, 엄우용(2023).

유아교육과 캡스톤디자인 교수자의 단계별 수업 운영 역할을 제시한 연구(황지영, 2023)도 참고할 만하다. 단계와 기간에 따른 역할은 〈표 3-5〉와 같다.

〈표 3-5〉 **유아교육과 캡스톤디자인 단계별 교수자 수업 운영 역할**

단계	교수자 수업 운영 역할 단계	기간	교수자 수업 운영 역할
1	캡스톤디자인 오리엔테이션 및 수업 개요 설명	1주차	1) 학생들의 동기 유발하기 2) 능동적인 지식 구성자로서의 학습자 역할 안내하기 3) 학습자에게 사전 안내하여 팀 계획을 위한 예측 가능한 환경 구성하기
2	사회적 문제 및 유아교육현장의 문제 공유하기	2~3주차	1) 사회적 문제 및 유아교육현장의 문제 공유하기 2) 예비유아교사로서 사회적 문제와 유아교육과 연계하기 3) 창의적 · 융합적 문제해결에 대해 자신감 불어넣기
3	자율적 조정 방식의 팀 구성	3주차	1) 팀 구성 과정에서 학습자 자율성 부여하기 2) 교수자의 공동체 철학에 대한 전체 원칙 확보하기 3) 팀 결속력 다지기
4	문제해결을 위한 목표 설정	4~5주차	1) 자신과 밀접한 문제발견으로부터 사회적 문제에 접근하기 2) 선택한 문제에 대한 유아교육의 문제해결 접근 적합성 확인하기 3) 선택한 문제를 확인하고 명료화하기

5	창의적 · 융합적 문제해결 과정 기획 및 설계하기	6주차	1) 창의 · 융합적 문제해결을 위한 아이디어 도출을 위해 함께 고민하기 2) 창의 · 융합적 문제해결 기획 및 세부계획을 위해 팀 지원하기 3) 수행 계획에 있어 자율성과 책임 부여하기
6	캡스톤디자인 문제해결 과정	7~13 주차	1) 교수자와 주차별 추진 진행 보고와 각 팀별 밀접한 의사소통을 통한 체계적인 피드백 하기 2) 융합적 문제해결을 위해 해당 전문가과 협의하기
7	최종 결과물 평가, 경진대회 출전	14~15 주차	1) 최종 결과물 도출의 실용화 과정 확인하기 2) 경진대회 출전 지원하기 3) 최종성과보고회 발표와 평가하기

출처: 황지영(2023).

이 밖에도 캡스톤디자인 교수자의 핵심역량으로 한수민, 강문숙과 박수홍(2023)이 제시한 지식(자기주도, 의사소통, 팀워크 대인관계역량), 기술(창의적 문제해결역량, 설계 및 개발, 통찰력), 태도(실행력, 윤리관, 앙트러프러너십)를 참고할 수 있다.

일반적으로 교수자에게는 내용 전문성, 방법 전문성, 태도 전문성이 요구된다(박수정, 2023). 가르쳐야 할 내용에 대한 전문성, 학습자 특성에 맞게 가르치는 방법에 대한 전문성, 교수자로서의 열정과 진정성과 같은 태도 등이다. 캡스톤디자인 교수자는 내용 전문성을 기본으로 하면서 팀으로 이루어지는 산학연계 팀 프로젝트의 성공적인 수행을 위한 팀 학습 지원 및 자원 연계와 같은 방법 전문성이 필요하다. 또한 학생의 주체성과 잠재력에 대한 긍정적인 관점, 과제 성공 가능성에 대한 지지와 적극적인 소통 등 태도와 관련된 역량도 요구된다.

여기에 추가할 것은 '연계 전문성'이다. 캡스톤디자인이 성공적으로 수행되기 위해서는 다양한 자원과의 연계가 필수적이며, 이를 위한 네트워크와 소통 역량이 크게 요구된다. 캡스톤디자인의 영역 및 주제, 그리고 참여 학생을 학교 밖 현장과 연계하고, 학교 안 지원기관과도 협조하면서 최대한의 성과를 끌어낼 수 있어야 할 것이다.

캡스톤디자인 교수자의 역량과 역할에 멘토링, 코칭, 촉진, 동기부여가 자주 언급되고 있다. '학생은 지식을 스스로 구성하고 새롭게 창조하는 자'라는 구성주의 관점에 터하여, '교수자의 학생의 학습을 안내하고 촉진하는 자'라는 관점을 자각해야 할 것이다. 또한 멘토, 코치, 촉진자로서의 역량을 기르고 실천하도록 한다.

모든 교수자에게 지속적인 전문성 개발(continuous professional development)이 요구된다. 교수자는 대부분 연구전문가 혹은 실무전문가이기에 교육에 대한 학습기회는 대체로 부족하다. 교수자의 '내용 전문성'은 가장 중요하면서도 교육에 있어 토대가 될 것이며, '방법 전문성'은 학생들을 가르치면서 동시에 일정한 학습이 필요하다(박수정, 2023). 이 책을 선택하여 정독하는 것은 캡스톤디자인 교육을 위한 방법 전문성을 기르는 중요한 학습기회가 될 것이며, 이 점에서 교육을 잘하고자 하는 진정성, 즉 '태도 전문성' 또한 확인된다. '연계 전문성'도 효과적으로 발휘할 수 있는가? 그리고 교수자에게 필요한 '성찰(reflection)'은 교육의 과정에서 이루어지고 수업에 환류될 것이다. 이제 도전과 실천만이 남은 것이다!

“ 캡스톤디자인 교수자에게는 내용, 방법, 태도, 연계 전문성
그리고 멘토, 코치, 퍼실리테이터 역할이 필요하다. ”

핵심 POINT

01 캡스톤디자인의 효과에 대한 메타분석 결과는 정의적 영역, 인지적 영역, 사회적 영역 순으로 효과 크기가 크게 나타났고, 문제해결능력, 의사소통능력, 전공인식/태도가 많이 연구되었다.

02 캡스톤디자인의 효과 크기는 고학년, 산업체와 협력하는 경우, 이론과 실습을 병행하는 경우, 팀원 수가 5~6명인 경우 큰 것으로 나타났다.

03 캡스톤디자인 교수자의 역량은 내용(지식), 방법(기술), 태도 측면에서 학생들의 팀 프로젝트 수행 촉진과 지원을 위해 필요하고, 특히 '연계' 전문성이 요구된다.

캡스톤디자인 학습자 이야기

[창의형-다학제-글로벌] 글로벌 캡스톤디자인 수강

글로벌 인재로 성장하도록 도와준 캡스톤디자인

글로벌 캡스톤디자인 수업은 제게 글로벌한 시야를 갖게 해 준 소중한 계기였습니다. 타과 학우들과 협업하며 다양한 관점을 접하고, 실제 해외 기업과 연계해 과제를 수행할 수 있다는 점에서 기존 수업들과는 차별화된 매력을 느꼈습니다.

학기 중 저희 팀은 미국의 물류기업과 함께 '물류시장 동향에 따른 인사이트 제시'라는 주제로 프로젝트를 진행했습니다. Trucking에 특화된 해당 기업의 특성을 고려해, 미국 시장의 동향을 분석하고 맞춤형 전략을 제시하고자 했습니다.

학기 종료 후, 약 2주간 미국 현지 기업을 직접 방문하여 단기 실무를 수행하고, 현장 프로젝트를 진행하는 시간을 가졌습니다. 이를 통해 실제로 미국 내 물류기업들이 전기 트럭 도입을 적극 검토하고 있지만, 주마다 상이한 운송료, 인건비, 보험료 등의 요소로 인해 단기적으로는 시행이 어렵다는 현실적인 과제도 확인할 수 있었습니다. 또한 단순한 대학생의 시각으로는 파악하기 어려운 물류 업무 프로세스를 현지 직원분들의 설명과 현장 방문을 통해 효과적으로 이해할 수 있었습니다.

이러한 경험은 단순히 과제를 수행하는 것을 넘어, 진로 방향에 있어 글로벌 시장에 대한 이해를 넓히는 계기가 되었습니다. 이후 해외 기업과의 협업 경험을 바탕으로, 국내 시장에만 머무르지 않고 글로벌 무대에서 일할 수 있는 기회를 찾고자 결심했습니다. 그 결과, 저는 지금 중동 지역의 기업에 입사하게 되어 글로벌 커리어의 첫걸음을 내디딜 수 있었습니다.

전공에만 국한된 수업이나 경험이 아닌 새로운 분야나 사람들을 만나는 도전을 해 보길 적극적으로 추천하고 싶습니다. 경험 하나하나가 생각보다 훨씬 큰 기회를 줄 수 있답니다!

정민정 (충남대학교 경영학부 졸업)

제4장

캡스톤디자인의 유형과 운영 사례

Capston Design

캡스톤디자인은 도입 초기 주로 공학계열의 프로젝트에 활용되었으나 현재는 거의 모든 전공계열에서 운영되고 있다. 공학계열뿐만 아니라 다양한 전공에서 운영되는 캡스톤디자인 사례를 벤치마킹하는 것이 필요하다.

다양한 전공계열에서 운영되는 캡스톤디자인 사례를 살펴보기 전에 캡스톤디자인이 교과로 인정되기 위한 기준과 운영되는 형태에 따른 유형을 살펴보았다. 이후, 학술논문을 통한 전공에서의 캡스톤디자인 운영 사례, 실제 지역사회의 문제를 해결하기 위한 캡스톤디자인 운영 사례 그리고 해외 기업과의 연계를 통한 글로벌 캡스톤디자인 운영 사례를 소개한다.

1 캡스톤디자인의 조건과 유형

캡스톤디자인은 4년제 대학을 비롯하여 전문대학에서도 활발하게 운영되고 있으며 대학별 운영 현황은 대학알리미 사이트에 공개된다. 교육부는 대학정보공시 지침서(2025a)에 캡스톤디자인 교과로 인정받기 위한 조건과 캡스톤디자인이 개설된 학과의 전공계열을 제시하고 있다.

교육부는 내학정보공시 지침서(2025)에 '캡스톤디자인' 교과의 인징 조건을 네 가지로 제시하고 이 조건을 모두 충족하는 경우에 대하여 공시 항목으로 입력하도록 안내하고 있다. 〈표 4-1〉에 제시된 캡스톤디자인의 인정 조건을 살펴보면, ①번은 캡스톤디자인의 목적이며, ②번과 ③번은 행정적인 조건, ④번은 캡스톤디자인의 최종 산출물로서 결과물에 관한 내용이 명시되어 있다.

〈표 4-1〉 캡스톤디자인의 인정 조건

■ 인정 조건
① 1~2학년 동안 배운 전공교과목 및 이론 등을 바탕으로, 산업체(또는 사회)가 필요로 하는 과제를 대상으로 학생들이 스스로 기획과 종합적인 문제해결을 통해 창의성과 실무능력, 팀워크, 리더십을 배양하도록 지원하는 정규교과목으로,
② 교과목명에 "캡스톤디자인(capstone design) 또는 종합설계"를 부기하여 캡스톤디자인 여부가 명확하고,
③ 시제(작)품 제작 등을 위한 실험 · 실습비 또는 교육 프로그램 지원비가 지급되며,
④ 팀 과제로 1학기 이상 운영되는 경우로, 캡스톤디자인의 목적에 맞는 결과물이 도출되어야 한다.

※ 캡스톤디자인(창의적 설계) 운영 현황 작성 지침의 캡스톤디자인 교과목의 정의 네 가지가 제시되어 있으며, 모두 충족하는 경우에만 '캡스톤디자인' 교과목으로 인정하고 있다.
출처: 교육부(2025), p.247.

1) 대학에서의 캡스톤디자인 전공 분류

캡스톤디자인은 대학의 다양한 전공으로 확대되어 운영되는 추세이다. 이에 캡스톤디자인 운영 사례를 소개하기에 앞서 대학의 학문 분야로서 전공에 대한 분류 기준을 고찰하였다. 대학정보공시 지침서(2025)는 캡스톤디자인이 개설된 학과를 대학 설립 · 운영 규정에 근거하여 인문 · 사회계열, 자연과학계열, 공학계열, 예 · 체능계열, 의학계열의 5개 대계열과 각 대계열에 포함되는 소계열을 〈표 4-2〉와 같이 구분하고 있다. 임소현 등(2024)은 전문대학과 4년제 대학의 전공 분야를 구분하여 제시하고 있다. 〈표 4-3〉은 4년제 대학의 학과 분류로서 인문계열, 사회계열, 교육계열, 공학계열, 자연계열, 의약계열, 예체능계열로 7개의 대분류와 각 대분류에 포함되는 중분류 35개로 구분하고 있다.

〈표 4-2〉 캡스톤디자인 과목이 개설된 학과 분류

대계열	포함되는 소계열	비고
인문 · 사회계열	어학 · 문학 · 사회 및 신학 등	
자연과학계열	이학 · 해양 · 농학 · 수산 · 간호 · 보건 · 약학 및 한약학 등	
공학계열	공학 등	
예 · 체능계열	음악 · 미술 · 체육 및 무용 등	
의학계열	의학 · 치의학 · 한의학 및 수의학 등	

출처: 교육부(2025), p.247.

〈표 4-3〉 고등교육통계에서 분류하는 4년제 대학 학과 분류

대분류	중분류
인문계열	언어 · 문학, 인문과학
사회계열	경영 · 경제, 법률, 사회과학
교육계열	교육일반, 유아교육, 특수교육, 초등교육, 중등교육
공학계열	건축, 토목 · 도시, 교통 · 운송, 기계 · 금속, 전기 · 전자, 정밀 · 에너지, 소재 · 재료, 컴퓨터 · 통신, 산업, 화공, 기타(제 공학영역)
자연계열	농림 · 수산, 생물 · 화학 · 환경, 생활과학, 수학 · 물리 · 천문 · 지리
의약계열	의료, 간호, 약학, 치료 · 보건
예체능계열	디자인, 응용예술, 무용 · 체육, 미술 · 조형, 연극 · 영화, 음악

출처: 임소현 외(2024).

두 자료는 공학계열과 예체능계열을 단독으로 구분했다는 공통점이 있으나 전자는 인문계열과 사회계열을 통합하여 구분하고, 후자는 분리하여 구분했다. 하위 계열 중 약학, 한약학 등에 대해 전자는 자연과학계열의 소계열로 구분한 반면, 후자는 의약계열로 구분했다는 차이점이 있다. 대학알리미에 제시된 학교별 캡스톤디자인 운영 현황과 이수 학생 수는 〈표 4-2〉의 학과 계열을 기준으로 공개하고 있다.

2) 캡스톤디자인의 유형

캡스톤디자인의 유형은 전공 분야를 비롯하여 무엇을 기준으로 하는지에 따라 다양하게 구분할 수 있다. 학생들이 해결해야 하는 문제, 즉 '주제'에 따라 전공에 상관없이 자율적으로 주제를 선정하여 진행하는 '창의형 캡스톤디자인', 전공 지식을 기반으로 전공 분야와 관련한 프로젝트를 진행하는 '전공심화형 캡스톤디자인' 및 사회적 문제나 지역사회가 당면한 문제를 해결하는 '사회문제해결형 캡스톤디자인'으로 구분할 수 있다. 이 유형의 경우 지역이 당면한 문제를 해결한다는 관점에서 '지역연계형 캡스톤디자인'으로 부르기도 한다.

또한 지방자치단체, 기업 등 기관과의 협업 여부에 따라 '산학연계형' 또는 '기업연계형' 캡스톤디자인, 다른 전공의 융합 여부에 따라 '다학제형 캡스톤디자인'

으로 구분하기도 한다. 추진 형태에 따라서도 구분될 수 있는데, 단일학과 내에서 팀을 구성하여 수행하는 '개별전공형'과 단과대학 내 학과 간, 또는 타 단과대학 학과 간 팀을 구성하여 수행하는 '학제 간 융합형'으로 구분하기도 한다. 이에 캡스톤디자인의 유형을 〈표 4-4〉와 같이 종합하여 분류하였다.

〈표 4-4〉 **캡스톤디자인 유형**

구분	내용
학교 내 전공 기반 유형	
창의형 캡스톤디자인	전공계열에 상관없이 자율적으로 주제를 선정하여 프로젝트 진행
전공심화형 캡스톤디자인	전공지식을 기반으로 하여 전공분야와 관련한 프로젝트 진행
학제 간 융합형 캡스톤디자인	융합적 사고 역량의 함양을 위해 두 개 이상의 전공계열 학생들이 함께 공동의 문제를 해결하는 프로젝트 진행 이 책의 전공계열* 구분은 임소현 등(2024)의 7계 계열을 기준으로 함(〈표 4-3〉 참조) *인문, 사회, 교육, 공학, 자연, 의약, 예체능 계열
학교 밖 기관 연계 유형	
산학연계형 캡스톤디자인	실무 역량 함양을 위해 산업체, 연구소 등의 실무 기관과 연계하여 운영 기관 관계자와 주제 선정, 멘토링, 특강 등의 운영 가능
사회문제해결 캡스톤디자인	사회적 문제를 해결하거나, 지역사회 발전에 초점을 둔 프로젝트 진행
글로벌 캡스톤디자인	글로벌 역량 함양을 위해 국외 대학 및 산업체, 연구소 등과 연계하여 운영 국외 기관 관계자와 주제 선정, 멘토링, 특강 등의 운영 가능

출처: 임미가(2023a).

다음은 한양대, 서강대, 동국대의 캡스톤디자인 유형이다. 학교별 캡스톤디자인 유형을 표현하는 명칭이 조금씩 다르다. 각 유형은 앞서 제시한 유형 중 어느 하나의 성격에 국한되기보다는 창의형이면서 산학연계형의 성격을 가질 수 있으며, 학제 간 융합형이면서 사회문제해결형의 성격을 가질 수도 있다. 각 대학에서 운영하고 있는 캡스톤디자인에 제시된 내용을 통해 유형이 어떤 성격을 가질지 예상해 볼 수 있다. 한양대학교(2025)의 경우 일반형과 기업연계형으로 구분하고 있으며, 기업연계형의 경우 국내 기업이 참여하는 캡스톤디자인을 비롯하여 국외 대학 및 외국 기업과 연계하여 글로벌 이슈를 해결하는 글로벌 캡스톤디자인, 타 전공의 학생들이 팀을 구성하여 운영되는 학제 간 융합 캡스톤디자인으로 총 4개의 유형을 운영하고 있다. 한양대학교는 지식재산권 창출과 사업화를 목표로 대학원생을 지원하는 'G-캡스톤디자인'이라는 별도의 캡스톤디자인 코스를 운영하고 있으며, 〈표 4-6〉에 제시된 바와 같이 기업참여형, 지역사회연계형, 지식기반창업형으로 3개의 유형을 운영하고 있다. 서강대학교(2025)의 경우 한양대학교와 유사하게 일반캡스톤디자인 및 기업과 연계하여 운영하는 캡스톤디자인 3개 유형을 포함한 총 4개의 유형을 운영하고 있다. 동국대학교(2025)의 경우 전공 캡스톤디자인, 산학연계 캡스톤디자인, 산학연계 융합 캡스톤디자인, 산학연계 글로벌 캡스톤디자인으로 4개의 유형을 운영하고 있다.

〈표 4-5〉 한양대학교(2025)의 캡스톤디자인 유형

구분		내용
일반형		**일반 캡스톤디자인**(General): 전공 산업 분야 이슈 및 사회문제해결을 위한 아이디어 도출 및 문제해결
기업연계	기업연계 기반	**기업연계 기반 캡스톤디자인**: 국내 산업체가 제시한 주제 수행 및 산업체 인사 참여
	글로벌	**글로벌 캡스톤디자인**(Global): 국외 대학 및 외국 기업과 연계하여 글로벌 이슈 해결
	기업연계 기반 학제 간 융합	**기업연계 기반 학제 간 융합 캡스톤디자인**(Interdisciplinary): 산업체가 제시한 주제 해결을 위해 타 계열 학생과 팀 구성 및 산업체 인사 참여

출처: 한양대학교 ERICA(2025, April 2).

〈표 4-6〉 한양대학교(2025)의 G-캡스톤디자인 유형

구분	내용	비고
기업참여형	기업과 연계하여 문제해결 및 아이디어 창출을 통한 사업화 목적	산업체 참여 필수
지역사회연계형	지역기관 및 단체와 연계하여 지역사회 문제해결 목적	지역기관 참여 필수
지식기반창업형	대학원생의 아이디어 및 기술의 지식재산권 확보를 통한 비즈니스 모델 구축 목적	산업체 참여 선택

출처: 한양대학교 ERICA(2025, April 2).

〈표 4-7〉 서강대학교(2025)의 캡스톤디자인 유형

구분	정의
일반 캡스톤디자인	캡스톤디자인 과제 창출 시 산업체/외부기관과 연계 없이 교수와 학생이 자율적으로 창출하여 수행함
기업연계 기반 캡스톤디자인	산업체/외부기관에서 문제 및 주제를 제시하고 산업체/외부기관 인사가 캡스톤디자인 교과 운영에 직접적으로 참여함
기업연계 기반 학제 간 융합 캡스톤디자인	타 학과(부, 전공) 학생과 연계하여 기업연계 기반 캡스톤디자인 프로젝트를 수행함 ※단, 동일 계열의 학생이 강좌 정원의 ¾을 초과할 수 없음
기업연계 기반 글로벌 캡스톤디자인	캡스톤디자인 수행과제를 ① 산업체(국내 또는 국외)와의 연계를 기반으로 하며 ② 국외 대학 또는 외국 기업과 연계하여 수행하는 교육과정을 의미함 (*국외 대학 및 외국 기업이란 국적을 기준으로 함) ※①, ②의 요건을 모두 충족하여야 함

출처: 서강대학교(2025, April 2).

〈표 4-8〉 동국대학교(2025) 캡스톤디자인 유형

유형	내용
전공 캡스톤디자인	2인 이상의 팀을 구성하여 제품/작품을 기획 · 설계 · 제작 · 평가하는 전 과정을 경험하는 자기주도형 프로젝트 * 멘토링 활용비 최대 20만 원 별도 지원 가능(별도 메일 제출)
산학연계 캡스톤디자인	기업 및 지역사회에서 제시하는 문제점을 해결하기 위해 진행되는 전공 캡스톤디자인 교과목으로 '기업/지역기관 + 학생 + 교수 연계 프로젝트' * 산학/관학협력교육협약 체결 필수
산학연계 융합 캡스톤디자인	산학연계 캡스톤디자인을 타 학과(부, 전공) 학생과 연계하여 수행 * 단, 동일 계열의 참여 학생들이 팀 정원의 ¾을 초과할 수 없음 * 계열은 교육부 5대 분류: 인문 · 사회계열 / 자연과학계열 / 공학계열 / 예 · 체능계열 / 의학계열
산학연계 글로벌 캡스톤디자인	산학연계 캡스톤디자인을 국외 대학 또는 외국 기업과 연계하여 수행 * 온라인 협업 플랫폼 활용 가능 * 국외 대학 및 외국 기업이란 '국적 기준'

출처: 동국대학교(2025, April 2).

캡스톤디자인은 개설된 대학 및 운영되는 학과가 다양하고 학생들은 공학계열을 비롯하여 다양한 전공 분야 캡스톤디자인에 능동적으로 참여할 수 있도록 운

영되고 있다. 더불어, 운영되는 캡스톤디자인의 유형은 '산학연계형, 사회문제해결형, 학제 간 융합형, 글로벌형'으로 구분되는 경향이 있으나 어느 하나의 유형에 국한되기보다는 여러 유형이 학교의 상황에 따라 유연하게 운영되고 있는 것을 확인할 수 있다.

2 전공별 캡스톤디자인 운영 사례

캡스톤디자인의 인정 조건, 전공 분류 및 유형이 캡스톤디자인 교과에 대한 물리적인 조건을 다루었다면 학술논문에 제시된 사례들을 통해 공학계열 이외의 전공에서의 캡스톤디자인 운영 사례를 토대로 캡스톤디자인 수업을 지원하는 담당자, 실제 수업을 운영하는 교수자에게 도움이 될 만한 인사이트를 제시하고자 한다.

이를 위해 2단계 LINC사업이 시작된 2017년 이후 등재지에 게재된 캡스톤디자인 운영 사례를 선별하였다. 이 중 전공별로 학생들이 선택한 다양한 주제, 주제 선정 시 교수자의 역할, 실무 문제해결을 위해 학교 이외의 기관과 협업 시 고려해야 하는 사항, 캡스톤디자인 운영 시 행정 지원에 관한 사항 등 캡스톤디자인을 처음 설계하고 운영할 때 수업을 운영하는 과정 및 수업 후 교수자 및 실무자들이 참고할 만한 사항들을 제시하였다. 학술논문에 제시된 사례들을 전공에 따라 제시하고자 임소현 등(2024)의 4년제 대학의 학과 분류인 〈표 4−3〉의 7개 계열별 캡스톤디자인 운영 사례가 제시된 학술논문 15편을 〈표 4−9〉와 같이 선정하였다.

선정한 사례들은 기업과의 연계 유무에 따른 산학연계형, 지역의 문제를 해결한 사회문제해결형, 해외의 대학이나 기업과 연계한 글로벌형으로 구분하고, 전공 계열이 2개 이상 융합된 경우 학제 간 융합형으로 표기하였다. 학술논문의 캡스톤디자인 사례에서 캡스톤디자인 수업 운영을 위한 팁을 얻어 갈 수 있길 기대한다.

〈표 4-9〉 국내 캡스톤디자인 운영 사례

전공 분야 (대분류)	학술논문	비고
인문계열	김현주(2024). 캡스톤디자인(일본문화)의 수업실천. **일본학보, 129**, 97-114.	사회문제해결형
	유진희(2023). 중국어 캡스톤디자인 교과목 운영사례 연구-중국 마케팅 전략 수립을 중심으로. **중국학, 83**, 377-397.	산학연계형 글로벌형(②)
사회계열	정용교(2024). 글로컬 캡스톤디자인 수업의 설계와 적용, 한-베 대학 교류활동 중심으로. **사회과교육, 63**(2), 31-47	사회문제해결형 글로벌형(③)
	엄지영, 황혜미(2023). 인문사회계열의 산학연계 캡스톤디자인 수업사례 연구: IPA 및 FGI 분석. **무역연구, 19**(2), 131-146.	산학연계형
	임욱빈, 황영아(2021). 경영컨설팅 분야 캡스톤디자인 수업사례 연구: H대학 재직자 중심 학과 사례를 중심으로. **경영교육연구, 36**(6), 101-118.	산학연계형
교육계열	유지은(2023). 기독교교육전공 캡스톤디자인 수업사례, **성경과신학, 108**, 85-110.	전공심화형
	고은미, 박영신(2023). 전문대학 예비유아교사 융합형 캡스톤디자인 수업을 통한 지식재산권 연계 사례연구. **문화기술의 융합, 9**(6), 833-841.	산학연계형
공학계열	이석문, 서영석(2022). 산업체 참여형 캡스톤디자인 & 현장실습 연계 모형 연구: 경북 Y대학 전자공학과 사례를 중심으로. **실천공학교육논문지, 14**(1), 137-147.	산학연계형 현장실습연계형
	오형준, 김준형(2020). 3-Tier 캡스톤디자인: SW 개발 캡스톤디자인 사례 연구. **창의정보문화연구, 6**(3), 199-207.	산학연계형
자연계열	한석실(2023). '아동수학지도' 수업에서 캡스톤디자인 수업모형 적용 효과. **한국보육학회지, 23**(1), 15-25.	전공심화형
	안경환(2024). 대전대학교의 적정기술 선도 글로벌 협력. **적정기술, 16**(2), 142-159.	사회문제해결형 글로벌형(③)
의약계열	황윤자, 정효정(2021). 디지털 헬스케어 분야 디자인씽킹 기반 교과형 캡스톤디자인 적용방안 탐색. **실천공학교육논문지, 13**(2), 261-270.	산학연계형 학제 간 융합형
	정정미(2022). 코로나19 상황에서 집중이수제로 운영된 간호 캡스톤디자인 수업 사례. **보건의료생명과학논문지, 10**(2), 243-252.	전공심화형
예체능계열	강희명, 기희숙(2022). 산학연계 캡스톤디자인 사례 연구- 3D CAD 시스템을 활용한 니트 조직 개발. **디자인융복합연구, 21**(6), 41-52.	산학연계형
	신창식(2021). 음악대학 캡스톤디자인 적용 사례 연구. **연기예술연구, 22**(2), 243-262.	산학연계형

※ 전공계열 및 연계유형

- **전공계열**: 임소현 등(2024)의 고등교육통계에서 분류하는 대학의 학과 분류 〈표 4-3〉의 대분류를 기준으로 함. 학제 간 융합형의 경우 중분류 전공을 함께 표시함
- **연계유형**: 산학연계형, 사회문제해결형, 학제 간 융합형, 글로벌형으로 표기하였으며, 학교 밖 기관과 연계하지 않은 경우 전공심화형 또는 학제 간 융합형으로 표기함. '학제 간 융합형'의 경우 학술 논문 내에 다양한 전공 학생들이 참여했음이 기술된 경우를 의미함
  - * 글로벌형 캡스톤디자인의 경우 글로벌형 캡스톤디자인 운영 모델, ① 학생 글로벌 역량 향상 모델, ② 국내 기업의 글로벌 확장 지원 모델, ③ 지방자치단체 글로벌 연계 모델 중 각 운영 사례가 어떤 모델에 해당하는지 함께 표기함

학술논문 1

전공(대분류)	연계유형
인문계열	사회문제해결형

김현주(2024). 캡스톤디자인(일본문화)의 수업실천. 일본학보, 129, 97-114.

이 연구는 공학계열 중심의 캡스톤디자인이 주를 이루는 상황에서 비공학계열인 '일본문화'를 주제로 캡스톤디자인이란 무엇인지, 실제 수업을 어떻게 전개하였는지, 학습자들의 소감이 어떠했는지 보고한 연구이다.

연구자는 2015년 처음 캡스톤디자인을 운영하면서 일본어와 일본문화를 매개로 캡스톤디자인을 운영할 수 있는가에 대한 의문을 품었으나 수업을 진행하는 과정에서 이러한 의문이 기우였음을 확인하였다. 이 논문은 '일본어와 일본문화'를 매개로 실제 수행했던 다양한 캡스톤디자인 수업 경험으로서, 주요 활동, 성과, 참여한 학생의 성별과 인원 수, 진행 기간과 어떤 지역에서 활동했는지 제시되어 있다. 예를 들면, 일본어를 사용한 지역의 관광지도 개발, SNS플랫폼 개발, 에코백 개발 등 상품을 개발하거나, 지역의 캐릭터 및 소책자 개발, 지역의 외국인 유학생의 정착을 위한 카드뉴스 개발 등 지역의 문제를 해결하거나 지역 홍보를 위한 활동 등으로 다양하다.

이 사례는 연구자가 2015년, 2016년 및 2018년에 캡스톤디자인을 운영하면서 동일한 문제를 제시하고 각 연도마다 학생들의 토론 과정과 결과물을 비교하여 제시하고 있다.

> '우리 지역을 여행, 방문 혹은 체류하는 일본인들이 불편을 느끼는 점이 무엇인가? 어떻게 하면 그 불편을 개선할 수 있는지 구체적인 방법을 찾으시오.'

이 사례는 교수자에게 학생들이 큰 틀에서 문제를 제기해 주고 직접 토론을 거쳐 관련된 자료를 조사하고 아이디어 도출을 할 수 있도록 조력자로서의 역할 수행을 강조한다. 이 과정에서 교수자가 중심이 되는 강의식 수업보다 학습자 중심의 수업이 이루어지다 보니 실제 수업이 전개되기 전까지 학생들의 프로젝트를 구체적으로 관리하고 통제하기 어려웠다고 밝혔다. 더불어 학생들이 토론한 내용이 실제로 추진될 수 있도록 기획안 작성과 예산을 지원받기 위한 사항들을 안내하고 시민단체, 기관, 지역 소상공인 등과 연계하기 위한 네트워크를 형성하는 것이 필요함을 제시하고 있다.

이 연구는 참여한 학생들이 자유 기술한 소감을 텍스트마이닝 등을 통해 양적으로 분석하여 제시하였다. 캡스톤디자인에 대하여 남녀 학생 모두 '실무에 도움이 되는 지식을 얻을 수 있었음'으로 나타났으며, 특히 여성의 경우 이와 더불어 '실무지식 외에 학습에 있어서 좋은 기회를 경험했다'는 의견이 있었다. 연구자는 일본인 학생과 소통할 기회를 얻을 수 있었던 점이 동기부여에 영향을 주었을 것으로 판단하고 있다.

이 사례의 경우 일본의 기업이나 학교와 연계하여 글로벌 캡스톤디자인 사례로 확장 가능성이 있으며, 일본문화와 연계하여 다양한 학문 분야의 학생들이 융합하고 지역과 연계한 사례라고 할 만하다.

학술논문 2

전공(대분류)	연계유형
인문계열	산학연계형 글로벌형

유진희(2023). 중국어 캡스톤디자인 교과목 운영사례 연구-중국 마케팅 전략수립을 중심으로. **중국학**, 83, 377-397.

이 연구는 중국어 실력이 뛰어난 어학전공자들을 대상으로 중국으로 진출하기 위한 기업과 연계하여 캡스톤디자인을 운영한 사례이다. 이 사례 역시 비공학계열 캡스톤디자인 사례 연구가 많지 않다는 김현주(2024)의 연구와 같은 맥락에서 어학전공 학생들의 캡스톤디자인 사례를 제시하고 있다.

이 사례는 중국 진출을 위한 3개의 기업과 중국어를 전공하는 고학년 12명의 학생을 3개 팀으로 구성하고, 3개의 기업을 팀장이 추첨하여 매칭하였다. 추첨으로 기업을 선정하도록 한 이유는 학생들의 기업에 대한 선호도가 다른 상황에서 교수자가 임의로 배당할 경우 학생들에게서 불만이 야기될 수 있는 상황을 예방하기 위함이었다. 특히 이 부분은 교수자가 학생들의 활동이나 동기부여를 위해 고민했는지 엿볼 수 있는 지점이다. 학생들의 산출물로 중국 진출을 위한 마케팅 전략 수립, 제품소개서의 중국어 번역, 상호 및 브랜드명의 중국어 네이밍 작업 등을 수행한 구체적인 과정이 제시되어 있다. 프로젝트 초기 단계의 각 팀의 수행계획서 및 매칭된 기업에 대한 분석, 매칭된 기업의 산업 분야와 관련하여 중국 경쟁업체 및 시장환경 분석, 매칭된 기업에 대한 SWOT 분석을 토대로 마케팅 전략 수립 과정에 대한 보고서 및 결과물을 참고할 만하다.

이 사례에서 중국어 전공 학생들과 함께 경영 및 마케팅 관련 지식과 경험이 부족했던 교수자는 캡스톤디자인을 수행하면서 한계를 느꼈지만, 관련 직무를 수행하면서 역량이 향상되었고, 캡스톤디자인이 하고자 하는 직무에 대한 역량을 향상시킬 수 있다는 점을 밝히고 있다.

학술논문 3

전공(대분류)	연계유형
사회계열	사회문제해결형 글로벌형

정용교(2024). 글로컬캡스톤디자인 수업의 설계와 적용, 한-베 대학 교류활동 중심으로. **사회과교육**, 63(2), 31-47.

이 연구는 지역의 문제를 해결하기 위해 운영되었던 '지역사회 캡스톤디자인' 수업을 기반으로 베트남 호치민시와 글로벌 캡스톤디자인을 운영한 사례이다. 연구자는 이 모델을 로컬과 글로벌을 융합한 '글로컬 캡스톤디자인'으로 지칭하는데, 캡스톤디자인 교과가 하나의 유형으로 국한되지 않고 교수자의 의도와 설계에 따라 다양한 유형으로 운영될 수 있음을 보여 준다.

수업은 2023년도 2학기에 진행되었고, 수강학생은 학부생 20명, 대학원생 6명 총 26명, 7개의 팀으로 운영되었다. 각 팀은 지역의 문화와 산업자산을 발굴하여 현대적 의미를 찾는다는 큰 틀에서 서로 다른 주제를 선정하고 수행하였다. 각 팀은 선정한 문제를 해결하기 위하여 현지 마을을 직접 방문하여 문화해설사로부터 마을에 대한 배경지식을 들을 수 있는 기회를 제공하고 별도로 두 차례 지역을 탐방하도록 하였다. 마지막 15주차에는 성과발표회를 개최하고 글로벌 교류에 참가할 세 팀을 선정하였다. 선정된 세 팀은 호치민의 두 대학과 한국계 기업 및 현지 마을을 방문함으로써 베트남의 경제 상황, 호치민 대학 학생들과의 캡스톤디자인 결과물에 대한 상호 교류, 해외에서 한국계 기업의 현황과 기업활동의 장단점 등을 경험할 수 있었다.

연구자는 글로컬 캡스톤디자인을 운영하년서 교수의 '매개역할'을 강조하였다. 교류하기로 한 지역에 대한 사전 준비와 현장 점검, 사후 결과까지 개입하며 강좌 전반의 주도권을 가지고 진행할 수 있어야 하며, 학생들이 문제의식을 느끼고 구상한 아이디어를 일목요연하게 드러낼 수 있도록 조력하는 것이 필요하다고 이야기한다. 10년 이상 캡스톤디자인을 운영하면서 교수자의 캡스톤디자인 설계와 운영에 대한 경험이 누적되어야 한다는 점을 확인할 수 있다.

〈표 4-10〉 글로벌 선정 모둠의 주제 및 주요 결과물

조	1조	2조	3조
주제	영천 지역 문화자산의 현재화 방안	새희망, 새영천 톺아보기	팝업스토어를 활용한 영천 지역 프로젝트
산출물	캐릭터 키링, 우편스티커	양말과 캐릭터 지비츠	영천와인 라벨, 와인브랜드
산출물 예시	 '영벼리' 1	 비익조 캐릭터 1	 영천와인 라벨 앞면 1

출처: 정용교(2024).

학술논문 4

전공(대분류)	연계유형
사회계열	산학연계형

엄지영, 황혜미(2023). 인문사회계열의 산학연계 캡스톤디자인 수업사례 연구: IPA 및 FGI 분석. **무역연구**, 19(2), 131-146.

이 연구는 기업과 연계되지 않은 캡스톤디자인을 운영할 경우 인문사회계열 학생들의 취업과 창업에 실질적인 도움을 주지 못하는 점을 위기로 인식하고 1년간 산학연계형 캡스톤디자인 수업을 운영한 사례와 수업에 참여한 경영계열과 인문사회계열 학생들을 인터뷰하여 개선사항을 도출한 연구이다.

이 사례는 2022년 두 학기 동안 경영학과 및 경영학과 복수 전공 학생 27명을 대상으로 운영되었다. 학생들은 1학기에는 화장품 기업의 온라인 사이트 내에서의 고객 경험 개선안 마련, 2학기에는 시니어 타운 조성을 앞둔 기업의 신서비스 개발, 브랜딩 방안, 시스템 구축, 해외 호텔의 마케팅 방안 마련이라는 큰 틀에서 각기 다른 소주제를 정하고 프로젝트를 수행하였다. 이 과정에서 각 기업의 이사, 팀장 등 중간관리자 이상의 관계자가 멘토로 참여하여 학생들이 기업에 대한 이해를 높일 수 있도록 하였다.

이 연구는 IPA(Important Performance Analysis)와 FGI(Focus Group Interview)를 사용하여 캡스톤디자인 수업의 개선 사항을 분석하였다. IPA의 분석 결과는 네 개 영역으로 구분되는데, 이 중 우위 유지 영역(높은 중요도-높은 만족도 영역)과 중점 개선 영역(높은 중요도-낮은 만족도)의 항목을 살펴보는 것이 필요하다. 우위 유지 영역에 해당되는 항목은 문제 기반 접근, 창의적 탐색, 교수자의 강의 품질, 교수자의 피드백, 활발한 의사소통으로 캡

스톤디자인 수업의 효과를 살펴볼 수 있다. 중점 개선 영역에 해당하는 항목들로는 기업 실무자와 만날 기회, 기업 실무자의 조언과 가이드, 특정 기업의 현황 파악, 기업의 문제해결에 대한 경험, 기업의 실무 파악, 팀원 간 라포 형성으로 나타났다. FGI의 결과도 IPA의 결과와 유사한 맥락에서 기업과 관련된 경험들로서 기존에 경험해 보지 못했던 낯선 작업에 대한 느낌, 막막함 등을 확인할 수 있었고, 실무를 더 잘하고 싶다는 학생들의 욕구들이 제시되어 있다.

IPA와 FGI를 통해 캡스톤디자인 운영 시 연구 배경에서 언급한 학생들의 취업과 창업에 실질적인 도움을 주기 위해서 기업 실무에 관한 경험들을 반영하는 것이 필요하고 기업과의 연계가 매우 중요하다는 점을 알 수 있다.

학술논문 5

전공(대분류)	연계유형
사회계열	산학연계형

임욱빈, 황영아(2021). 경영컨설팅 분야 캡스톤디자인 수업사례 연구: H대학 재직자 중심 학과 사례를 중심으로. **경영교육연구**, 36(6), 101-118.

이 연구는 경영 분야 캡스톤디자인에 관한 국내 사례는 많지 않은 상황에서 경영컨설팅 분야 수업 운영 모형을 개발하고 그 효과를 검증하고자 이루어진 연구이다.

이 사례는 산업체 현장 경험을 보유하고 있으며 전문컨설턴트가 아닌 경영 파트에 근무하는 성인학습자로 비즈니스컨설팅학과 재학생 16명을 3개 팀으로 운영하였다. 캡스톤디자인 참여자 대부분이 성인학습자라는 점이 특징인데, 성인학습자는 전문지식 함양을 위한 학습동기가 높고, 자기주도성이 강하며, 문제해결중심의 학습을 선호하며 현장의 문제에 관한 이해의 폭이 넓기 때문에 수업에 긍정적인 영향을 미칠 것이라고 밝히고 있다.

이 연구는 제2장 캡스톤디자인 수업 흐름에 제시된 절차가 실제 경영 분야 캡스톤디자인 수업에 어떻게 적용되는지 함께 비교하면서 수업을 설계한다면 큰 도움이 될 수 있는 사례이다. 수업 전 단계로서 기업을 선정하고 각 기업의 규모, 주력 제품 및 기업의 요청 사항들과 15주차 강의계획서를 제시하고 있다. 더불어 학생들이 작성한 캡스톤디자인 과제계획서, 프로젝트 수행일지 및 결과보고서, 팀 프로젝트로 운영하면서 팀원 간 평가양식을 함께 제시하고 있으므로 경영분야 캡스톤디자인을 운영할 예정인 교수자라면 꼭 살펴보길 권한다.

캡스톤디자인의 단점으로 '팀 활동의 어려움'이 가장 큰 애로사항으로 확인되었다. 팀원 간의 불화, 의사결정의 어려움 및 일과 학습을 병행해야 하는 성인학습자의 시간 조정 문제 등 팀 프로젝트 수행 과정에서의 어려움들이 제시되었다. 연구자는 실제 산업현장에서 팀 프로젝트 수행 시 발생 가능한 상황을 접해 볼 기회를 제공했다는 점에서 의의를 찾으며 캡스톤디자인 수업을 운영하는 교수자의 역할로서 팀 운영에 대한 피드백을 강화하는 것이 필요함을 함께 강조하였다.

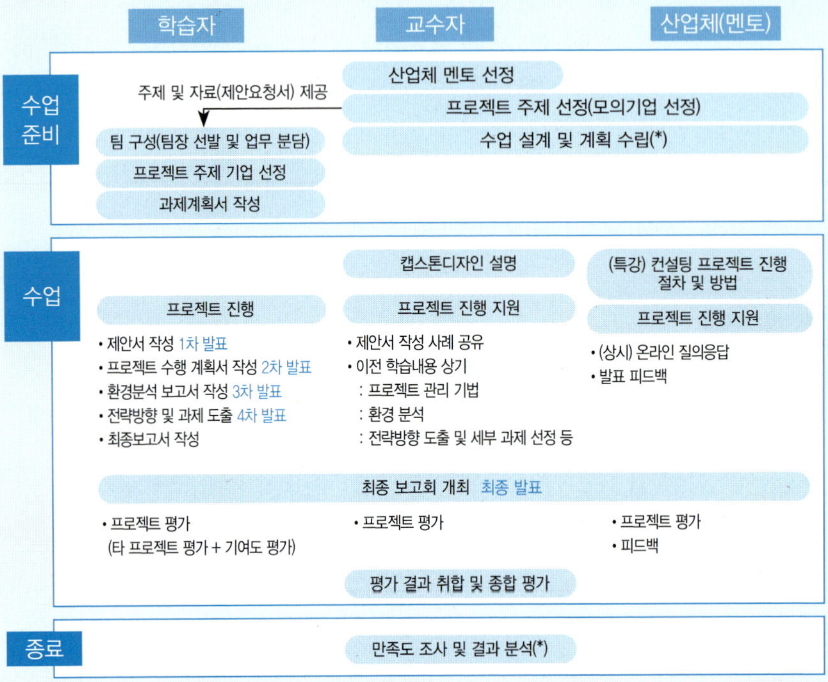

[그림 4-1] 경영컨설팅 분야 캡스톤디자인 운영 절차 및 주체별 역할(수업 모형)

출처: 임욱빈, 황영아(2021).

학술논문 6

전공(대분류)	연계유형
교육계열	전공심화형

유지은(2023). 기독교교육전공 캡스톤디자인 수업사례, 성경과신학, 108, 85-110.

이 연구는 기독교교육 전공 학생을 대상으로 개설된 캡스톤디자인 수업으로 기존 공학계열 캡스톤디자인 중심에서 벗어나 종교라는 분야의 캡스톤디자인에 대한 경험과 인식에 접근한 사례이다. 기독교교육과 3학년을 대상으로 2022년 2학기에 15주차로 운영되었고, 이후 남학생 1명과 여학생 5명을 대상으로 질적연구를 수행하였다. 이 사례에서 학생들은 '기독교 노인 문해 교육 관련 및 MZ세대를 위한 기독교 캠핑 관련' 주제를 15주차 동안 타 전공의 캡스톤디자인 프로세스와 유사한 과정을 거쳐 수행하였다.

학생들의 면담을 통한 질적연구를 통해 캡스톤디자인 수업 경험과 인식분석 결과 '자기주도성 향상을 통한 전공 심화'를 비롯하여 4개의 주제군과 각 주제군별 2개의 주제씩 총 8개의 의미를 도출하였다. 기독교교육이라는 분야의 특수성으로 인하여 〈표 4-11〉에 제시된 각 주제의 의미가 주목할 만하다. 이를 통해 캡스톤디자인 수업이 학생들에게 구체적으로 어떤 경험을 줄 수 있는지 살펴볼 수 있다.

〈표 4-11〉 **기독교교육 분야 캡스톤디자인 수업 경험과 인식**

주제군	주제	의미
자기주도성 향상을 통한 전공 심화	캡스톤디자인 경진대회 참여를 통한 전공 이해 향상	교내 캡스톤디자인 경진대회 참여, 기획 및 수상
		교내 캡스톤디자인 경진대회 결과물 제작 경험
	전공 전문지식 심화	기독교교육 분야 중 관심 있었던 주제 스스로 탐구
		발표나 모의수업 경험 이외의 프로그램
		자발적으로 기독교 관련 전문가 선정 및 면담
팀 과제를 통한 의사소통 기술 향상 및 팀워크 향상	팀 과제 수행을 통한 팀워크 형성	캡스톤디자인 과제 시 팀의 중요성 인식
		과제 수행 시 협업의 중요성 확인
		팀원 사이 오해, 갈등 해결을 통해 팀의 신뢰 형성
	의사소통을 통한 아이디어 공유 경험	다양한 아이디어 나누기
		서로 다른 의견 수렴 과정 경험
		수용적 분위기 속에서 의견 개진 방법 획득
실제적·창의적 문제해결력 형성을 통한 현장 이해	현장 전문가의 자문을 통한 현장 이해	과제를 통한 기독교교육 현장에 대한 이해
		문제해결 시 전문가의 자문을 통한 전문지식 활용
	실제적이고 창의적 해결점 모색 및 적용	과거의 문제가 아닌 현재의 문제해결
		구체적 해결방안 모색
		창의적인 방법으로 대안 제시
예비기독교사로서의 정체성 형성을 통한 진로 탐색	예비기독교사로서 정체성 확립	기독교 관련 사회 문제 인식 및 해결점 모색을 통해 예비 기독교사의 역할 확인
		교회와 연계한 현장 기독교사의 역할 인식
		기독교사에서 나아가 향후 기독교 상담가 희망
	기독교사의 역할에 대한 인식 확대	기독교사의 기독교 노인 관련 진출 분야 확인
		기독교사의 기독교 청년 관련 진출 분야 확인

학술논문 7

전공(대분류)	연계유형
교육계열	산학연계형

고은미, 박영신(2023). 전문대학 예비유아교사 융합형 캡스톤디자인 수업을 통한 지식재산권 연계 사례연구. 문화기술의 융합, 9(6), 833-841.

이 연구는 전문대학의 공학계열과 유아교육이라는 교육계열 학생들이 산업체와 연계하여 2019년부터 2021년 동안 캡스톤디자인 수업과 이후 2020년부터 2022년까지 특허출원 및 등록이라는 성과를 얻게 된 과정을 담았다.

이 연구는 전문대학의 경우 4년제 대학에 비해 수업연한이 짧아 발생되는 문제를 극복하기 위해 격주로 2시간 집중 수업을 통해 과제 진행 상황에 대한 협의를 하고, 수업이 없는 한 주 동안은 다음 단계를 수행해 나갈 수 있도록 탄력적으로 운영한 경험을 제시하고 있다. 이 연구는 지도교수뿐만 아니라 기업의 문제를 인식하고 적절한 조언이 가능한 현장전문가, 문제를 해결해 나가는 과정에서 기술에 대한 멘토링을 제공할 수 있는 공학전문가, 예산 및 운영 전반을 지원하는 산학협력단 등 지원기관을 비롯하여 지식재산권으로 확장시키기 위한 특허 관련 전문자문단을 구축하여 각 담당자의 역할이 연계될 수 있는 체계가 잘 드러나 있다. 또한 팀별 아이디어 회의 단계에서부터 특허검색을 수행하도록 하였으며 현장전문가로부터 관련 법규, 디자인 및 기능 등에 대한 피드백과 교내 공학전문가의 멘토링으로 인문사회계열 학생들이 어려워하는 부분에 대한 해결 방안을 지원하였다. 총 5건의 특허등록을 마친 결과(예: 칫솔, 칠판, 자물쇠 등)가 제시되어 있다. 학생들이 개발한 산출물이 특허, 상품화 등의 기술사업화로 이어지는 것이 필요하며, 이에 대한 사전교육이 함께 강화되어야 함을 강조한다.

학술논문 8

전공(대분류)	연계유형
공학계열 (전자공학)	산학연계형 현장실습 연계형

이석문, 서영석(2022). 산업체 참여형 캡스톤디자인 & 현장실습 연계 모형 연구: 경북 Y대학 전자공학과 사례를 중심으로. 실천공학교육논문지, 14(1), 137-147.

이 연구는 산업체와 협업하여 캡스톤디자인과 현장실습을 연계한 사례이다. 연구자는 캡스톤디자인을 운영하는 과정에서 산업체가 참여하기 어려운 이유를 세 가지 제시하였다.

첫째, 기업과 대학이 상호 협력하는 쌍방향적 선순환 구조가 아니라 대학이 중심이 되어 기업을 참여시키는 비중이 높은 점, 둘째, 산업체는 문제해결을 위한 방안을 단기간에 얻기 원하나 대학의 캡스톤디자인 수업은 6개월에서 1년의 기간이 소요된다는 점, 셋째, 기업의 입장에서 학생들의 현장실습은 1개월 정도로 실제 업무에 투입하기 어렵고 단순작업에 투입되는 경우가 많기 때문이라는 것이다. 이에 연구자는 실제로 기업의 입장에서도 도움이 되고 대학과 상생하기 위한 방법으로 캡스톤디자인과 현장실습을 연계하여 운영하였다.

캡스톤디자인 수업이 한 학기(약 15주) 정도 운영되는 반면, '산업체 참여형 캡스톤디자인과 현장실습 연계모형'은 최소 6개월에서 10개월에 걸쳐 진행되었다. 학생들이 현장실습을 하기 전 방학 기간에 기업의 기술적 애로사항을 해결하기 위한 활동을 하고, 현장실습 기간 동안 시제품을 제작하였으며, 산업체의 피드백에 따른 후속작업은 2학기에 이루어질 수 있도록 설계하고 운영하였다.

이 연구에서 교수자는 산업체가 대학의 캡스톤디자인에 적극적으로 참여하지 못하는 이유를 찾고 이를 해결함으로써 학생들에게 도움이 되는 캡스톤디자인 수업을 설계하기 위한 노력이 돋보인다. 이 사례에서는 두 곳의 참여기업 운영 사례를 비교하여 제시하고 있으며, 참여한 학생들의 결과물은 각각 특허출원을 완료하고 경진대회에서도 금상과 대상을 수상하였으며, 학생들의 진로까지 연계되는 성과를 제시하고 있다. 대학이 기업의 참여를 도모하고 캡스톤디자인 수업 전, 수업 중, 수업 후 확장까지 일련의 과정을 상세하게 제시하고 있다는 점에서 매우 참고할 만하다.

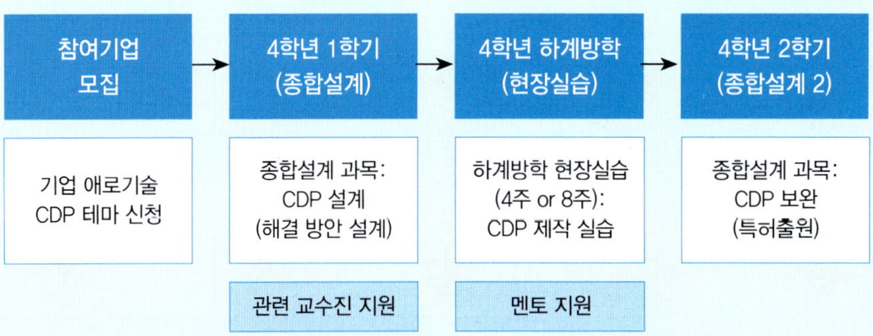

[그림 4-2] 산업체 참여형 캡스톤디자인과 현장실습 연계모형의 추진 모델

출처: 이석문, 서영석(2022).

〈표 4-12〉 산업체 참여형 캡스톤디자인과 현장실습 연계모형의 추진 단계

추진 단계	주요 내용	교수자 지원	기업 멘토 지원
1. 기업 애로기술 접수	산업체 애로사항 신청 모집	연계모델 기업 설명 지원	
2. 팀 빌딩, 전담교수 지정	참여학생 모집 및 팀 구성, 필요 시 전담교수 지정	희망학생 상담, 전담교수 지정	
3. 과제 선정, 기업멘토 지정	과제-학생 팀 구성 및 기업멘토 지정 운영	신청과제 검토	기업멘토 지정
4. 오리엔테이션	산업체, 학생, 교수 대상 설명회	설명회 주최	애로기술 설명
5. 요구과제 분석	산업체 요구 분석	분석 기법 제공	각종 자료 제공
6. 과제 해결 방안 도출	다양한 해결 방안 발굴	문제해결 기법 제공	주기적 미팅 및 검토 의견 제시
7. 설계안 검토 및 결정	산업체-학생 해결안 설계 결과 검토회 실시 및 해결안 확정	검토회 주최	설계안 의견 제시
8. 현장실습: 시제품 제작	하계방학 4주/8주 현장 실습 기간 중 시제품 제작	애로기술 해결 지원 방문	시제품 제작 기술, 재정 지원
9. 시제품 수정 · 보완 작업	시제품 보완 작업 수행 (필요 시)		
10. 결과물 특허출원	우수 결과물 특허출원	행정적 · 재정적 지원	
11. 전시 및 발표회	결과물 전시 및 발표회 실시 산업체-교수-학생 참여	전시, 발표회 주최	결과물 평가

출처: 이석문, 서영석(2022).

학술논문 9

전공(대분류)	연계유형
공학계열 (컴퓨터공학)	산학연계형

오형준, 김준형(2020). 3-Tier 캡스톤디자인: SW 개발 캡스톤디자인 사례 연구. **창의정보문화연구**, 6(3), 199-207.

이 연구는 졸업년도 이전 학기에 아이디어톤 경진대회를 통해 기본적인 아이디어의 도출과 검증, 구체화 과정을 수행하고 졸업년도 1학기와 2학기에 각각 캡스톤디자인 1, 2를 통해 아이디어를 재검토하고 확정한 후 실제 기획, 설계, 구현, 검증이라는 SW개발 공정을 진행하여 현장 실무 중심의 전공능력을 함양할 수 있는 캡스톤디자인 수업 모형을 운영하였다.

이 사례에서 연구자는 학생들이 SW개발 공정(기획, 설계, 구현, 검증)의 프로젝트 수행과정을 Empathy(공감), Design(디자인), Implement(구현)라는 3단계로 재구조화하고, 각 단계에서 학생들이 수행해야 하는 미션을 모듈로 제시하여 학생들이 각 모듈을 일정에 맞춰어 하나씩 해결하여 최종 완성 단계에 도달하도록 한 점이 눈에 띈다. 다만, 연구에서 학생들의 결과물이 구체적으로 제시되어 있지 않은 아쉬움이 있지만 입체적인 캡스톤디자인 수업 모형을 적용하고 학생들이 단계에 따라 작은 미션을 수행할 수 있도록 모듈을 활용한 점, 수업 초기학습자 특성을 파악하기 위한 설문조사, 캡스톤디자인 수업 운영 중 팀원 간 상호 평가, 수업 종료 이후 상호 평가 및 최종 평가와 캡스톤디자인으로 인한 직무능력 성취에 관한 평가를 수행한 점에서 참고할 만하다.

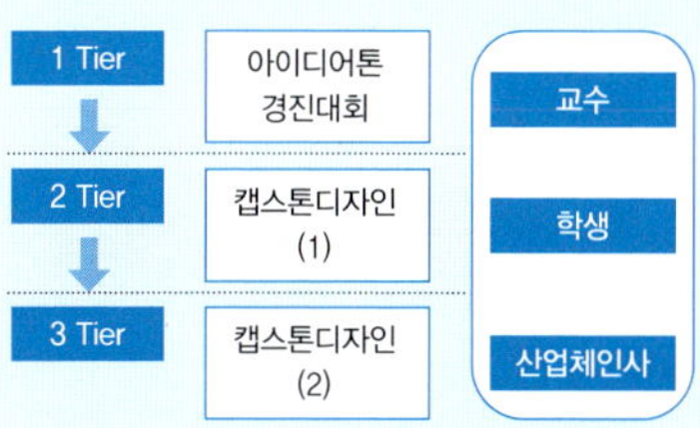

[그림 4-3] 3-Tier 캡스톤디자인 기본 개념도

출처: 오형준, 김준형(2020).

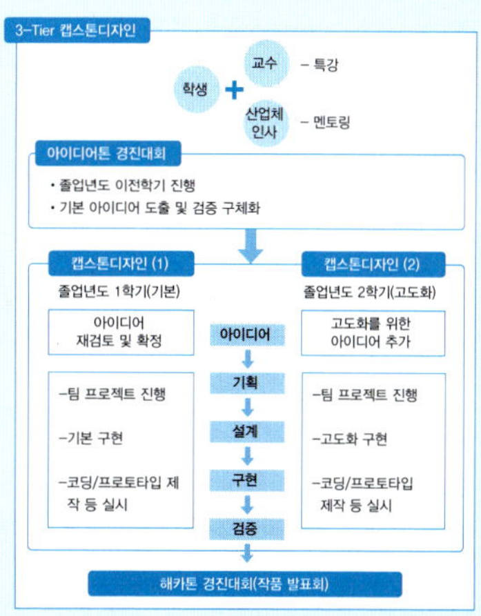

[그림 4-4] 3-Tier 캡스톤디자인 전체 구성도

출처: 오형준, 김준형(2020).

학술논문 10

전공(대분류)	연계유형
자연계열 교육계열	전공심화형

한석실(2023).'아동수학지도' 수업에서 캡스톤디자인 수업모형 적용 효과. **한국보육학회지**, 23(1), 15-25.

이 연구는 '아동수학지도'라는 과목을 캡스톤디자인의 형태로 진행한 사례로서 참여자들의 직무이해, 직무역량 및 수학효능감이 어떻게 변화하였는지를 밝히고 있다. '아동수학지도' 직무에 대한 이해는 유의미하게 향상되었고 직무역량과 수학교수효능감은 긍정적인 변화가 있었으나 통계적으로 유의미한 수준은 아니었다는 연구 결과를 제시하고 있다.

이 사례는 유아교육과 3학년 학생 14명을 5개 팀으로 운영하였는데, 캡스톤디자인이라는 독립된 교과가 아니라 전공교과에 캡스톤디자인을 교수학습 방법으로 적용했다는 점에서 다른 사례와 차이가 있다. 이러한 형태로 이루어지는 캡스톤디자인 수업은 독립교과로 운영되는 캡스톤디자인 수업에 비해 학생들의 과제부담이 적다는 장점이 있으나, 이를 위해 교수자는 캡스톤디자인 수업 모형의 핵심요소를 반영하여 학습자들이 수행해야 하는 과제를 적절하게 조절해 주는 모형으로 개선되어야 함을 제시하고 있다.

이 연구는 15주차의 수업 진행 과정이 제시되어 있으며 2명의 현장교사가 학생들이 제작한 교구 시제품과 놀이 예상안에 대한 피드백을 제공할 수 있도록 하였다. 다만, 학생들이 제작한 교구의 세부내용과 교구명은 제시되어 있으나 구체적인 제작 사례가 사진으로 제시되어 있지 않은 점과 실제 아동대상 수학교구를 제작하는 기업과 연계되지 못한 점이 아쉽다.

학술논문 11

전공(대분류)	연계유형
자연계열	사회문제해결형 글로벌형

안경환(2024). 대전대학교의 적정기술 선도 글로벌 협력. **적정기술**. 16(2), 142-159.

이 연구는 2019년부터 2024년까지 적정기술을 통해 개발도상국의 자립경제와 삶의 질 향상을 목표로 캡스톤디자인을 운영한 사례이다. 적정기술이란 제 3세계 지역의 조건에 맞는 기술로 그 지역의 삶의 질 향상과 빈곤 퇴치를 위해 적용되는 중간기술, 대안기술, 국경

없는 과학기술 등을 의미한다. 이에 각 지역의 상황과 여건을 고려한다는 측면에서 '자연계열' 캡스톤디자인 운영 사례로 제시하였다.

이 사례는 2019년 대학-기업-지역을 잇는 3-Way 리빙랩 플랫폼을 국내에서 구축하고 베트남 껀터대학교와 연계한 측면에서 사회문제해결형이며 글로벌형의 성격을 갖는다. 학생들이 발굴한 문제와 이를 해결하기 위해 개발한 결과물 사례가 구체적으로 제시되어 있는데, 특히 실제 현장에 적용하기 위한 시제품의 제작과정과 현장에서 학생들이 활동한 사진이 제시되어 있어 캡스톤디자인 수업의 현장감이 느껴진다.

또한 캡스톤디자인이 한 학기나 두 학기로 운영되는 대학에서의 교과목 형태가 아니라 적정기술이라는 주제를 통해 5년 이상 장기간 운영하면서 캡스톤디자인과 연계된 각 기관의 협업 과정, 수업의 촘촘함 등 캡스톤디자인 운영의 구체화 과정과 확장 가능성을 보여주는 점에서 시사하는 바가 크다.

학술논문 12

전공(대분류)	연계유형
의약계열 공학계열	산학연계형 학제 간 융합형

황윤자, 정효정(2021). 디지털 헬스케어 분야 디자인씽킹 기반 교과형 캡스톤디자인 적용방안 탐색. **실천공학교육논문지**, 13(2), 261-270.

이 연구는 단일학과보다는 다학제 융합팀으로 학생들을 2~4명으로 구성하여 디자인씽킹 방법을 활용하여 디지털 헬스케어 분야 프로그램을 개발한 캡스톤디자인 사례이다. 이 사례는 산업체(AI, IoT 등 관련 산업체, 치의학, 간호학, 보건학, 교육공학 등)와 적극적으로 협업한 사례로서, 산업체 실무자가 학생들의 아이디어에 대하여 실무적인 자문을 진행하고 산업체 실무자의 컨설팅 이후 학생들이 아이디어를 변경하고 확장해 나가는 과정을 제시하고 있다. 〈표 4-13〉에 주차별 세부 내용을 통해 학생들의 수행을 미루어 짐작할 수 있다.

특히 이 사례는 점차 캡스톤디자인의 산출물이 지식재산으로서 가치가 강조되는 측면에서 변리사를 통해 특허교육과 창업교육을 실시하여 현재 개발하고 있는 프로젝트의 지식재산권 및 경제적 가치에 대해 학생들이 인지할 수 있도록 운영했다는 점에서 참고할 만하다. 캡스톤디자인의 산출물을 지식재산으로 등록하고 권리화되도록 하는 것이 강조되고 있으며, 이에 대한 내용은 제7장을 참고하기 바란다. 또한 이 연구의 경우 만족도(교육내용, 산업체 컨설팅, 팀 프로젝트에 대한 도움 정도) 조사 및 사전 · 사후 역량평가를 실시하여 디지털 헬스케어 분야의 교과형 캡스톤디자인 모델을 제안함으로써 일회성 캡스톤디자인이 아니라 지속적으로 적용 가능한 캡스톤디자인 사례로서 참고할 만하다.

〈표 4-13〉 캡스톤디자인 단계 및 주차별 세부 내용

단계	주차	내용	결과물
기획	0주차	디지털 헬스케어 분야 산업체 인사 섭외, MOU 체결 등 진행	프로그램 계획안
실행	1주차	오리엔테이션, 팀 구성 및 팀 빌딩, 디지털 헬스케어 소외/취약 계층의 이해, 국내외 동향	팀 구성 및 팀 Ground Rule 정립
	2주차	주제 선정 및 공감 주제를 위한 Design Thinking 교육	공감지도, 여정지도 작성, 문제정의(POV) 작성, 아이디어 스케치 작성, 낮은 수준의 프로토타입 제작
	3주차	요구조사를 통한 팀별 주제 발표 및 피드백	요구조사가 반영된 주제발표 PPT
	4주차	디지털 헬스케어 분야 신기술 융합 사례 및 적용	팀활동보고서
	5~6 주차	시제품 제작을 위한 3D 프린팅 기초	
	7~8 주차	시제품 제작을 위한 3D 프린팅 모델링 교육, 3D 프린팅 온라인 보충 자료 제공	
	9~10 주차	IoT 프로그램 실습 교육, IoT 프로그램 온라인 보충 자료 제공	
	11주차	중간 발표 및 피드백, 주제 및 시제품 제작을 위한 산업체 컨설팅, 각 팀별 시제품 제작 안내	중간발표 PPT, 산업체 컨설팅 보고서
	12주차	팀별 주제에 대한 시제품 제작 및 팀별 활동	팀활동보고서
	13주차	완성도를 위한 산업체 컨설팅, 팀별 활동	산업체 컨설팅 보고서
	14주차	디지털 헬스케어분야 온라인 특허 교육 시제품 제작 및 팀별 활동	팀활동보고서
평가	15주차	최종 팀 발표 및 산업체 피드백	산업체 피드백을 반영한 최종 시제품(높은 수준의 프로토타입) 제작, 발표 PPT
성과 확산	추가	우수 작품에 대한 특허 출원 컨설팅 및 외부 경진대회 추천	특허출원, 외부 경진대회 출전

출처: 황윤자, 정효정(2021).

학술논문 13

전공(대분류)	연계유형
의약계열	전공심화형

정정미(2022). 코로나19 상황에서 집중이수제로 운영된 간호 캡스톤디자인 수업 사례. **보건의료생명과학논문지**, 10(2), 243-252.

이 연구는 코로나19 시기 집중이수제를 활용하여 교육과정을 탄력적으로 운영한 사례이다. 간호학과 4학년 학생 18명을 4개 팀으로 구성하고 2020년 하반기에 코로나19로 인하여 대면 수업이 원활하지 않은 상황에서 8주간 캡스톤디자인 수업을 적용하였다.

간호학과 학생들의 특성상 4학년 2학기는 간호사 국가시험과 취업 준비로 분주한 시기이기 때문에 집중이수제로 운영한 수업 방식에 대한 만족도가 높게 나타났다. 연구자는 이에 대해 압축된 수업으로 학습의 효율을 높이고 학생의 부담이 줄어들었기 때문으로 분석하고 있다.

연구자는 전공역량과 진로에 관한 만족도 평균이 전체 만족도 평균에 비해 낮게 나온 이유로 학생들의 취업 분야가 어느 정도 정해져 있기 때문에 캡스톤디자인 과목과의 연관성을 적게 평가했기 때문이라고 판단한다. 그러나 학생들의 자유 의견에서 흥미롭고 유익하며 성취감을 느꼈다는 답변과 함께 캡스톤디자인 수업을 확대하여 더 많은 기회를 제공해야 한다는 의견을 종합할 때 경진대회 참가 등의 질적 개선과 전공필수과목으로 운영하는 방안이 필요하다고 제시하고 있다.

이 연구는 캡스톤디자인 수업 이후 경진대회나 공모전, 지식재산으로의 출원 지원이 이루어지지 않은 점은 아쉬우나 8주라는 시간 동안 매우 밀도 있고 짜임새 있게 캡스톤디자인 수업이 이루어졌다는 것을 느낄 수 있다. 학생들이 산출한 결과물로서, '① 입원 아동을 위한 팝업북 질병 교육자료, ② 휠체어 이동 시 위험 방지를 위한 탈부착 안전 그물, ③ 임신성 당뇨병 산모를 위한 교구 및 ④ 침대 난간에 고정하는 낙상 방지 알람'으로 결과물 사례가 제시되어 있으며, 각 결과물에 대한 개발 배경과 활용 방안을 논의에 자세하게 밝히고 있다. 병원이라는 공간에서 어떤 어려움과 불편함이 있는지 탐색하고 이를 해결하기 위한 결과물로 연계되었다는 점에서 참고할 만하다.

입원 아동을 위한 동화책	안전한 휠체어 이동을 위한 분리형 그물	당뇨병 임산부를 위한 교구	침대 난간용 접착식 경보 벨

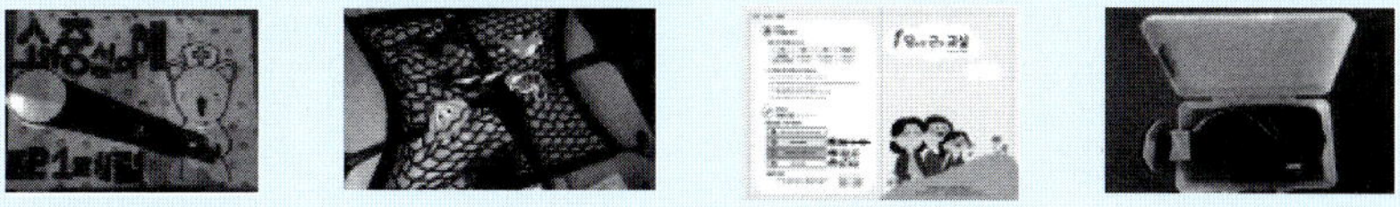

[그림 4-5] 조별 캡스톤 과제 결과물

출처: 정정미(2022).

학술논문 14

전공(대분류)	연계유형
예체능계열	산학연계형

강희명, 기희숙(2022). 산학연계 캡스톤디자인 사례 연구- 3D CAD 시스템을 활용한 니트 조직 개발. **디자인융복합연구**, 21(6), 41-52.

이 연구는 '기업밀착형'으로 학생들이 산업체의 현장을 이해할 수 있는 경험을 제공하고 산학협업 비즈니스를 발굴해 보는 경험을 제공한 사례이다. 이 연구는 기업과 연계한 캡스톤디자인이 기업 입장에서도 도움이 된다는 것을 제시한다. 기업은 지속해서 신기술 개발에 대한 투자가 필요하나 대기업이 아닌 경우 기술투자에 대한 어려움이 존재하는데, 캡스톤디자인을 통해 기술을 개발하고 시간과 자원 절감을 도모할 수 있다는 점에서, 그리고 기업과 학교가 서로 상생할 수 있는 관점을 제공했다는 점에서 기업의 캡스톤디자인 참여 동기를 부여한 사례이다.

이 사례는 2022학년도 2학기에 진행되었으며 패션디자인학과 3학년 18명이며, 4개 팀으로 운영되었다. 기업이 해결해야 하는 문제상황은 해외의 의류 디자인을 한국 여성이 선호할 수 있는 패턴이나 소재, 디테일을 갖는 니트조직으로 개발하는 것이었다. 이를 위해 기업실무진과 지도교수는 사전 협의를 통해 4개의 컨셉을 선정하고 조별로 선택한 컨셉에 맞춘 니트조직을 개발하도록 하였다. 이런 측면에서 학생들에게 반구조화된 문제가 제시되었다고 할 수 있으며, 캡스톤디자인의 수업 흐름은 〈표 4-14〉와 같다.

〈표 4-14〉 니트조직 개발을 위한 캡스톤디자인 수업 흐름

기획	디자인 및 조직 개발	시뮬레이션	평가
• 과제 기획 • 내부 · 외부 환경 조사 • 시즌 트렌드 조사 • 기업 브랜드 아이덴티티 • 기회시장 발굴 • 컨셉 도출	• 타겟 설정 • 브랜드 정체성 기반으로 트렌드 적용한 컨셉 선정 • 컨셉에 맞는 소재와 컬러 • 원사 선정 • 컨셉에 적합한 패턴 개발	• 조별 컨셉에 맞는 니트 패턴 개발 • 컬러웨이 • 원사 변화에 따른 조직별 특성 • 조직에 적합한 아이템 매칭	• 산업체 인사 최종 선택 – 다양한 조직 중 선정 – 선정된 조직 적용하여 니트 편직 • 니트 편직물 아이템 선정 • 도록 및 포트폴리오 완성

출처: 강희명, 기희숙(2022).

연구자는 학생들과 기업의 실무자를 매칭해 준 이후에도 지속적인 멘토링을 통해 학생들이 주어진 문제를 해결해 나갈 수 있도록 지지해 주었다. 나아가, 최종 산출된 니트조직을 활용하여 기업이 실제 상품으로 출시할 계획을 세우기도 하였으며, 자신이 개발한 니트조직으로 창업을 희망한 학생의 경우 사업자 등록을 진행하기도 하였다. 기업의 문제를 해결하고 이를 통해 비즈니스 모델로 확대한 사례를 제시한 측면에서 참고할 만하다.

학술논문 15

전공(대분류)	연계유형
예체능계열	산학연계형

신창식(2021). 음악대학 캡스톤디자인 적용 사례 연구. **연기예술연구**, 22(2), 243-262.

이 연구는 클래식 음악 분야에 첨단 산업들이 등장하고 있으며, 문화산업이라는 큰 범주에서 볼 때 실연자 양성 중심에서 공연 콘텐츠를 만들어 낼 수 있는 기획자, 제작자, 연출자를 양성해야 하는 요구가 높아짐에 따라 창의적이고 실무적인 전문 종합 예술인으로 교육하기 위한 방법으로 캡스톤디자인을 적용한 사례이다.

이 사례는 성악과 피아노를 전공한 18명의 학생을 4개 팀으로 운영하였다. 참여한 학생들 대부분이 캡스톤디자인에 대한 기본지식이 없어서 이에 대한 정보를 제공하고 이해시키며 실행하는 데까지 많은 노력이 필요했음을 드러내고 있다. 교수자는 1주차에 '개별 역량 설문지'를 만들어 팀장과 팀원의 역할을 배분하도록 하였으며, 2주차에는 음악전공 학생들이 취약한 문서작업을 위해 다양한 양식과 문서작업의 중요성을 인식시켰다. 연구자는 음악전공 학생들이 개인 연주자 중심의 실연자적 입장에서 스스로 공연을 기획하고 제작해 보는 역할을 해 봄으로써 문제해결을 위한 자발적이고 능동적인 능력을 함양할 수 있는 경험이 필요함을 강조한다. 또한 졸업 후 학생들이 경쟁력을 가질 수 있는 다양한 경로를 학교와 교수자가 제시하는 역할을 해야 함을 이야기하고 있다.

문화산업의 범주가 넓어지고 있으며 미래 공연예술 산업에 필요한 융합인재 양성을 위한 하나의 방법으로 캡스톤디자인을 적용한 사례로서 예술계열 교수자들이 의미 있게 참고할 만한 연구이다.

3 사회문제해결 캡스톤디자인 운영 사례: 지역의 문제를 다 함께

다양한 전공에서 캡스톤디자인을 운영한 사례에 이어, 지역사회의 문제를 해결하기 위해 운영된 사회문제해결 캡스톤디자인 학술논문 사례를 살펴보고자 한다. 사회문제해결 캡스톤디자인은 학생들의 전공에 더해 직접 지역의 문제를 찾고 이를 해결하기 위해 기여한 측면이 강조된다. 지역의 문제는 매우 다양하고 이해관계가 얽혀 있으며, 이를 해결하기 위해 보다 많은 구성원이 참여하게 된다. 다음의 사례들을 통해 캡스톤디자인이 지역사회의 문제를 해결하고 공공의 이익을 도모하기 위해 어떠한 노력을 기울였는지 살펴볼 수 있을 것이다.

〈표 4-15〉 **사회문제해결형 캡스톤디자인 사례 학술논문**

학술논문	비고
조위수, 한강우(2020). 내 · 외국인 학생의 지역사회 연계형 수업에 관한 소고. **문화교류와 다문화교육, 9**(5), 83–102.	인문계열
김종민(2021). 지역디자인 산업발전을 위한 캡스톤디자인교육 사례연구–'제주 탐라는아이디어전'을 중심으로. **한국콘텐츠학회논문지, 21**(6), 653–662.	예체능계열
허원회(2021). 지역사회와 연계한 공학계열 종합설계 연구. **한국융합학회논문지, 12**(3), 133–139.	공학계열
서연화(2022). 지역사회 연계 캡스톤디자인 수업개선 방안 연구–시각디자인 수업 운영사례를 중심으로. **브랜드디자인학연구, 20**(1), 183–196.	예체능계열
장영은(2023). 지역사회를 활용한 캡스톤디자인 수업 개선방안 연구. **인문사회21, 14**(1), 3769–3778.	사회계열
석승민, 민지영(2023). 골목상권 활성화를 위한 캡스톤디자인 교육 연구: 수내역 일대 대학 협업사례를 중심으로. **상품문화디자인학연구, 74**, 219–228.	예체능계열
이지원(2024). 지역사회 연계형 중국어 캡스톤디자인 교육과정 사례 연구. **중국어교육과연구, 42**, 19–38.	인문계열

학술논문 16

전공(대분류)	연계유형
인문계열 (한국어전공)	사회문제해결형

조위수, 한강우(2020). 내 · 외국인 학생의 지역사회 연계형 수업에 관한 소고. **문화교류와 다문화교육**, 9(5), 83-102.

이 연구는 한국어 · 다문화 교육을 전공하는 내국인과 국제학부 한국어문화교육트랙 외국인을 대상으로 지역과 연계하기 위한 캡스톤디자인을 설계한 과정을 담고 있다. 연구자는 도출된 모형이 실제로 현장에 적용되지 못한 점은 아쉬우나 서로 다른 언어를 학습하는 학생들이 지역의 다문화가정, 중도입국자녀, 결혼이민자 등 다문화가족에게 도움을 주기 위한 시도를 했다는 점에서 의의를 찾고 있다.

이 연구는 수업 전 단계에서 지역의 다문화가족지원센터 등 유관기관을 대상으로 수요를 분석하여 '다문화이해교육, 이중언어교육, 보이스트레이닝 비대면 교육 콘텐츠 등의 자료 개발 및 훈련된 보조강사 파견 요청' 등의 요구를 도출하였다. 이 연구는 실제 운영되지는 못하였지만 참여하는 학생들과 유관기관, 지방자치단체가 어떤 역할을 할 것인지 구체적으로 계획되어 있고, 언어를 배우기 위한 학습모형을 활용하여 지역사회 문제를 해결하는 데 대학이 기여할 수 있다는 가능성을 제시한 점에서 참고할 만한다.

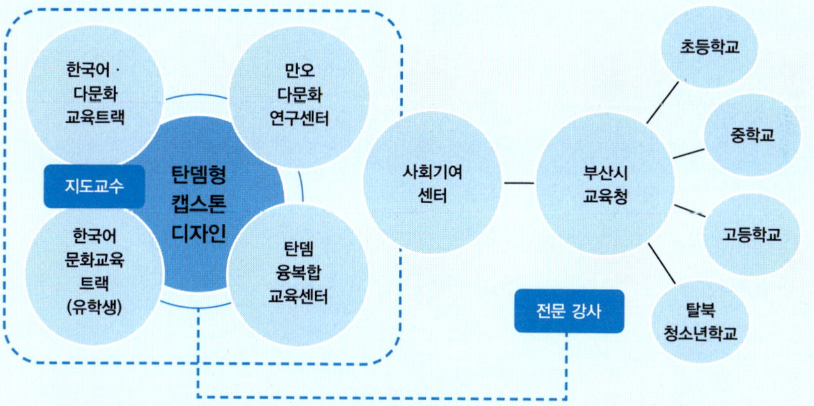

[그림 4-6] **지역사회 연계 탄뎀형 캡스톤디자인 교내외 협력체계**

* 탄뎀학습: 서로 다른 모국어 학습자 두 명이 상대방의 언어를 학습하기 위해 마치 2인용 자전거를 타듯이, 2인 1조의 팀을 구성하여 상대방의 언어를 학습하는 학습자인 동시에 상대방의 학습을 도와주는 교수자의 역할도 함께하는 자기 주도적인 외국어 학습방법

출처: 조위수, 한강우(2020).

학술논문 17

전공(대분류)	연계유형
예체능계열 (커뮤니케이션 디자인전공)	사회문제해결형 산학연계형

김종민(2021). 지역디자인 산업발전을 위한 캡스톤디자인교육 사례연구-'제주 탐라는아이디어전'을 중심으로. **한국콘텐츠학회논문지**, 21(6), 653-662.

이 연구는 2017년부터 2019년까지 3년간 제주지역 산업체인 테디베어뮤지엄과 세종에 위치한 대학이 연계하여 지역디자인 산업발전을 도모한 과정과 결과를 기록한 연구이다. 3년이라는 기간 동안 제주지역의 대표 중소기업과 함께 지역 특성화, 지역발전, 환경문제 등을 지역을 찾는 사람들에게 제안함으로써 지역 기업의 사회적 책임을 실천하고 학생들의 노력과 성과를 수업이라는 틀 밖에서 가치 있게 활용하기 위해 수행되었다.

이 연구는 학교가 위치한 지역이 아닌 제주 지역과 연계할 수밖에 없었던 이유로 지역에서 학생들에게 기회를 줄 수 있는 기업체가 없었던 어려움을 이야기하고 있다. 앞서 산학연계형 캡스톤디자인의 사례에서 협업할 기업의 중요성을 강조하였는데, 사회문제해결형 캡스톤디자인 또한 지역으로 확장되기 위한 선결조건으로 협업할 기업의 역할이 중요함을 알 수 있다. 또한 3년간 참여한 학생 63명과 기업측 멘토 2명이 인터뷰 분석 결과에 따르면, 캡스톤디자인 산출물의 상업화와 과제가 끝난 후에도 실무에서나 경험할 수 있는 후반 작업 경험들이 학생들의 가치 성장에 도움을 주었다고 분석하고 있다. 반면, 아쉬운 점은 세종과 제주라는 물리적 거리로 인하여 학생과 기업 담당자가 긴밀하게 협의할 수 없었던 점이다. 특히 지방에 위치한 대학의 경우 물리적인 거리로 인하여 협업 가능한 기업 선정에 어려움을 겪을 수 밖에 없었고 이 시기 코로나19로 인하여 만남이 제약될 수 밖에 없었던 상황의 어려움을 확인할 수 있다.

그럼에도 불구하고 지역산업의 발전과 함께 학생들이 현업과정을 체험하고 무엇이 가능하고 불가능한지, 무엇이 생산적이고 비효율적인지 학생 스스로 경험해 볼 수 있도록 하는 커리큘럼 개발과 저작권 표기 등과 같은 보상들을 입체적으로 시도하는 것이 필요함을 강조한다.

학술논문 18

전공(대분류)	연계유형
공학계열	사회문제해결형

허원회(2021). 지역사회와 연계한 공학계열 종합설계 연구. **한국융합학회논문지**, 12(3), 133-139.

이 연구는 지역사회 복지시설의 문제점을 학생 스스로 찾고 사회적 약자를 위한 재난대응 교육 VR 콘텐츠를 개발하기 위해 2019년에 3개 팀을 운영한 캡스톤디자인 사례이다.

이 사례에서 교수자는 문제를 해결하기 위해 '기획 → 컨셉 디자인 → 소프트웨어 디자인 → 평가'의 절차로 진행하였다. 학생들은 지역사회 문제를 발굴하기 위해서 직접 현장을 방문하고 지역주민 대상 인터뷰를 시도하며 지역주민의 삶에 도움이 될 수 있는 주제를 찾기 위한 노력을 기울였으며, 교수자는 학생들이 해결해야 하는 문제를 설정하는 기획 과정에서 학생들이 주체적으로 프로젝트를 이끌 수 있도록 교수자의 의견을 최소로 하며 조력자의 역할을 수행하기 위해 세심하게 배려하였다.

학생들은 캡스톤디자인 주제 선정 시 대체로 유행을 좇는 경향이 있으나 이처럼 지역사회와 연계하는 경우 지역에 어떤 문제가 있는지 탐색하고 전공 영역에 대한 다양한 접근 방법을 고민함으로써 스스로 성장하는 과정을 경험할 수 있다고 하였다. 이 연구는 각 단계의 문제를 해결하기 위해 도움을 주었던 학교실무자, 지역기관의 도움이 필요하므로 사회문제해결형 캡스톤디자인을 지원할 수 있는 체계적인 시스템을 고민하는 것이 필요함을 제안하고 있다.

학술논문 19

전공(대분류)	연계유형
예체능계열 (시각디자인전공)	사회문제해결형

서연화(2022). 지역사회 연계 캡스톤디자인 수업개선 방안 연구-시각디자인 수업 운영사례를 중심으로-. **브랜드디자인학연구**, 20(1), 183-196.

이 연구는 '곡교천 문화 공방 활성화를 위한 도시재생 브랜딩' 프로젝트를 대학–아산시청(사회경제과)–송곡2리 마을주민회를 협력 주체로 한 사회문제해결형 캡스톤디자인 사례이다.

이 연구는 브랜드 디자인 과목 수강생 31명을 대상으로 운영된 사례이다. 수업을 설계하기 위해 ADDIE 모형에 따른 수행요소를 확인하고 학생들의 실무수행능력을 함양시킬 수 있는 국가직무능력표준(NCS)을 분석하여 디자인 실무능력 요소를 도출하여 수업에 반영하였다.

이 사례는 지역사회 연계 캡스톤디자인 수업을 위한 구성 요소를 도출하고, 이를 반영한 수업 설계 모형을 개발하여 적용한 점, 사전-사후 실험을 통한 양적 연구와 학생들의 요구사항을 정성적으로 분석한 질적 연구를 병행하여 캡스톤디자인의 효과와 캡스톤디자인 수업 개선 방안을 도출했다는 점에서 참고할 만하다.

〈표 4-16〉 **지역사회 연계 캡스톤디자인의 구성 요소**

구성 요소	세부 내용
협력체계 구축	MOU 체결, 협력체 오리엔테이션
지역사회 참여	지방자치단체, 지역 주민, 민간단체의 참여
코디네이터 역할	대학, 지방자치단체, 연구, 민간단체의 실무자
멘토링	교수, 산업체 전문가, 실무자, 지역주민
과정 공유	워크숍, 전시회, 발표회, 엑스포
사업화 타진	예산 확보, 실행

출처: 서연화(2022).

학술논문 20

전공(대분류)	연계유형
사회계열 (사회복지전공)	사회문제해결형

장영은(2023). 지역사회를 활용한 캡스톤디자인 수업 개선방안 연구. **인문사회21**, 14(1), 3769-3778.

이 연구는 실제 사회복지현장을 경험하고 실무능력을 강화할 수 있도록 예비 사회복지사에게 경험의 가치를 느끼도록 한 캡스톤디자인 사례이다. 학생들이 문제를 해결하기 위해 어떤 과정을 거쳤는지 중간 단계가 구체적으로 제시되어 있지 않다는 아쉬움이 있지만, 사회복지 전공 학생들이 지역 내에서 설정한 문제와 결과물은 사회적 약자의 불편함을 해결하기 위해 고민해야 하는 지점이 무엇인지 인식할 기회를 제공한다는 점에서 참고할 만하다.

이 연구에서 설정한 문제는 '시각장애인의 대중교통 이용 시 승하차 문제'로 실제 시각장애인들의 겪는 어려움으로서 버스 노선번호 확인의 어려움, 여러 대의 버스가 동시에 진입할 경우 탑승하고자 하는 버스 위치 확인의 어려움과 안전사고 발생 가능성을 진단하였다.

연구자는 실제 지역사회라는 현장을 활용한 캡스톤디자인이 학생들의 학습 성과로 나타나기 위해서는 경험의 가치를 명확히 인식시키는 교수학습 전략과 설계 단계에서부터 지역의 고민과 현상을 반영하는 것이 필요함을 이야기하고 있다.

학술논문 21

전공(대분류)	연계유형
예체능계열 (시각정보디자인전공)	사회문제해결형

석승민, 민지영(2023). 골목상권 활성화를 위한 캡스톤디자인 교육 연구: 수내역 일대 대학 협업사례를 중심으로. **상품문화디자인학연구**, 74, 219-228.

이 연구는 경기도시장권진흥원에서 주최한 '2022년도 골목상권–지역대학 협업사업'의 하나로, 수내역 인근 상인회와 대학이 연계하여 진행한 과정을 제시하였다. 18명의 학생이 2명씩 한 팀을 이루어 9개 팀이 골목상권 활성화를 위한 디자인콘텐츠를 제작한 사례이다.

일반적으로 캡스톤디자인 수업 설계 시 교수자가 주도하게 되는데, 이 사례의 경우 지역 상인회, 대학의 산학협력단과 시각정보디자인 전공 학생이 협업하여 캡스톤디자인 수업을 설계하고 수행할 내용을 도출했다는 점이 타 캡스톤디자인과 차별화되는 특징이라고 할 수 있다. 이런 과정을 통해 참여하는 각 주체는 공동의 목표를 설정하게 되고 참여 동기를 강화할 수 있다는 측면에서 참고할 만하다.

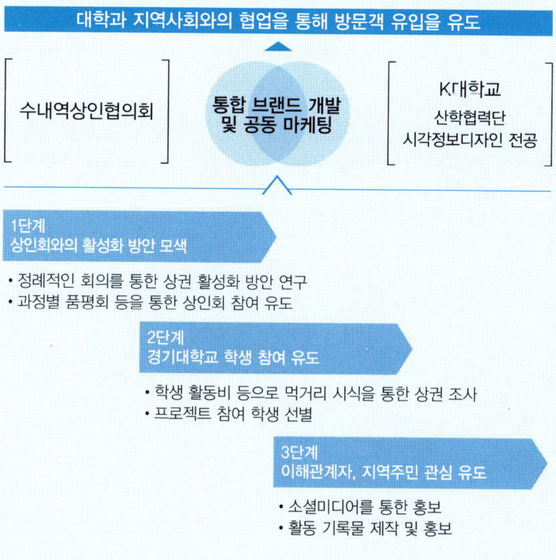

[그림 4-7] 사업 추진 개념도

출처: 석승민, 민지영(2023).

학술논문 22

전공(대분류)	연계유형
인문계열 (중국어전공)	사회문제해결형

이지원(2024). 지역사회 연계형 중국어 캡스톤디자인 교육과정 사례 연구. **중국어교육과연구, 42**, 19-38.

이 연구는 중국어 전공 학생들이 지역에서 필요로 하는 문제를 찾고 일련의 캡스톤디자인 과정이 어떻게 적용되었으며 학습 산출물과 학습자들의 만족도를 조사한 연구이다. 이 연구는 3학년 2학기 4주 동안 월요일부터 금요일까지 매일 3시간씩 집중적으로 수업을 운영하였다.

이 사례는 학생들이 설정한 문제가 지역사회에 어떻게 적용되었는지, 지역 유관기관과 구체적으로 어떠한 협업을 하였는지, 진행하면서 겪은 어려움 등에 관한 내용이 제시되지 못한 아쉬움이 있다. 그러나 중국어 전공 학생들이 지역에 이바지할 수 있는 문제들을 자율적으로 설정하도록 배려한 점, 수업 초기 팀 이름을 정하고, 수업 진행 과정에서 팀원 간 협업이 원활히 이루어질 수 있도록 팀 활동 일지를 작성하도록 하고 팀 빌딩을 통해 팀원 간 역할을 구체적이고 세밀하게 세울 수 있도록 한 점에서 참고할 만하다.

〈표 4-17〉 팀별 주제 및 매체 형태

팀 이름	팀 주제	매체
CPR	○○대학교 국제교류처 '언어문화 교류 프로그램' 활성화를 위하여 ○○대학교 주변 관광지에 대한 정보를 제공하는 동영상 제작	동영상
나도혜조	젊은 중국인 관광객들의 여행 트렌드에 맞추어 서울의 핫플레이스 소개	책자
예민하조	○○대학교를 중심으로 중국인 유학생들이 따라할 수 있는 여행 코스 기획	책자
한국은처음이조	○○대학교 입학을 희망하는 중국인 유학생을 대상으로 학교 안내 및 홍보	동영상
종강하조	중국인에 대한 차별과 혐오 정서와 관련하여 중국인 인식 개선 프로젝트	책자
유학생고민 처리조	중국인 유학생의 ○○대학교 적응을 위한 '단기 재학생 언어 교류 프로그램' 기획안 제작	동영상

출처: 이지원(2024).

지역사회와 대학 간 협력을 위한 마중물

학령인구가 감소하고 지역소멸이 가속화되면서 대학은 지역 간 불균형 문제, 청년 실업 등 지역이 직면한 다양한 문제를 함께 해결해 나갈 것으로 요구받고 있다. 지역사회와 연계하여 운영되는 사회문제해결 캡스톤디자인은 지역사회-대학 간 협력의 가치를 강화하고 학생들이 자신이 생활하는 지역에서 창의성과 실천역량을 발휘할 수 있는 기회를 제공한다.

지역사회와 함께 성장하고 문제를 해결하기 위한 대학의 노력을 구체화한 충남대학교의 캡스톤디자인 사례를 소개한다. 'I SEE U'와 'CNU Care' 두 브랜드는 지역사회를 위한 대학의 역할과 책임을 강조하며, 지역주민들과의 신뢰를 바탕으로 지속가능한 협력의 기반을 다지는 역할을 수행하기 위한 목적으로 개발되었다.

'I SEE U'의 경우 심사관이 선등록된 상표의 호칭과 유사하다고 판단하여 상표등록이 거절된 경우이며, 'CNU Care'의 경우 상표로 등록이 된 경우이다. 'I SEE U'와 'CNU Care'에 대한 내용은 무료로 사용할 수 있는 키프리스(kipris) 홈페이지에서 검색할 수 있다. 캡스톤디자인의 결과물은 지식재산으로 등록되어 개발자의 경제적 가치로 연결되는 측면에서 학생들에게 캡스톤디자인에 참여하도록 하는 동기를 유발한다. 캡스톤디자인의 산출물에 대한 권리화 과정에 대한 내용은 제7장 캡스톤디자인과 지식재산을 참고하기 바란다.

▷ 포용과 연대: I SEE U

(1) 상표출원 번호: 40-2019-0158621
(2) 의미: 'I SEE U'는 Socially Embrace and Engage with U의 약자로, 지역사회를 포용하고, 함께 소통하며 성장하겠다는 의지를 담고 있다. 이는 지역사회 현실을 주체로서 받아들이고, 대학과 지역이 상호작용하며 함께 발전할 수 있는 '지역사회의 포용과 연대'를 상징한다.

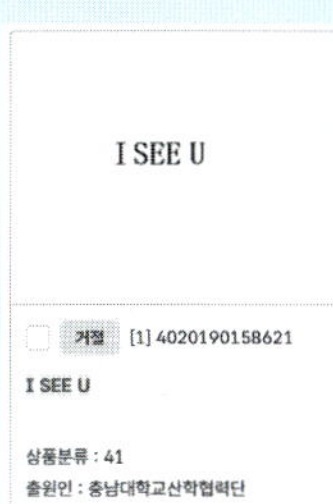

▷ 커뮤니티케어: CNU Care

(1) 상표출원 번호: 40-2019-0026811
(2) 의미: 'CNU Care'는 충남대학교의 이니셜(CNU)을 활용하여 지역사회와의 공동체적 돌봄(care) 정신을 표현하고 있다. 이는 지역사회의 복지와 돌봄 문제를 해결하기 위한 대학의 실질적인 기여를 상징한다.

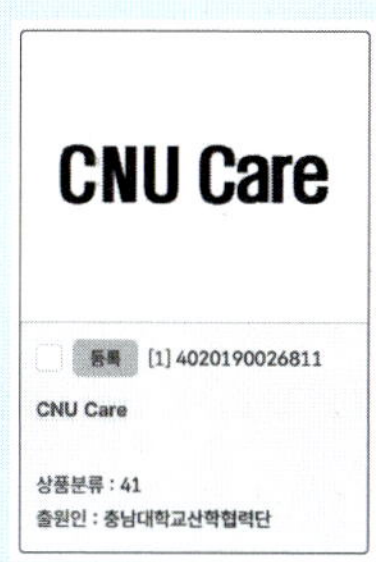

출처:키프리스(2025, April 2).

청년기획단은 충남대학교와 한밭대학교가 유성구와 협력하여 학생들이 지역에서 현장의 문제를 발견하고 이를 해결하기 위한 구체적인 실행계획을 지방자치단체와 협력하여 성과를 만들어 낸 사례이다.

유성구 청년기획단은 2019년 제1기로 출범하여 지속적으로 운영된 협력 모델 사례라고 할 수 있다. 두 곳의 학교가 지방자치단체와 연계한 입체적인 협력 모델로서 학생들이 실질적인 학습 경험을 할 수 있는 기회를 제공하며, 단편적인 교육을 넘어 지역의 인재들이 네트워크를 형성하고 장기적으로 지역의 정책에 기여할 수 있는 장점이 있다.

또한 매년 개최되는 아이디어 경진대회는 '청년기획단'의 활동을 확인할 수 있는 중요한 행사이다. 아이디어 경진대회에 출품된 작품들은 대학별 공모전에서 선정된 우수 아이디어들이며, 이 중 최우수 아이디어는 실제 지역의 정책에 반영된다. 학생들이 제안하는 아이디어들은 '지역축제 기획, 버스 노선 체계개편, 지역 자원 활용 방안' 등으로 다양하며, 관련 부서의 검토를 통해 실제 지방자치단체(유성구청)의 정책에 반영되기도 하였다.

이러한 일련의 과정은 학생들이 자부심을 느낄 수 있는 계기가 되며 지역사회의 주체자로서 지역에 기여하도록 하는 유인동기로 작용된다. 더불어 아래로부터 제안된 정책이 구체화되어 지역 주민들에게도 실질적인 혜택을 가져다주는 효과가 있다.

141명으로 구성된 제7기 청년기획단은 충남대학교와 한밭대학교가 협력하여 지역문제해결을 위한 다양한 활동을 전개하였다.

청년기획단은 매년 지역 현장에서 개선이 필요한 문제를 발굴하고, 실행 가능한 아이디어를 도출하며 실질적인 결과를 만들어 왔다. 유성구와 대학의 지속적인 협력은 지역사회의 발전에 크게 기여하고 있다.

▷ 유성구+청년기획단 제7기 발대식

출처: 정용운(2024. 5. 30.).

사회문제해결형 캡스톤디자인 수업에서 학생들이 제작한 결과물

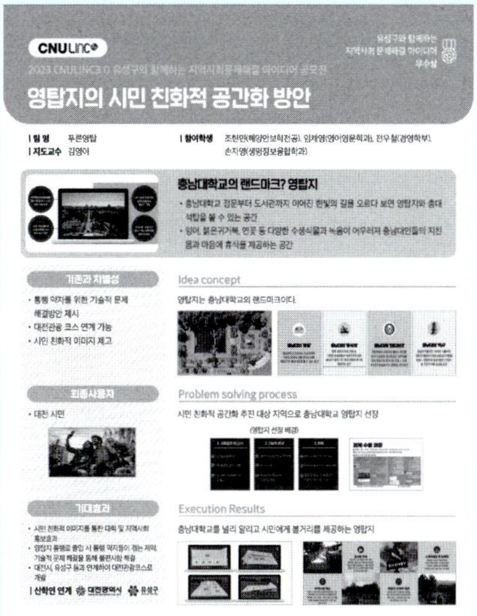

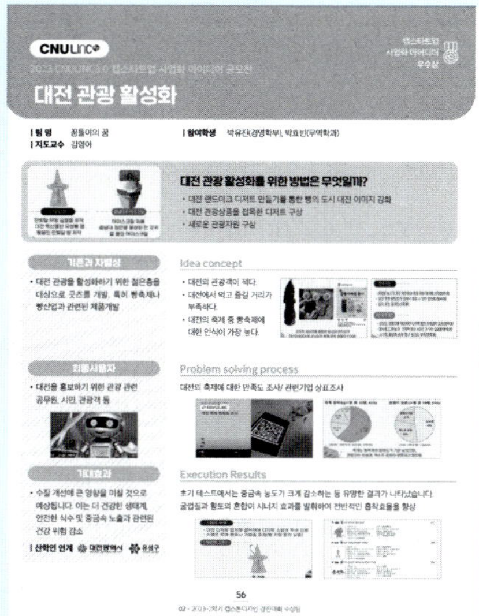

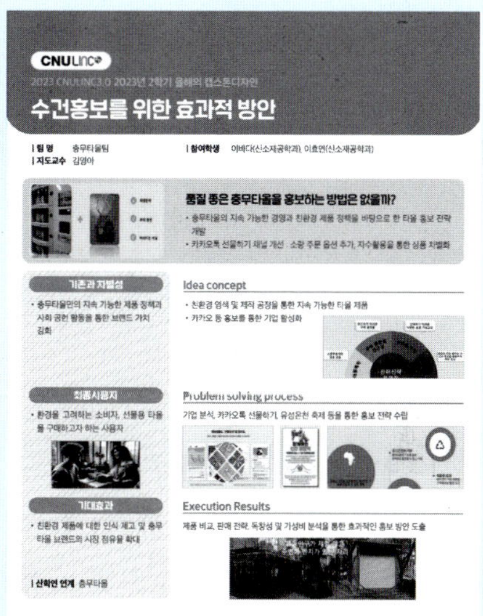

4 글로벌 캡스톤디자인 운영 사례: 지역을 넘어 세계로

사회문제해결형 캡스톤디자인은 지역사회의 문제들을 대학이 함께 해결해 나가는 것이 초점이다. 반면, 글로벌형 캡스톤디자인은 사회문제해결형 캡스톤디자인과 비교할 때 두 가지 특성이 있다. 첫째, 세계시민 양성의 관점에서 대학 본연의 역할인 교육, 연구, 봉사를 수행하며 학생들의 시야와 역량을 전 세계가 당면한 문제를 해결한다는 점이다. 둘째, 학생의 입장에서 사회문제해결형 캡스톤디자인에 비해 지리적으로 넓은 범위의 문제를 접하게 되며 다양한 이해당사자와 조건들을 고려해야 한다는 점이다. 여기서는 충남대학교에서 운영한 세 가지 글로벌 캡스톤디자인 모델을 사례로 제시하였다. 세 가지 모델은 1) 학생 글로벌 역량 향상 모델, 2) 국내 기업의 글로벌 확장 지원 모델, 3) 지방자치단체 글로벌 연계 모델로, 캡스톤디자인 수업을 준비하거나 운영할 교수자는 자신이 운영하고자 하는 글로벌 캡스톤디자인에 적합한 모델을 고민해 보기 바란다.

1) 학생 글로벌 역량 향상 모델

캡스톤디자인의 본질 두 가지는, 첫째, 기업이 당면한 문제를 해결하고, 둘째, 실제 산업환경 속에서 기업과 연계하는 것이다.

글로벌 캡스톤디자인에 참여하는 학생들은 글로벌 기업 및 기관에서 실제 문제를 제공받게 되며, 학생은 글로벌 기업이나 기관이 제안한 문제를 해결하기 위하여 각 기업이 처한 기술 및 산업 환경, 규제 및 법안, 문화 등에 대해 깊숙이 조사하고 탐구하며 문제해결을 위한 방법들을 찾아 나가게 된다. 이러한 과정에서 학생들은 자연스럽게 글로벌 역량을 함양하게 된다. 여기서 더 나아가 실제 문제를 제안한 글로벌 기업에서 학생의 국외 현장교육까지 경험할 수 있는 기회를 제공함으로써 학생들이 제안한 방안을 검증하고 고도화할 수 있는 경험을 쌓게 된다.

〈표 4-18〉 학생 글로벌 역량 향상 모델

학생 글로벌 역량 향상 모델
글로벌 기업 및 기관 네트워크
↓
글로벌 기업 및 기관의 주제 및 문제 제안
↓
글로벌 캡스톤디자인 교과목 개설 –글로벌 기업 및 기관 문제해결 글로벌 기업 및 기관 멘토링 및 평가 참여
↓
글로벌 국외 현장교육 실시(방학 중) –글로벌 기업 단기실무교육 등
↓
글로벌 인턴십, 취업, 창업 등 학생 글로벌 역량 향상 및 성과 창출

출처: 임미가(2025).

2) 국내 기업의 글로벌 확장 지원 모델

앞서 이야기한 '1) 학생 글로벌 역량 향상 모델'이 해외에 소재지를 둔 기업과 연계하여 운영되는 모델이라면, '국내 기업의 글로벌 확장 지원 모델'은 대학과 연계된 국내 기업 중 글로벌 진출을 희망하는 기업과 연계하여 운영된다는 점으로 기업의 소재지가 국내라는 차이점이 있다.

이 모델의 장점은 학생의 경우 글로벌 역량 함양과 함께 국내 기업에 대한 이해를 높이며 취업 경로를 확보할 수 있다는 장점이 있다. 글로벌 진출을 희망하는

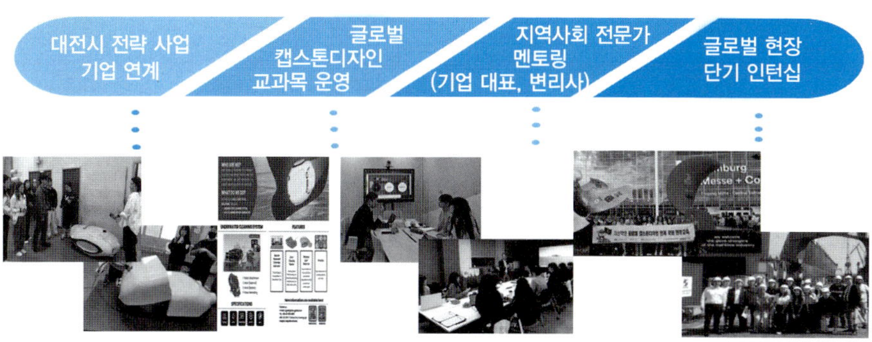

[그림 4-8] 국내 기업의 글로벌 확장 지원 모델

출처: 임미가(2025).

국내 기업의 경우 두 가지 장점이 있는데, 첫째, 글로벌 진출을 위한 정형화된 방법이 아니라 학생들의 기발한 아이디어를 활용할 수 있다는 점이며, 둘째, 문제를 해결하기 위해 캡스톤디자인 과정을 수행하면서 회사에 대한 이해가 높아진 인재를 확보함에 따라 장기적인 측면에서 인적자원을 확보할 수 있다는 점이다. '국내 기업의 글로벌 확장 지원 모델'의 운영 절차는 [그림 4-8]에 제시된 바와 같이 '지역 업체와 연계 → 글로벌 캡스톤디자인 교과목 운영(15주) → 지역사회 전문가 멘토링 → 글로벌 현장 단기 인턴십'에 준하여 운영할 수 있다.

3) 지방자치단체 글로벌 연계 모델

'1) 학생 글로벌 역량 향상 모델'과 '2) 국내 기업의 글로벌 확장 지원 모델'이 기업과 연계하여 운영된 모델이라면, '3) 지방자치단체 글로벌 연계 모델'은 해외의 결연 대학과 기업, 지방자치단체가 연계되는 모델이다. 이 모델에서 해결해야 하는 문제는 기업과 지방자치단체가 고민하는 문제로서 앞선 두 가지 모델에서 다루어지는 문제보다 이해관계가 복잡하게 얽혀 있는 문제가 제시된다. 학생들은 참여하는 두 대학이 사전에 고민하던 주제와 유사한 문제를 설정할 수도 있고, 넓은 범위에서 각 대학의 실정을 고려하여 다른 문제를 설정할 수도 있다.

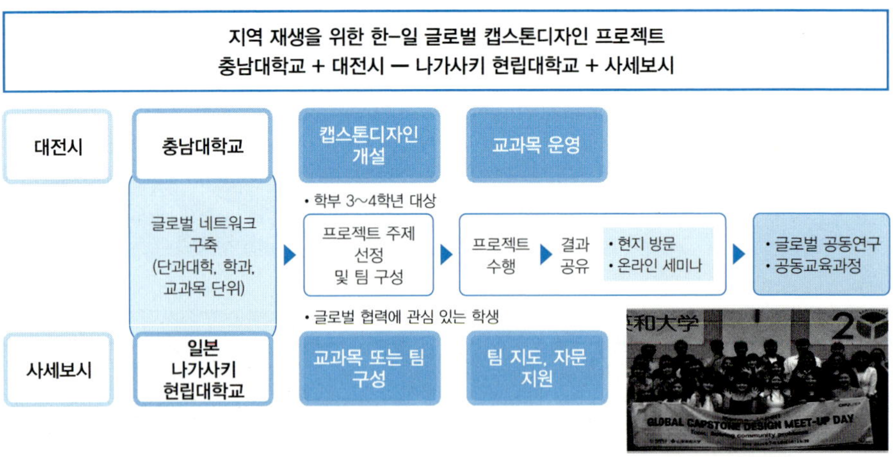

[그림 4-9] 지방자치단체 글로벌 연계 모델

출처: 임미가(2023b).

학생들은 온라인과 오프라인의 방법으로 문제해결을 위한 캡스톤디자인의 목적에 공감대를 형성하고 단계별 결과를 발표하고 공유하는 과정을 통해 글로벌 네트워크를 형성하고 문제해결 역량을 함양할 수 있다. [그림 4-9]는 충남대학교와 대전시-나가사키 현립대학교와 사세보시 간 운영된 지자체 글로벌 연계 모델이다. 이 모델을 운영할 때 중요한 사항은 나라마다 학기 운영 시기가 상이하기 때문에 현실적으로 교육이 가능한 기간을 고려해야 한다.

5
캡스톤디자인 운영 사례의 시사점

어떠한 전공의 학생들로 구성할지, 어떤 지방자치단체와 연계할지, 어떤 기업과 연계할지에 따라 캡스톤디자인의 유형은 매우 많은 경우의 수로 구성된다. 이에 캡스톤디자인의 다양한 유형을 학교라는 울타리를 기준으로 '학교 내 전공 기반 유형'과 '학교 밖 기관 연계 유형'으로 구분하고, '학교 밖 기관 연계 유형'을 산학연계형, 사회문제해결형, 글로벌형으로 구분하였다. 이후 학술논문에서의 캡스톤디자인 운영 사례를 전공에 따라 구분하고 연계 유형별로 탐색하여 다양한 캡스톤디자인 운영 사례를 살펴보았다.

캡스톤디자인의 범위는 국내뿐만 아니라 글로벌 기관까지 물리적 범위가 확장될 수 있으며, 지역주민, 산업체 실무자, 나아가 해외의 관계자 등 각 주체들이 만나는 접점에서 이루어지는 의사소통을 통해 공동의 목표를 구현해 낸다. 의사소통은 학교 내의 서로 다른 전공의 학생들이 협업하여 프로젝트를 수행하기도 하며, 학교와 지방자치단체, 학교와 기업, 학교, 기업 및 지방자치단체가 협업하는 모든 순간에서 이루어진다고 할 수 있다. 협업하는 기업이 해외에 있는 경우 학생들은 캡스톤디자인을 통해 시야가 확장되는 경험을 하기도 한다.

캡스톤디자인 운영 사례에서 강조되는 것은 학생들이 어떤 문제를 선정할 것인지 교수자가 큰 틀에서 제시하고 구체화해 나가는 과정, 이를 수행하기 위해 준비해야 하는 지원사항, 학생들이 프로젝트를 이끌고 나갈 수 있는 동기를 부여하고 팀 내에서 원활한 역할을 수행하며 프로젝트를 마무리할 수 있는 내적 연결과 정인 팀 빌딩에 정성을 들여야 한다는 점이다. 또한 교수자는 각 단계마다 학생과 지원 기관과의 매개 역할, 각 단계가 연계되는 지점에서 학생들이 수행해야 하는 프로젝트의 범위와 성격에 대해 명확하게 전달하고 이해시키는 역할, 산업체 및 지역사회와 연계하는 과정에서 학생들이 각 기관의 실무담당자와 원활히 소통할 수 있도록 발판을 마련해 주는 조력자로서 중요한 역할을 해야 한다. 마지막으로, 캡스톤디자인 수업이 학사 일정상 종료가 되더라도 학생들이 캡스톤디자인의 결과물을 지식재산권으로 보호받을 수 있는 절차 등을 수행해 나갈 수 있도록 추수 지도 측면에서 계속적으로 학생과 소통하는 것이 필요하다.

기술이 빠르게 변화함에 따라 각 산업의 경계가 모호해지는 빅 블러(Big blur) 현상이 강화되고 있다. 이러한 변화에 따라 주도성을 함양한 융합 인재를 교육하기 위한 방법에 대한 요구가 높고, 지역소멸 위기와 맞물려 대학의 역할이 확대되어야 할 필요성이 그 어느 때보다 강조되고 있다. 캡스톤디자인 운영 사례를 통해 얻을 수 있는 교훈은 일련의 과정을 통해 비판적 사고력, 서로 다른 구성원이 협력하는 팀워크를 함양하고 당면한 문제를 해결할 수 있으며, 이러한 노력들이 사회에 실질적으로 기여하는 밑거름이 된다는 점이다. 캡스톤디자인이 새로운 가치를 창출하고 개인과 공동체가 함께 발전할 수 있는 길을 열어 가는 마중물이 되길 기대한다.

핵심 POINT

01 캡스톤디자인의 유형은 학교 내 전공 기반 유형(창의형, 전공심화형, 학제 간 융합형)과 학교 밖 기관 연계 유형(산학연계형, 사회문제해결형, 글로벌형)으로 구분할 수 있다.

02 산학연계형 캡스톤디자인에서 인문·사회 계열은 기업과의 협업에 어려움을 겪는 경우가 있지만, 교육 계열은 출판사 및 교구 회사 연계, 외국어 계열은 해외 수출 기업 제품 구상과 네이밍 등 혁신적인 아이디어로 그 영역을 확장하고 있다.

03 사회문제해결형 캡스톤디자인은 대학과 지자체를 연결하며, 글로벌형은 해외 기업이나 국제적 문제를 연계하여 학생들이 해결 방법을 탐색하고 제안하는 경험을 한다.

[창의형–다학제–글로벌] 글로벌 캡스톤디자인 수강

지역과 세계의 산업을 연결하는 글로컬 산업 인재가 되자!

저는 3학년 1학기에 글로벌 캡스톤디자인 과목을 수강하였습니다.

프로젝트 주제는 '대전 지역 스타트업 기업의 유럽 진출 전략'을 도출하는 것이었습니다. 가장 먼저 공학 및 경영 전공의 학생들이 융합되어 대상 기업을 분석하고 글로벌 진출 전략을 제시하는 시간을 가졌습니다. 기술뿐 아니라 경영 관점에서의 설득력을 갖추는 것이 실제 전략 수립에서 얼마나 중요한지 체감할 수 있었습니다.

이후 여름 방학 때 해당 스타트업 기업의 글로벌 단기 인턴 신분으로서 독일 프랑크푸르트, 함부르크 및 터키 이스탄불에서 글로벌 현장 교육 및 실무 활동을 했습니다. 유럽 현장 실습을 대비하기 위해 캡스톤디자인 수업 중에 실무 기반 프로젝트를 수행하며 철저히 준비했습니다.

저희가 수업 시간에 직접 제작한 기업 홍보 영상 및 브로슈어를 가지고 독일 함부르크에서 열리는 해양 국제 박람회 SMM(Shipbuilding, Machinery and Marine Technology trade fair)에 참가하여 해외 바이어 기업들과 미팅하며 직접 우리 기업을 소개하는 데 활용했습니다. 박람회 기간 동안 총 20여 개의 기업 부스를 방문해 기업을 홍보하고 유럽 진출을 위한 잠재 고객을 물색했습니다. 특히 그리스의 선박 케어 전문회사 'Dynamic Group'에서 수중 클리닝을 진행하고 있었으며 수중 청소 로봇에 대한 긍정적인 반응을 보이기도 했습니다.

이후 이스탄불에 도착해 Gemak 조선소와 KOTRA를 방문하며 터키 조선산업과 경제 전반에 대한 이해를 넓혔습니다. 유럽에서 직접 부딪히면서 알게 된 살아 있는 정보들은 인터넷에 존재하는 정보들과 많은 차이가 있었습니다. 그 예로 터키 현지 조선소에서 수중 청소 로봇에 대한 수요가 있을 거라고 예상했지만, 터키 현지에서는 수중 청소보다 육지에서 청소를 하는 것이 보편적이고 수중 청소를 하는 경우는 전체 청소 중 20%가량의 비율을 차지하고 있었습니다. 이를 반영해 이스탄불 공과대학교 학생들과 팀 프로젝트를 수행하여 현지 시장을 반영한 최종 진출 전략을 발표했습니다.

일련의 경험을 통해 답이 정해져 있지 않는 개방형 문제들을 해결해 나가면서 문제해결 역량을 기를 수 있었습니다. 이스탄불 공과대학 친구들과의 협업을 통해 글로벌 무대로의 진출을 생각해 보는 계기가 되기도 했습니다. 또한 경영 전공 학생들과의 협업을 통해 기술 외에도 사업화를 위한 다양한 요소들을 고려하는 시각을 갖추게 되었습니다.

글로벌 캡스톤디자인이 아니었다면 제가 어떻게 경영학부 학생들과의 융합 활동, 실제 산업 현장 문제의 해결과 글로벌적인 교류 및 시각을 가질 수 있었을까요?! 과정은 힘들고 벅차기도 했지만, 다시는 경험하기 어려운 소중한 시간들을 기쁘고 감사하게 생각합니다. 많은 학생들이 캡스톤디자인에 도전해 보기 바랍니다.

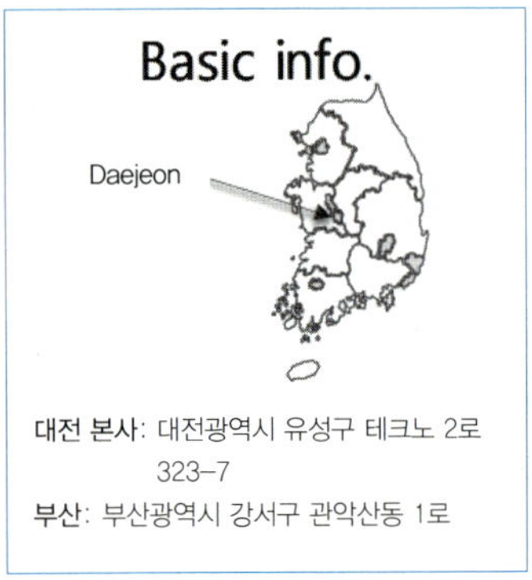

◆참여 기업◆

◆함부르크 해양국제박람회◆

◆이스탄불 Gemak 조선소◆

윤상화 (충남대학교 메카트로닉스공학과)

제5장
캡스톤디자인과 팀 학습

캡스톤디자인은 팀 프로젝트로 수행되는 것이 기본이다. 팀 학습과 프로젝트 학습의 기초와 노하우를 이해하면 캡스톤디자인을 성공적으로 운영할 수 있다.

1 팀 학습의 필요성

전통적인 수업(강의식 수업)을 '설명 중심 수업', 학생이 적극적으로 참여하는 수업을 '학생 참여 수업'이라 한다면, 어떤 수업이 학습 효과가 높을까? 대부분의 연구는 학생 참여 수업의 효과가 상대적으로 높은 것으로 보고하고 있으며, 특히 대학생을 대상으로 하는 수업에서는 일관되게 높게 나타난다(Deslauriers et al., 2019; Freeman et al., 2014). 학생이 참여하는 수업의 대표적인 방법은 '팀 학습'이다.

팀 학습이 필요하고 효과적이라는 것 또한 역시 수많은 연구에서 보고하고 있다. 고등사고 능력, 사회적 능력, 그리고 시너지 효과 측면에서 팀 학습의 효과성이 확인되고 있다(박수정, 2021). 무엇보다 사회에서 혼자서 하는 일은 거의 없다. 대부분 다른 사람과 협력하고 공동으로 작업하면서 일을 하게 된다. 대학에서 다른 학생들과 함께 학습하고 작업해 보는 경험이 중요하다. 대학과 수업이 필요한 이유는 '학생의 학습'을 촉진하기 위해서이다. 개별화된 맞춤형 수업이 필요하고, 소집단을 통한 학습도 필요하다. 학생 간 상호작용과 협력을 통해 효율적이면서 효과적인 학습이 될 수 있다.

팀 학습은 대표적인 학생 참여 학습으로, 교육목표 분류를 참고하면 그 필요성을 명확히 알 수 있다. 미국의 교육학자 블룸(Bloom)은 1956년에 교육목표 분류학(taxonomy)을 창안하였다. 블룸은 인지적 영역(일반적인 지식), 정의적 영역(가치와 태도), 신체적 영역(신체의 움직임)을 구분하고, 인지적 영역의 교육목표를 6단계로 제시하였다. 교육목표 분류(인지적 영역)의 2001년 수정 버전을 살펴보면, 기억하기, 이해하기, 적용하기, 분석하기, 평가하기, 창조하기의 순서로 구성된다(Anderson & Krathwohl, 2001). 사실이나 기본 개념을 암기하는 것은 기억, 생

[그림 5-1] Bloom 교육목표 분류(인지적 영역): 2001년 수정 모델

출처: https://cft.vanderbilt.edu/guides-sub-pages/blooms-taxonomy/

각이나 개념을 설명하는 것은 이해, 새로운 상황에서 기존의 정보를 활용하는 것은 적용이다. 개념들의 연결을 만드는 것은 분석, 관점이나 결정을 정당화하는 것은 평가, 새롭거나 독창적인 것을 만드는 것은 창조이다.

블룸의 교육목표 이론은 여전히 중요하게 참고가 되고 있는데, 내 수업에서 주로 하고 있는 것을 확인해 보자. 기억과 이해에만 집중하고 있는가? 사실, 기억과 이해를 제대로 하는 것도 쉽지 않다. 그러나 이해를 잘 하기 위해서도 학생의 참여가 효과적이며, 팀 학습은 특히 상위 인지 영역에서 강점을 갖는다. 진정한 팀 학습은 학생들이 협력적으로 고차원적 사고와 문제해결력을 기를 수 있게 한다. 캡스톤디자인은 대표적인 학생 참여 학습, 팀 학습의 예이다.

[그림 5-2]는 교육의 목표에 맞는 학습자의 행동과 결과물의 예시이다. 매우 다양한 행동과 결과물을 확인해 볼 수 있다. 예컨대, 이해하기의 경우, 설명하기 외에도 묘사하기, 연결하기, 추측하기, 바꾸어 말하기 등의 행동이 관련되고, 이야기, 요약문, 비유, 사진, 포스터 등의 결과물을 통해 달성할 수 있다. 이렇게 구체적인 행동과 결과물을 참고하면 수업에서 다양한 활동과 산출물을 구상하는 데 도움이 될 것이다. 캡스톤디자인에서의 과제 유형으로 이러한 결과물을 참고할 수 있다.

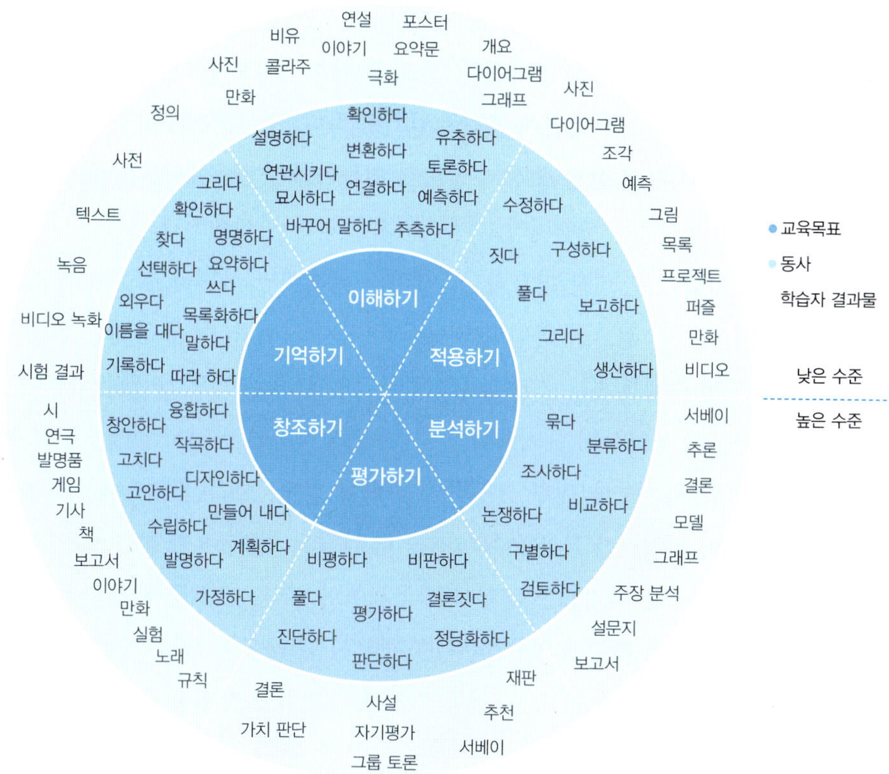

[그림 5-2] Bloom 교육목표 바퀴(목표-행동-결과물)

출처: https://ashleytan.wordpress.com/2016/08/31/remaking-therevised-blooms-taxonomy

2

팀 학습의 현실

연구에서는 '학생 참여 수업'이 효과적이라고 하지만, 학생들에게 선호하는 수업 형태를 물으면 '설명 중심 수업'이라고 한다(김경언, 이상기, 2024; 박신향, 2016). 대학생들은 팀 학습을 어떻게 생각할까?

학생들은 팀 학습을 '좋은 수업'이라고 생각하지만 '좋아하는 수업'이라고 하지는 않는 것 같다. 팀 학습에 대한 부정적인 경험 때문이다. 무임승차자가 있다, 누군가 떠맡게 된다, 평가가 공정하지 못하다, 수업시간 외에도 시간을 내야 한다, 과정과 성과가 비효율적이다 등이 팀 학습을 피하게 되는 주된 이유이다.

교수자들에게도 팀 학습은 쉽지 않다. 수업의 진도를 나가는 데도 시간이 빠듯하다. 학생들이 팀 학습을 좋아하지 않고 잘 참여하지도 않는다. 고등교육기관인 대학에서 꼭 필요한 것인지 혼란스럽기도 하다. 팀 학습을 용기 있게 시도했다가 잘 안 되면 다시 설명 중심 수업으로 되돌아가는 경우도 있다. 때로는 교수자의 책임을 방기하는 수업이라고 생각되기도 하여 망설여진다.

그러나 팀 학습은 반드시 필요하다. 지식의 이해뿐만 아니라 적용과 창조도 하려면, 사회에서 꼭 필요한 협업의 역량을 키워 주려면 팀 학습 경험은 필수이다. 어떻게 하면 학생들에게 긍정적이고 성공적인 팀 학습이 될 수 있을까?

먼저, 학생들의 불만부터 제거해야 한다. 무임승차자는 완전히 없애지는 못해도 줄여야 하고, 평가는 최대한 공정하게 하여야 한다. 팀기반학습(team-based learning)과 같이 수업시간 안에 이루어지는 팀 학습도 있다. 혼자 하는 것보다 함께 할 때 좋은 결과를 가져오는 경험이 제공되어야 한다. 팀 학습에 대한 긍정적인 경험, 성공 경험을 맛보게 하는 것이 중요하다. 팀 학습의 시너지 효과를 경험하면 수업 후에도 다양한 팀 활동, 공동 작업에서 역량을 발휘할 수 있을 것으로 기대한다.

팀 학습에 대한 오해도 살펴보자(박수정, 2023).

✔ 오해 1. "팀 학습은 팀 활동만 한다, 학생들에게만 맡긴다."

팀 활동만으로 수업 전체를 운영해야 하는 것은 아니다. 팀 학습의 스펙트럼은 매우 넓고 선택지가 다양하다. 강의 초반 몇 주간에는 '강의'도 필요하고, 본격적인 팀 학습에도 교수자의 설명과 정리, 피드백이 반드시 필요하다. 학생들이 팀 학습을 잘하도록 섬세한 지원도 필요하다. 기존 강의 속에서 팀 학습을 적절하게 포함하여 운영할 수도 있다.

✔ 오해 2. "팀 학습은 집단 학습만 이루어진다, 개인 학습은 어렵다."

집단 학습의 과정에서 개인 학습 또한 이루어진다. 개인의 참여를 통해 집단의 학습 결과가 도출되고, 그 과정에서 학습이 이루어진다. 또한 개인 학습 후 팀 학습을 진행하거나 팀 학습 후 개인 학습을 진행하는 등 연계와 심화도 가능하다.

혼자서는 불가능한 학습 경험과 성과라는 측면에서 팀 학습의 가치는 결코 적지 않다. 개인 학습과 집단 학습의 수행과 연계가 가능하다.

✔ 오해 3. "팀 학습이 적합하지 않은 학문 분야, 과목이 있다."

정도의 차이는 있지만, 팀 학습은 모든 분야, 모든 주제에서 가능하고 효과를 발휘한다. 학습자가 주체적으로 지식을 구성한다는 '구성주의' 관점에서 보면, 어떠한 지식이든 함께 학습하고 함께 적용해 보는 일은 가능하고 필요하다. 지식의 이해 측면에서 강력한 효과를 발휘하는 팀 학습도 있는데, 바로 팀기반학습이다. 단, 분야와 과목에 따라 팀 학습 비중이 다르고, 적절한 팀 학습 전략이 필요하다.

사실, 팀 학습만으로 모든 것이 가능한 것은 아니다. 모든 학습과 수업에 반드시 팀 학습이 필요한 것도 아니다. 그러나 대부분의 교육에서 적절하게 활용될 수 있는 유용한 방법이 팀 학습인 것은 분명하다.

팀 학습은 학생들이 '함께' 하는 것이지만 궁극적으로는 '혼자' 할 수 있도록 돕는 과정이며, 그 자체로도 중요한 학습 경험과 성과가 될 것이다. 그리고 팀 학습에서 '교수자'의 역할은 대단히 중요하다. 캡스톤디자인에서 교수자의 전문성은 크게 요구되며, 팀 학습을 촉진하기 위한 적절한 지원은 캡스톤디자인의 성패를 좌우할 것이다.

3
팀 학습의 성공 전략

학생들이 적극적으로 참여하고 높은 성과를 거두는 진정한 팀 학습! 과연 어떤 방법으로 가능할까? 비법이 있을까?

협동학습에 관한 대표적인 연구자 Johnson과 Johnson(1989)는 긍정적 상호의존성(positive interdependence), 개별 책무성(individual accountability), 대면적 상호작용(face-to-face promotive interaction), 사회적 기술(social skills), 집단 과정(group processing)을 팀 학습이 효과적으로 작동하기 위한 핵심 요소로 제시한 바 있다. 이를 다음과 같이 표현할 수 있다.

팀 학습의 성공 요소(Johnson & Johnson, 1989)

긍정적 상호의존성	"우리는 함께 가라앉거나, 함께 떠오른다."
개별 책무성	"함께 배우지만, 각자 스스로 해낸다."
대면적 상호작용	"서로의 성공을 위해 얼굴을 맞대고 돕는다."
사회적 기술	"함께 일하는 법을 배운다."
집단 과정	"함께 돌아보고, 더 나은 팀이 된다."

이 중에서 '비대면적 상호작용'도 가능한 시대가 왔지만, 여전히 유효한 전략임은 틀림없다. 이를 참고하면서, 대학에서 진정한 팀 학습을 만드는 비법을 구체적으로 살펴보도록 한다.

팀 학습의 비법으로 수업 규칙, 팀 구성, 팀 빌딩, 팀 규칙, 팀 과제, 팀 발표, 팀 성찰, 기여도 평가 등을 꼽을 수 있다(박수정, 2023). 여러 가지 전략이 팀 학습의 성공에 기여하는데, 그중 하나가 큰 효과를 발휘하기도 하고, 하나가 없으면 모두 실패하기도 한다. 하나씩 살펴보면서 캡스톤디자인에 적용해 보자.

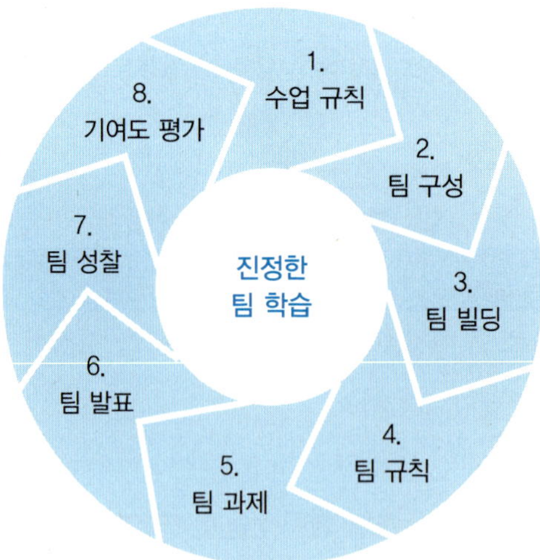

[그림 5-3] 팀 학습의 비법

1) 수업 규칙

수업 규칙은 수업에서 지켜야 할 규칙으로 교수자가 제공한다. 전체 학생에게 적용되는 규칙으로, 학생들의 의견을 반영하여 수정할 수도 있다. 팀 학습이 포함된 수업인 경우, '팀 학습에 적극적으로 참여한다', '팀 학습에서 자신의 역할을 충실히 수행한다', '팀의 성공에 기여한다' 등의 규칙을 포함시키는 것을 추천한다. 이러한 수업 규칙과 함께 수업 분위기, 나아가 수업 문화의 조성이 중요하다. 팀 학습이 왜 필요한지, 어떻게 유용한지, 무엇을 왜 해야 하는지 설명하고 이를 학생들이 수용한다면 팀 학습은 불편하고 부담되는 것이 아니라 해 볼 만하고 환영하는 것이 될 수 있다.

캡스톤디자인의 경우, 주체성, 책임감, 협업 등을 제시할 것을 추천한다. 일단 이 수업을 선택했다는 것만으로도 격려할 수 있다. 부담이 클 수 있다는 점을 각오한 것이고, 호기심과 자발성이 있기에 참여한 것이다. 이것이 학기 내내 이어질 수 있도록, 포기하지 않도록 책임감을 상기시키고 북돋아 줄 필요가 있다. 팀으로 이루어지는 과제 수행에서 팀 의사소통, 팀 리더십, 갈등관리 등이 요구된다. 진정한 협업을 통해 최고의 결과물과 성취감을 가져올 수 있도록 하고, 교수자도 이를 위한 적절한 지원을 약속하고 실천한다.

좋은 수업 규칙의 요건

- 바람직한 수업 분위기를 조성하고, 수업 성과를 도출하는 데 필요한 규칙이어야 한다.
- 학생들이 그러한 규칙이 왜 필요한지 납득하고 수용할 수 있어야 한다.
- 학기 초에 규칙을 명확하게 설명하고, 몇 주간 강조하여 체득하게 한다.
- 규칙을 일관성 있게 적용하고, 단호하면서도 유연한 자세를 갖는다.

캡스톤디자인 수업 규칙 예시

주체성과 적극성을 발휘하고 역량을 기른다.

자율성을 바탕으로 책임 있게 행동하고 성취한다.

프로젝트의 과정과 결과에 기여하고 함께 성공한다.

2) 팀 구성

팀 구성은 팀원을 어떻게 편성하는지와 관련된 것으로 팀 학습의 성패를 가릴 수도 있는 중요한 요인이다. 팀을 구성하는 방식은 교수자 구성, 학습자 구성, 상호 구성이 있다. 어떠한 성격의 팀 학습인가에 따라 적합한 팀 구성 방식은 달라진다. 수업시간 내에 이루어지는 토의형 팀 학습의 경우, 학생의 능력이 비슷하다면 배경을 다양하게 교수자가 구성하는 것이 좋다. 능력 차가 크다면 직전 학기 학점, 학기 초 평가 등을 반영하는 방식도 있다. 수업시간 외에 만나는 프로젝트형 팀 학습의 경우는 주제와 관심사에 따라 선호도를 반영하여 구성해도 좋다. 단, 어떤 방식이든 소외되는 학생이 있는지 살펴볼 필요가 있다. 그리고 중요한 것은 팀이 일정 기간 변동 없이 운영되어야 한다는 것이다. 소속감과 책무성이 필요하고, 평가와도 연결되어야 한다.

캡스톤디자인의 경우, 4~5명 정도로 팀을 구성할 것을 추천한다. 적어도 3명은 되도록 하여 다양한 시각과 역할이 가능하게 하고, 많아도 6명을 넘지 않도록 하여 무임승차가 생기지 않도록 한다. 학생들의 동기와 의지가 높은 경우라면 주제별로 학생들이 팀원을 구성하는 방식을, 학생들의 동기가 비슷하거나 어떠한 주제로 진행할지 초반에 결정하기 어려운 상황이라면 교수자가 팀을 구성하는 것을 추천한다. 이 경우 '능력은 균등하게, 배경은 다양하게'라는 팀기반학습의 팀 구성 원칙을 참고하여(박수정, 2021), 남녀, 전공, 성향 등을 다양하게 고려하여 팀을 편성하는 것이 좋다.

3) 팀 빌딩

팀 빌딩(team-building)은 '팀을 만드는 것'으로 좁은 의미로는 팀원과 신뢰를 쌓는 활동을 의미한다. 주로 팀 구성 초기에 이루어지는 것으로 팀 빌딩 워크숍의 형태로도 진행된다. 팀 빌딩에서 주로 하는 활동으로는 자기소개에 이어 팀 이름과 팀 구호, 팀 규칙 등을 함께 정하는 것이며, 이를 통해 팀원 간 응집성과 일체감을 기를 수 있다. 지속적인 팀 활동이나 과제가 있는 경우 팀 빌딩은 도움이 되며,

이후 팀 학습에 대단히 중요한 기반이 된다. 팀 빌딩을 해 본 교수자들은 그 진가를 경험한다. 짧게는 30분, 길면 한 시간, 수업 중에 반드시 팀 빌딩을 해 볼 것을 권한다.

캡스톤디자인의 경우, 팀이 오랫동안 유지되고 명확한 미션이 있기에 팀 빌딩은 필수이다. 팀 구성 후 반드시 수업 중 시간을 내어 팀원 간 신뢰를 쌓는 활동을 하도록 지원한다. 특히 팀 규칙을 설정하도록 하고, 자발적으로 역할 분담을 하도록 제안한다. 캡스톤디자인 수강생은 같은 학과 혹은 여러 학과의 학생들이다. 팀 구성 후 '내가 속한 팀이 최고의 팀이다'를 외치게 하고, 팀 빌딩을 통해 팀으로 하나 되는 계기를 만들어 주면 팀 학습의 좋은 출발이 될 것이다.

팀 빌딩으로 할 만한 활동

- 자기소개(1인당 1분)
- 아이스 브레이킹(3분)
- 팀 이름 정하기(5분)
- 팀 구호 정하기(5분)
- 팀 규칙 정하기(10~15분)
- (필요하다면) 역할 분담 또는 계획 구상 등(10분)

4) 팀 규칙

팀 규칙(team ground rule)은 팀원이 지켜야 할 규칙으로 팀원 스스로 정한다. 팀 빌딩에서 가장 중요한 활동이 바로 팀 규칙 정하기이다. 팀 규칙은 구체적이고 긍정적인 표현을 권한다. 활발하게 참여하기, 지각하면 벌금 내기보다는 1회 이상 의견 내기, 5분 전에 도착하기 등이 좋다. 학생들은 대단히 신중하게 팀 규칙을 정한다. 수업시간 안에 이루어지는 팀 학습의 경우는 참여와 준비 정도를 정하지만, 수업 외 만나서 이루어지는 팀 학습은 연락과 역할 분담 등을 촘촘하게 정한다. 따라서 어떠한 팀 학습이 이루어지는지 정확히 안내하여야 팀 규칙을 정할 수 있다. 팀원이 각자 3개씩 규칙을 제시하고, 상호 토의하여 3~5개를 정하게 한다.

팀원 스스로 정하는 팀 규칙은 구속력이 있다. 팀 활동에 적극적으로 참여하고 무임승차를 방지하는 효과가 있으니, 팀 규칙을 정하는 시간과 기회를 주도록 한다. 팀 빌딩을 하는 이유가 바로 팀 규칙 때문이기도 하다. 캡스톤디자인에서도 팀 규칙 설정은 반드시 필요하고, 이를 준수하고 있는지 종종 상기시킨다.

5) 팀 과제

팀 과제는 팀이 토의하거나 해결하는 과제로 교수자가 제시하는 것이 기본이다. 제한된 수업시간을 고려하여 학습목표와 관계 있는 핵심적인 팀 과제를 발굴하고, 팀 과제의 난이도와 양을 적절히 고려해야 한다. 너무 어려운 과제, 이해하기 어려운 과제는 지양하고, 너무 쉬운 과제도 굳이 팀 과제로 다룰 필요가 없다. 팀 과제는 학생들이 이해할 수 있도록 정확히 제시하고, 결과물과 발표의 형태에 대해서도 정확하게 안내하여 팀 학습이 효과적으로 진행될 수 있도록 한다. 한편, 교수자가 설정한 주제와 범위 아래 학생 스스로 과제를 정할 수도 있다. 이 경우에도 교수자의 지도나 개입이 필요하다.

캡스톤디자인에서 과제는 매우 중요하다. 큰 주제는 교수자가 제시하지만, 각 팀의 과제는 학생들이 설정하고 발전시키도록 지원한다. 과제를 찾고, 정의하고, 연구하고, 최종 결과물을 만드는 것이 바로 캡스톤디자인이다. 과제를 어떻게 접근하고 연구할 것인지 안내하고, 학생들이 의미 있는 과제를 도출할 수 있도록 지원한다.

6) 팀 발표

팀 발표는 팀 과제를 수행한 내용을 수업에서 발표하는 것으로 여러 가지 방식이 있다. 발표의 순서를 기준으로 하면 '순차 발표'와 '동시 발표'가 있고, 발표하는 팀을 기준으로 하면 '모두 발표'와 '일부 발표'가 있으며, 발표하는 학생을 기준으로 하면 '자율 선정'과 '교수자 지명'의 방식이 있다. 또한 '대표 학생 발표'가 아닌 '모든 팀원 발표'도 가능하다. 모든 팀원이 발표에 참여하는 것인데, 단순한 '개인 발표의 집합'이 되지 않도록 하는 것이 중요하다. 특히 팀 발표는 수업 중에 팀 학습의 결과물을 정리하고 공유하는 방식을 고민하고 가장 적절한 방식을 제시하여야 한다. 화이트보드나 큰 종이에 함께 정리하면서 발표할 수도 있고, LMS나 구글 닥스, 패들렛 등 온라인에 게시하는 방식도 있다. 시간 내에 효과적이고 효율적으로 발표하는 방법을 구안하여 적용하는 것은 팀 학습의 성패에 큰 요인이 된다.

캡스톤디자인의 경우, 한 학기 내내 프로젝트가 이루어지므로 팀 발표 기회가 많은 편이다. 제안서 발표, 중간 발표, 최종 발표 등 여러 차례 발표를 하게 되는데, 학생들이 효과적으로 발표하는 방법과 이에 대한 적절한 피드백 제공 방식을 설계하고 실행한다. 학생들은 발표하면서 더 많이 배우고 성장한다.

7) 팀 성찰

팀 성찰은 팀 학습의 과정과 결과에 대한 성찰을 의미한다. 팀에서 이루어지며, 팀 규칙의 준수에 대하여 성찰할 수도 있고, 팀 학습의 내용에 대하여 성찰할 수도 있다. 팀 규칙에 대해서는 우리 팀이 잘한 점, 개선 · 보완이 필요한 점을 간단히 쓰거나 말하게 하고, 우리 팀의 강점과 약점을 말하게 해도 된다. 팀 활동의 중반 정도에 이러한 팀 성찰을 하게 하고, 모든 팀원이 각자 1분씩 말할 수 있게 하면, 더 나은 팀 활동으로 나아갈 수 있는 환류가 가능하다. 캡스톤디자인에서도 수업 중에 팀 성찰의 기회를 주어 개선을 돕도록 지원한다.

8) 기여도 평가

기여도 평가는 팀에 대한 개인의 기여 정도를 평가하는 것으로 '동료 평가'라고도 한다. 팀 평가는 중요하기 때문에 별도로 다루도록 한다. 기여도 평가는 사후적 기능보다 사전적 기능, 즉 팀 학습에 기여하고자 하는 마음과 행동을 가져오게 하는 것이 중요하다.

캡스톤디자인의 경우, 기여도 평가의 실시 여부는 교수자가 선택한다. 과정과 결과 모두를 팀원이 함께 책임지도록 한다면 기여도 평가를 하지 않아도 된다. 단, 학생 개개인의 기여도를 평가하여 최종 평가를 하고자 한다면 기여도 평가를 포함하도록 한다.

4 다양한 팀 학습 비법

팀 학습은 학생들이 상호작용과 협력을 통해 학습 효과를 증진시키기 위한 소집단 형태의 수업방법이다. 팀 학습의 구체적인 방법으로 토의, 토론, 실험과 실습, 역할극, 조별 과제(집단탐구) 등이 있다.

1) 토의와 토론

토의(discussion)는 대표적인 팀 학습방법이다. '팀 토의'는 주제를 두고 열린 대화를 하거나 문제를 해결하기 위한 과정이다. 토의의 주제와 방식은 비구조화된 것에서부터 구조화된 것에 이르기까지 다양하며, 시간이나 인원도 다양하다. 토의 준비, 토의 진행, 토의 정리의 순서로 이루어진다. 어떤 주제에 대해 짝과 함께 의견을 개진하는 짝 토의, 1:1 인터뷰도 간단하면서 좋은 방식이다. 교수자가 제기한 주제나 질문에 공개적으로 답하기는 어려워도, 짝과 나누는 토의는 쉽게 접근할 수 있다.

토론(debate)은 찬반이나 A 또는 B와 같이 입장을 가지고 하는 대화이다. 토론은 입론과 반론 등 필수적인 요소가 있고, 경쟁 방식과 비경쟁 방식 등 여러 모델과 절차가 있다. 토론에 관심이 있고 본격적으로 도입하고자 한다면 관련되는 책을 찾아보기 바란다. 토의와 토론에 대한 자세한 내용은 『토의와 토론으로 수업하기』(학지사, 2018)를 추천한다.

2) 실험과 실습

실험과 실습이 소집단으로 이루어지면 팀 학습으로 포함할 수 있다. 전공에 따라 실험과 실습의 성격과 활동은 다르지만, 일정 인원의 학생들이 함께 특정한 문제를 분석 · 해결하는 과정은 이공계 분야에서 자주 이루어지는 팀 학습이다. 실기 실습이나 프로그램 실습 등을 조별로 운영한다면 이것도 팀 학습이며, 교수자의 실습에 대한 전문적인 지도와 지원이 동반되어야 한다.

3) 역할극

역할극(role play)은 '1인극'이 아닌 이상 여러 사람의 역할과 참여를 필요로 한다. 예컨대, '교사의 학생 상담'이라는 주제로 역할극을 하는 경우, 특정한 상담 상황을 제시하고 1명은 교사, 1명은 학생이 되어 상담을 해 보면서 상담기법을 배울 수 있다. 이 경우에는 4명이 한 팀이라면 2인 1조로 롤 플레이를 하고 이 과정을 서로 지켜보게 하면, 스스로 역할극을 하면서 그리고 관찰하면서 학습이 더욱 촉진될 수 있다. 그리고 이 과정에거 배운 점을 기록하거나 토의하도록 하면 좋다. 수업에서 특별한 역할을 직접 경험해 볼 만한 상황이 있다면 한번 시도해 보기 바란다.

4) 조별 과제

'조별 과제'로 불리는 팀 과제 수행은 가장 보편적으로 이루어지는 팀 학습의 방법으로, '집단탐구(group investigation)'라는 이름으로도 연구된다. 수업시간 외에 주로 과제의 형태로 이루어지기 때문에 최종 발표 외에는 교수자가 직접 관리 · 지원하는 팀 학습이라고 보기는 어려우나, 현실적으로 가장 많이 이루어지고 있는 대표적인 '팀플'이다. 학생들이 소집단을 이루어 공동의 관심 주제에 대해 주도적으로 자료를 수집 · 분석하여 결과를 도출해서 발표하는 방식이며, 교수자의 운영 방식에 따라 효과가 달라질 수 있다.

학생들이 주로 '팀플'이라고 부르는 조별 과제는 수업시간 외에 만나서 하게 되는 조사, 연구, 발표 과제이다. 팀플에 대한 학생들의 원성이 많은데, 왜 그럴까? 역할 분담과 소통의 어려움, 수업 외에 만나는 부담감이 크기 때문일 것이다. 통상 1/N을 분담하여 자신의 몫만 수행하면 된다고 생각하는 조별 과제에 대한 매너리즘도 있으며, 오히려 제대로 공부가 되지 않는다는 반론도 있다. 그렇다면 수업 내에 해결하는 팀 학습을 해 볼 수도 있고, 무임승차와 떠맡기가 줄어들 수 있도록 하는 방법들, 즉 팀 빌딩, 팀 규칙, 팀 성찰, 기여도 평가 등도 시도해 볼 수 있을 것이다.

이 밖에도 다양한 팀 학습의 방법이 있지만, 가장 추천하고 싶은 간단한 팀 학습은 '짝 토의'이다. 교수자가 제기한 질문에 대해 짝과 함께 나누는 것은 누구나 할 수 있다. 그다음 단계로 팀 토의를 해 볼 수 있다. 토의할 만한 중요한 주제를 제공하고, 이를 개인적으로 생각해 본 후(의견 작성 5분), 팀으로 토의하도록 한다(토의내용 정리 15분). 자유 토의 후 팀 의견을 정리하거나, 다수결로 팀 의견을 먼저 정한 후 그 논리를 함께 만들도록 해도 된다. 찬성과 반대로 나누어 본격적인 토론을 시켜 볼 수도 있다. 문제풀이를 하는 경우에도 개인적으로 먼저 풀게 하고, 과정과 결과를 팀에서 함께 살펴보아도 된다.

이제 본격적인 팀 학습 모형을 살펴볼 차례이다. 대표적인 모형의 주요 개념만 간단히 살펴보면 다음과 같다(박수정, 2023). 관심 있는 모형은 좀 더 찾아보고 자신의 과목에 적절하게 적용하면 된다. 개념과 모형을 제대로 알면 올바른 적용과 변형이 가능하다.

〈표 5-1〉 **본격적인 팀 학습 모형**

모형	개념
프로젝트학습 (project-based learning)	실제 문제 또는 과제에 대한 집중적인 탐구와 결과물 개발 과정에서 학습자들이 지식과 기술을 학습하게 하는 교수학습 방법
문제기반학습 (problem-based learning)	구조화된 가상의 문제에 대하여 문제의 내용과 방법을 학습자 스스로 찾아가면서 문제를 해결하고, 그 과정에서 지식과 기술을 학습하게 하는 교수학습 방법
액션러닝 (action learning)	학습자들이 팀을 구성하여 조직과 개인의 중요한 실제 과제를 협력적으로 해결하고, 과제를 해결하는 과정에서 역량을 실질적으로 구축하는 활동
팀기반학습 (team-based learning)	문제 상황 속에서 개인의 사전학습과 팀 구성원 간의 상호작용을 통해 개인과 팀의 성과를 극대화하기 위해 구조화된 교수전략
플립러닝 (flipped learning)	기존의 전달식 강의 수업 후 과제 수행 방식과 반대로, 학습자가 수업 전에 사전학습을 하고, 수업 중에 심화된 학습활동을 경험하는 학습자 중심의 자기주도적 수업방식
직소러닝 (jigsaw learning)	학습내용을 나누어 팀원이 각자 한 부분을 학습하고, 같은 내용끼리 모여 심화학습을 한 후 각자의 팀에 돌아가 설명하는 학습방식(전문가 학습)

출처: 박수정(2023).

대학과 초 · 중등학교에서 활발하게 활용되는 방법은 프로젝트학습, 문제기반학습, 팀기반학습, 플립러닝, 액션러닝, 직소러닝 등이 있다. 개별적으로도 학습이 이루어지기도 하지만 주로 소집단을 구성하여 이루어지는 경우가 많기 때문에 팀 학습 모형으로 볼 수 있다. 이러한 모형은 15주 수업 중 3~10주 정도 적용하게 되는데, 부분적으로 주요 요소를 활용해도 된다. 교수법마다 적합한 상황이 다른데, 예컨대, 학습할 개념과 이론이 많은 전공 기초와 개론 과목에는 사전학습 기반의 팀기반학습과 플립러닝, 전공의 심화와 적용이 중요한 과목에는 프로젝트 기반의 팀 학습이 적절하다.

캡스톤디자인은 특정한 교수학습 모형 또는 교수법으로 보기는 어렵고, 프로젝트학습이나 문제기반학습 등을 적용하여 운영한다고 볼 수 있다. 이론 강의를 병행하거나 사전학습이 필요한 경우 플립러닝과 같이 미리 공부하게 하는 방법도 있고, 학습내용을 팀원이 나누어 공부하고 설명하는 직소러닝도 적용할 수 있다. 교육학 그리고 해당 이론을 확인하고 적용하면 큰 학습성과를 가져올 것이다.

5

팀 학습에서 평가

팀 학습에 적합한 평가방법은 따로 있을까? 팀 학습 '운영' 못지않게 '평가'에 대해 어려움을 느끼는 경우가 많다. 평가의 다양한 주체와 방법, 팀 학습 평가의 요소를 살펴보도록 한다(박수정, 2023).

팀 평가는 과제나 팀으로 수행한 활동의 과정과 결과를 평가하는 것이다. 평가의 주체를 기준으로 살펴보면 교수자 평가, 학생 상호 평가, 외부 평가, 자기 평가로 분류해 볼 수 있다. 교수자의 전문적인 평가와 피드백은 매우 중요하다.

학생 상호 평가는 다른 팀의 학습 결과에 대하여 같은 학습자의 관점에서 그 우수성을 평가할 수 있다. 다른 학생 또는 팀의 결과에 대하여, ① 절대적인 점수 매기기, ② 팀 간 순위 매기기, ③ 잘한 팀 뽑기 등의 방법으로 평가하게 할 수 있다. 절대평가와 상대평가 모두 가능하다. 다른 팀의 학습 결과에 대하여, ① 팀에서

상의하여 평가하기(팀에서 의견 통일), ② 개인별로 평가하기(개인 의견)의 방식으로도 상호 평가를 진행할 수 있다.

외부 평가, 즉 교내외 전문가, 지역사회와 산업체 인사, 수요자(고객 등)의 시각도 평가에 포함할 수 있다. 프로젝트학습과 캡스톤디자인 수업의 경우에 더욱 적합하다. 최종적인 산출물에 대한 평가도 좋고, 중간 과정에서 외부 평가와 피드백이 이루어지면 학습에 더욱 도움이 될 수 있다. 외부 평가와 피드백은 학습의 질을 높이고 객관적인 평가에 도움이 되며 교수자 평가를 보완할 수 있다.

자기 평가도 유용한 학습과 평가 도구이다. 학생 상호 평가를 통해 자신 혹은 자신이 속한 팀에 대해 객관적인 위치를 파악하고, 자기 평가(팀 평가 포함)를 통해서는 학습의 과정과 결과에 대한 성찰로 이어지게 된다. 자기 평가는 개인의 능력이나 특성을 스스로 판단하는 학습자 중심의 평가방법으로 체크리스트 방식, 쓰기 활동을 통한 자기 평가, 기술식 방법과 척도화된 방법을 혼합한 방법 등이 있다. 수업 성찰문 작성과 같은 활동도 자기평가의 일환으로 볼 수 있다.

이 중에서 학생 상호 평가는 발표와 과제에 대하여 몰입하게 하고 자신의 발표와 과제에 대해 환류하는 기능이 있어 수업시간에 과제 발표(제안서 발표, 중간 발표, 최종 발표 등) 때 활용하면 좋다. 제안서 발표의 경우 초기 단계이므로 '한 줄 소감 및 의견'을 공유하는 정도로 하고, 최종 발표는 〈표 5-1〉과 같은 양식을 주어 평가 점수에 포함하는 것도 효과적이다.

〈표 5-2〉 학생 상호 평가 양식(예)

팀	기준*									합계	의견
	완성도			창의성			실용성				잘한 점, 아쉬운 점, 반영할 점 등
	3	2	1	3	2	1	3	2	1		
1팀											
2팀											
3팀											
4팀											
5팀											
우리 팀											

* 기준은 적절히 수정하여 사용

캡스톤디자인의 경우, 교수자 평가, 학생 상호 평가, 외부 평가 모두 필요하다. 특히 외부 평가가 중요한데, 현장에서의 시각을 접할 수 있도록 해야 한다. 평가는 날카롭게 그러나 개선을 염두에 두고 이루어져야 하며, 특히 피드백에 주안점을 주어 건설적인 멘토링이 되도록 하는 것이 교육으로서의 역할이 될 것이다. 단, 총괄평가에 해당하는 최종 평가는 엄정한 판단이 이루어져야 한다.

다음으로 팀 학습 평가의 요소를 살펴보면, 대표적인 팀 학습 모형의 하나인 팀 기반학습에서는 평가 요소로 '개인 성과', '팀 성과', '팀에 대한 개인의 기여도'를 제시하였다. 이것은 본격적인 팀 학습이 포함된 수업이라면 통용될 수 있는 평가 요소로 볼 수 있다. 수업 중 팀을 임시로 운영하거나 자주 변경하는 경우는 적절치 않고, 일정 기간 유지되는 팀의 학습에 해당한다. 팀은 공동의 목표와 과제를 가진 소집단이다.

개인 성과는 수업 전체에서 개인적인 성취와 참여를 의미하며 학습 준비도 평가(예습 퀴즈), 지필 평가(중간 · 기말 시험), 개인 과제 등을 포함한다. 팀 성과는 팀의 성과를 의미하며 팀 평가(예습 퀴즈, 지필평가), 팀 토의 결과, 팀 수행 프로젝트 등을 포함한다. 팀에 대한 개인의 기여도는 팀 학습의 과정과 결과에 대해 팀원 개인이 기여한 정도로, 주로 동료 평가 방식으로 이루어진다.

팀 학습의 평가 요소는 학생들에게 미리 안내하고 학생들과 함께 그 비율을 정하는 것도 좋다. 어떠한 요소가 평가에 포함되어 있는지 확실하게 인지함으로써 각 요소에 대하여 성실하게 학습하도록 하고, 비율 결정에 참여하였다는 사실만으로도 학습자의 책무성이 강화되는 순기능이 있다.

예를 들면, 세 가지 요소를 제시하고 총합을 10으로 하여 그 세부 비율을 팀에서 논의하여 정해 보라고 한다. 각 팀이 의견을 제시하면 교수자가 이를 산술적으로 평균하여 최종적으로 정할 수도 있고, 팀 의견을 반영하되 교수자의 의견을 더하여 새롭게 정할 수도 있다.

개인 성과 : 팀 성과 : 기여도 = ○ : ○ : ○ (합계 10)

평가 비율은 모든 학생의 개별적인 의견을 전체적으로 받을 수도 있다. 그러나

팀 학습 평가 요소에 대한 팀 토의 자체만으로도 이후 팀 학습활동에 순기능으로 작용할 수 있다는 점에서 전자의 방식을 추천한다. 단, 비율 결정은 팀 학습이 일단 진행되면 개인적인 유불리가 작동하므로 팀 학습을 시작하는 단계에 정하는 것이 효과적이다.

이렇게 팀 학습 평가 요소의 비율을 학습자와 함께 정하는 것은 교수자가 구상한 수업 운영에 혹시 차질을 주는 것은 아닐까? 그렇지 않다. 특정 요소의 비율이 높다고 해서 그 요소가 가장 큰 결정력을 가지는 것은 아니다. 예컨대, 개인 성과와 팀 성과가 비슷하다면 가장 낮은 평가 비율을 차지하는 기여도에서 변별력을 가져올 수도 있다. 중요한 것은 좋은 성적을 받기 위해서는 '개인적으로나 팀으로나' 모두 잘해야 하며, 팀 학습에 '내가 기여해야 한다'는 점을 상기하는 것이다.

앞서 팀 학습의 비법 중 하나로 소개한 기여도 평가를 좀 더 살펴보자. 팀 학습의 과정과 결과에서 팀원 각자가 얼마나 기여했는지에 대한 평가가 기여도 평가인데, 팀 학습에서 반드시 필수적인 것은 아니다. 기여도 평가가 필요하다고 생각되면 실시하고 그렇지 않다고 생각되면 실시하지 않아도 된다. 교수자의 철학에 따라, 팀 학습의 목표와 성격에 따라 기여도 평가 여부는 판단하면 된다. 기여도 평가를 한다면 이것이 팀 학습에 더욱 열심히 몰입시키는 기제가 될 수 있도록 설계해야 할 것이다.

기여도 평가의 방식으로 절대평가와 상대평가를 생각해 볼 수 있다. 절대평가는 몇 가지 준거로 동료 팀원을 평가하는 방식이다. 5점 또는 4점 리커트 척도로 조사하고, 여러 기준에 대해 각각 평가하게 하거나 총괄적인 점수를 하나만 적게 해도 된다.

〈표 5-3〉 **기여도 평가: 절대평가 예시**

팀원 이름	기준 1	기준 2	기준 3	계
A	5	4	5	14
B	5	5	4	14
C	4	4	4	12
D	4	4	5	13
E	3	4	3	10
자기 평가(참고)	5	4	5	14

이렇게 평가할 경우 학생에 따라 기준이 다르다는 점, 그리고 평가 인플레 혹은 평가 담합이 있을 수 있다. 이에 상대평가 방식도 고려할 만하다. 상대평가는 나를 제외한 팀원의 수에 10점을 곱하여 총점을 산출하고 그 점수를 동점 없이 배분하는 것이다. 예컨대, 평가할 팀원이 5명이라면 '50점(평가 인원수×10점)을 동점 없이 배분'하는 평가 방법이다. 혹은 합계를 100%로 하고 기여도를 배분하게 할 수도 있다. 점수를 부여하고 그렇게 평가한 이유를 함께 쓰게 한다. 이 경우에도 기여도 평가의 기준을 안내하고 이를 종합하여 점수를 매기도록 한다.

〈표 5-4〉 **기여도 평가: 상대평가 예시**

팀원 이름	A	B	C	D	E	계	자기 평가(참고)
기여도 점수	8	10	9	11	12	50	9
이유	서술	서술	서술	서술	서술	–	서술

팀 활동 기여도 평가

▪ 나는 사적인 감정을 배제하고 공정하고 솔직하게 팀 동료를 평가할 것을 서약합니다.

팀:　　　이름:　　　(서명)

▪ '팀 활동(팀 학습 준비도 평가와 팀 과제 수행)'에 있어서 구성원의 기여도 평가 기준

팀 학습성취도 평가(1라운드)에 대한 기여도	– 팀 과제(2라운드) 수행 시 의견 제시, 경청, 조율 등
팀 과제 정리, 발표, 과제 탑재 등 수고	– 기타 팀 활동에서의 역할 및 기여

※ 팀원의 수가 자신을 제외하고 5명이면 50점 만점, 6명이면 60점 만점입니다.

팀원에게 모든 다른 점수를 주어야 합니다. (모두에게 다른 점수를 주었으나 합계가 맞지 않는 경우 플러스 마이너스 1점 가능)

예시)

이름	이기쁨	박미소	김사랑	오열매	최고은	합계
기여도	8	11	9	10	12	50

※ 팀원의 이름을 적은 후 기여도 점수를 적고 그 근거를 적어 주세요. (자기 평가는 참고만 합니다)

이름							자기 평가
기여도							
평가근거 (구체적으로)							

[그림 5-4] **기여도 평가(상대평가)의 대면 평가지 예시**

출처: 박수정(2023).

모든 팀원을 평가하는 방식이 번거롭거나 불필요하다면, 우리 팀의 '기여왕'을 각자 한 명 또는 두 명 뽑도록 하여 교수자 개인에게 비공개로 전달하는 방식도 가능하다. 기여도 평가는 주로 마지막 시간에 시험 볼 때 함께 혹은 별도로 '익명으로' 실시한다.

다시 언급하면, 기여도 평가는 필수가 아니고 '선택'이다. 기여도 평가는 팀 활동에 대한 태만이나 무임승차의 면죄부가 될 수도 있다. 산출물의 완성도가 중요한 팀 프로젝트의 경우, 그 과정과 결과를 모두 책임지라는 뜻에서 기여도 평가는 하지 않을 수 있고, 이러한 방침을 명확하게 밝히는 것도 좋다. 캡스톤디자인의 경우, 기여도 평가의 순기능과 역기능을 생각하면서 채택 여부를 교수자가 판단하여 결정할 것을 추천한다.

6 프로젝트 기반 팀 학습

캡스톤디자인은 전공 교육에서 의미 있는 산출물을 스스로 만들어 낸다는 점에서 기본적으로 '프로젝트 기반 학습'으로 볼 수 있다. 또한 대부분 여럿이 협력하여 만들어 낸다는 점에서 '프로젝트 기반 팀 학습'이다.

프로젝트 기반 팀 학습은 팀 프로젝트가 중심이 되는 팀 학습이다. 프로젝트는 개인과 팀 모두 가능하다. 팀으로 프로젝트를 수행하는 경우는 비교적 장기간에 걸쳐 수행하는 것이 일반적이고, 개인적으로 하기 어려운 복합적인 프로젝트이거나 큰 규모의 프로젝트가 많다.

팀 프로젝트는 수업시간 외에도 시간을 할애하는 경우가 많아서 부담이 되고, 그 과정과 결과가 만족스럽지 못한 경우도 있다. 여러 사람의 협업은 역시 쉽지 않다. 그러나 적절한 설계와 운영, 섬세한 지원이 이루어진다면 분명 큰 효과를 가져오는 팀 학습이 될 것이다. 문제해결능력은 물론이고 미래 인재에게 중요한 4C, 즉 창의성, 비판적 사고, 의사소통, 협업을 기를 수 있다.

장경원(2023)은 프로젝트 기반 학습을 "실제 문제 또는 과제에 대한 집중적인 탐구와 결과물 개발 과정에서 학습자들이 지식과 기술을 학습하게 하는 교수학습 방법"으로 정의하고, 교육에서 이루어지는 프로젝트의 유형을 다음과 같이 분류하였다. 특정 주제나 질문에 대한 자료를 수집하고 해당 내용을 탐구하고 실험하여 그 결과를 제시하는 연구형, 특정 주제나 질문에 대한 조사 및 연구 결과를 말, 글, 동작 등으로 제시하는 제시형, 특정 주제나 질문에 대한 조사 · 연구 결과 및 아이디어를 구체적인 결과물, 실체화된 계획으로 제시하는 창조형, 질문에 대한 답을 제시 또는 실행하거나 실제 경험과 실천이 이루어지는 실행형 등이다. 학생들이 수행하는 프로젝트의 범위와 형태가 매우 다양함을 알 수 있는데, 이 중에서 하고 있거나 관심이 있는 유형이 있을 것이다. 캡스톤디자인도 이러한 프로젝트 유형을 참고하여 교수자가 제시할 수 있고, 학생이 선택하도록 할 수도 있다.

〈표 5-5〉 **프로젝트 유형 분류체계 구성 요소**

프로젝트 유형			
연구형 (Research)	특정 주제나 질문에 대한 자료를 수집하고 해당 내용을 탐구하고 실험하여 그 결과를 제시하는 프로젝트	조사	특정 주제와 관련된 다양한 자료를 수집 · 분석 · 정리하는 프로젝트
		실험	특정 주제, 현상 등을 관찰 · 측정 · 작동하는 활동이 이루어지는 프로젝트
		탐구	특정 주제를 깊이 있게 분석하고 필요한 내용을 찾아 탐색하는 프로젝트
제시형 (Show)	특정 주제나 질문에 대한 조사 및 연구 결과를 말, 글, 동작 등으로 표현 및 제시하는 프로젝트	표현	특정 주제에 대한 생각/느낌 등을 언어, 몸짓 등으로 표현하는 프로젝트
		논쟁	주제에 대한 자신의 주장을 말이나 글로 제시하는 프로젝트
창조형 (Creation)	특정 주제나 질문에 대한 조사 · 연구 결과 및 아이디어를 구체적인 결과물, 실체화된 계획으로 제시하는 프로젝트	제작	재료로 기능과 내용을 가진 물건, 작품 등의 결과물을 만드는 프로젝트
		설계 개발	목적과 필요에 부합한 기능을 새로운 아이디어를 토대로 계획하고 실체화하는 프로젝트
실행형 (Action)	질문에 대한 답을 제시 또는 실행하는 프로젝트와 실제 경험과 실천이 이루어지는 프로젝트	경험	실제로 해 보거나 겪어 보는 과정에서 지식과 기능을 학습하는 프로젝트
		문제 해결	어려운 질문에 대한 답을 제시 또는 실행하는 프로젝트
		실천	가치, 역할, 일을 실제로 실천하는 프로젝트

출처: 장경원(2023).

프로젝트 방법(project method)을 처음 제기한 킬패트릭(Kilpatrick)은 사회적 환경 속에서 목적이 있는 실천 활동을 강조하였고, 학생들이 스스로 프로젝트를 선정, 계획, 실행, 평가하도록 하였다(Kilpatrick, 1918). 학생의 주체성(agency)을 중시하는 시대, 프로젝트학습은 더욱 각광받고 있다.

프로젝트는 학습자들이 다루는 과제이자 최종적으로 산출되는 결과물이다. 프로젝트가 갖추어야 할 주요 요소는 어려운 문제/질문, 실제성, 지속적인 탐구, 학생의 의사와 선택권, 비평과 개선, 성찰, 그리고 공개할 결과물(산출물)이다(Larmer et al., 2015). 그리고 그 핵심에는 '지식, 기술, 태도, 역량'이 있는데, 이를 먼저 결정한 후 앞의 요소들을 고려해야 한다(장경원, 2023).

프로젝트 기반 팀 학습은 앞서 살펴본 팀 학습의 비법이 그대로 적용되며, 팀 빌딩, 팀 규칙 등은 반드시 추천한다. 그리고 추가로 고려할 점을 살펴보도록 한다.

1) 기간

전체 15주 수업 중 프로젝트학습에 할당하는 기간은 3~5주(20~30%), 7~8주(절반), 9~10주(60~70%), 전체(100%) 등 다양하게 정할 수 있다. 프로젝트를 수행하는 기간은 대체로 일정한 학습이 이루어진 후 수업의 후반에 배치하는 경우가 많다. 수업의 구성을 전반부는 지식의 이해, 후반부는 지식의 적용과 창조로 구성하여, 프로젝트학습을 중간고사 이후 기간에 적용하는 경우가 대표적이다. 한 학기 수업에서 100% 프로젝트학습을 하는 것이 바로 캡스톤디자인(캡스톤 프로젝트)이다. 15주 내내 전공 교육의 완성 차원에서 의미 있는 결과물을 스스로 만들면서 배우게 되는 것이다.

2) 과제

과제는 모든 팀이 동일한 과제를 수행하는 방식과 각 팀이 다른 과제를 수행하는 방식이 있다. 후자의 경우, 대주제는 동일하고 팀마다 세부과제가 있는 경우가 대부분이다. 예를 들면, '창의적 교수법'이라는 대주제로 각 팀에서 문제기반학습, 플립러닝, 디자인씽킹 등 관심 있는 주제를 정하는 것이다. 팀에서는 모든 팀원이 같은 과제를 수행하는 방식(single project, 동일 과제)과 팀원이 다른 과제(open project, 개별 과제)를 수행하는 방식이 있다. 후자의 예로, 플립러닝을 적용한 수업지도안 개발이라는 주제로 팀원이 각자 국어, 수학, 사회 등 교과를 달리하여 수업지도안을 만들 수 있다.

조사 혹은 해결해야 할 과제 혹은 문제는 교수자가 부여하거나 학습자가 선정하게 된다. 교수자가 구체적인 과제를 부여할 수도 있고, 큰 범위나 주제를 주고 그 안에서 팀이 선정할 수도 있다. 교수자가 외부자의 요구를 반영하여 과제를 연계할 수도 있다. 특히 실제적이고 의미 있는 과제의 선정이 중요하다. 제2장과 함께 캡스톤디자인의 과제 유형과 개발에 참고하도록 한다.

3) 절차

프로젝트학습의 일반적인 절차는, ① 과제의 부여/선정 및 팀 빌딩, ② 팀 활동 진행, ③ 중간 발표 및 피드백, ④ 팀 활동 진행, ⑤ 최종 발표 및 평가로 진행된다. 프로젝트의 목표와 성격에 따라 필요한 팀 활동이 다르게 요구되나 공통적인 흐름은 비슷하다. 과제의 부여 혹은 선정 후 팀 빌딩을 하고, 팀 활동을 진행한다. 중간과정에서 발표와 점검을 통해 질 제고와 방향 조언이 필요하다. 프로젝트학습의 전체 운영기간을 고려하여 절차를 적절히 배치하고, 강의실 밖에서 이루어지는 경우에도 수업시간에 점검이 될 수 있도록 하는 것이 중요하다. 제2장 캡스톤디자인 수업의 흐름과 비교, 검토하도록 한다.

4) 프로젝트 관련 역량 및 틀

프로젝트 기반 팀 학습에 어떠한 학습자 역량이 요구되는지 확인하는 것은 교수자가 적절한 지원을 하는 데 참고할 수 있다. 팀 프로젝트 학습의 우수 학습자 역량에 대하여 김혜경(2015)의 연구에서 프로젝트 관리, 지식구성, 협력적 과제

해결, 학습지향성의 4개 역량군과 12개 역량, 32개 행동지표가 도출되었다. 첫째, '프로젝트 관리'는 프로젝트 과제가 전체 일정 동안 목표수준에 부합하도록 과제 산출물, 일정, 자료, 팀 모임 등을 체계적으로 관리하는 역량군으로 나타났다. 둘째, '지식구성'은 프로젝트 주제에 적합한 핵심자료를 수집하고, 다양한 아이디어를 발상하여 지식을 표현하는 역량군으로 정보 탐색, 아이디어 발상, 지식 표현 역량으로 구성되었다. 셋째, '협력적 과제해결'은 팀원들과 자료를 적극적으로 공유하고, 설득적인 의사소통을 통해 갈등을 조정하면서 과제를 해결해 나가는 역량으로, 갈등조정, 의사소통, 공유와 협력 역량으로 나타났다. 넷째, '학습지향성'은 학습자가 과제해결을 위해 집요하게 탐구하고 주도적으로 수행하는 역량군으로 주도성, 과제지향성 역량으로 구성되었다.

프로젝트학습을 위해 일정한 양식을 제공하면 학습에 도움이 된다. 장경원(2023)이 제시한 프로젝트 기반 학습 프로토콜 예시를 참고하여 〈표 5-6〉에 양식과 주요 항목을 제시하였다.

〈표 5-6〉 프로젝트학습을 위한 양식 예시

단계	양식	주요 항목
과제의 부여/선정	프로젝트 계획서	• 팀명(팀원) • 프로젝트명 • 프로젝트의 배경/필요성 • 프로젝트 관련 현황 분석 • 프로젝트의 목표/기대 효과 • 활용할 자료 목록 • 프로젝트의 수행 계획/일정
중간 발표 및 피드백	프로젝트 진행 보고서	• 팀명(팀원) • 프로젝트명 • 활용한 자료 목록 • 주요 조사 및 학습 내용
		• 프로젝트 수행을 위한 요청사항
최종 발표 및 평가	프로젝트 결과물 (포트폴리오)	• 팀명(팀원) • 프로젝트명 • 프로젝트 수행 과정 • 프로젝트 결과물 • 프로젝트 수행 소감

대학의 프로젝트 기반 학습 평가를 위한 프로젝트 수행 역량 평가틀 개발 연구(정윤숙, 손나영, 유지원, 2020)에서는 〈표 5-7〉과 같이 프로젝트 역량을 평가할 수 있는 도구를 제시하였다. 창의적 문제해결, 탐구/조사 및 분석, 프로젝트 운영, 협업, 발표 및 보고서 작성 등의 각 세부 항목들은 학생들에게 의미 있는 가이드가 될 수 있다. 이 중에서 '발표 및 보고서 작성'은 대학생이라면 기본적으로 갖추어야 할 역량이기도 한다. 보고서 작성, 발표자료 작성, 발표하기 등에 대한 안내와 교육도 필요한데, 학생들이 참고할 자료로 『신입생을 위한 대학 생활 안내서』(충남대학교출판문화원)를 추천한다.

〈표 5-7〉 **프로젝트 수행 역량 평가틀**

역량 (문항 수)	평가지표
창의적 문제해결 (9)	통찰력 있는 문제 인식을 토대로 중요하고 영향력 있는 프로젝트 주제를 선정함
	색다른 아이디어와 방법을 많이 제시함
	다수의 문제해결 방안과 전략으로 최적의 해결 방안을 적용함
	계획에 차질이 생겼을 때 현실적인 대안을 마련하여 문제를 해결함
	실패 가능성에도 불구하고 도전적이고 혁신적인 목표를 설정함
	프로젝트의 목표와 요구사항을 명확히 파악함
	잠재적 위험요소를 파악하고 효과적 전략을 세워 대응함
	전공 외 분야의 정보와 지식을 적극적으로 탐색하고 활용함
	다양한 개념, 아이디어, 요소를 연결 · 융합 · 변형하여 문제를 해결함
탐구/조사 및 분석 (10)	프로젝트 목적에 부합한 탐구 · 연구 · 조사 방법을 선택하여 조사범위를 결정함
	실행 가능한 추진 계획을 체계적으로 수립함
	객관적인 핵심 자료를 풍부하게 수집함
	수집한 자료가 타당하고 신뢰성이 있는지 검토함
	윤리적이고 합법적으로 자료를 수집 · 분석 · 활용함
	가장 적합한 방법과 절차에 의해 자료를 정확히 분석함
	분석한 자료를 정확히 해석함
	목적에 맞게 자료를 가공하고 효과적으로 제시함
	논의된 근거와 관점을 종합하여 타당한 결론을 도출함
	프로젝트의 제한점을 파악하여 대안점이나 발전 방향을 제시함

프로젝트 운영 (9)	이해관계자의 요구를 분석하여 프로젝트 목표와 범위를 선정함
	프로젝트의 결과물(산출물)의 목록과 내용을 명확히 정리함
	가용한 자원(인력, 시간, 정보 등)을 효율적으로 활용하여 업무분담과 활용 계획을 수립함
	과업을 세분화하고 구체적인 추진 전략과 계획을 수립함
	효율적 자료 공유 체계를 수립하고 활발한 의사소통을 통해 협력적으로 업무를 수행함
	프로젝트 진행 일정을 꼼꼼히 관리하여 기간 내 프로젝트를 완수함
	위기상황을 미리 예측하거나 돌발상황에 유연하고 신속하게 대응 · 중재함
	수행과정과 산출물 점검을 통하여 지속적으로 프로젝트 개선 노력을 함
	프로젝트 목표와 요구사항을 충족하는 산출물을 창출함
협업 (10)	팀 미팅 시간을 준수하고, 자신의 역할을 기한 내 완성도 있게 완수함
	프로젝트 완료에 필요하다면 주어진 일 이외 업무도 자발적으로 수행함
	팀원 개인의 역량과 장단점을 이해하고 효과적으로 역할을 분배함
	팀원의 업무량과 수행도를 점검하면서 팀원이 골고루 참여하도록 독려함
	정보, 자료, 결정사항, 일정 등을 신속하고 정확하게 팀 전체에 공유되도록 함
	팀원의 의사를 수렴하고, 의사결정과정을 투명하게 공유함
	팀 내 다양한 의견과 비판적 의견을 결정하여 팀 내 신뢰를 구축함
	실수를 비난하지 않고, 실질적인 해결안을 제시하여 지원적 팀 분위기를 유도함
	갈등이나 위험 요인을 미리 감지하여 예방 조치를 취함
	갈등 사안을 원만히 중재함
발표 및 보고서 작성 (11)	주제, 내용, 결과를 논리적이면서도 발표 시간을 고려하여 구성함
	프로젝트의 우수한 점을 부각할 수 있도록 발표를 구성함
	간결하면서도 필요한 내용을 모두 포함하여 발표 자료를 제작함
	발표 목적에 맞게 자료(그림, 동영상, 표 등)를 조직적으로 활용함
	내용을 숙지하여 자신감 있는 태도로 발표하여 청중의 몰입도를 높임
	적절한 제스쳐와 표정, 발음과 목소리를 구사하여 의미 전달력을 높임
	질의 응답 및 돌발 상황을 예측하고 준비하여 유연하게 대처함
	주제에 적합한 보고서 성격을 알고, 차례와 내용을 논리적으로 구성함
	프로젝트의 전체적인 수행 과정과 결론이 잘 드러나도록 보고서를 작성함
	사전 조사, 추진 내용, 결론 등이 명확하고 논리적으로 연결되도록 서술함
	문법이나 어휘 선택에 오류 없이 보고서를 완성함

출처: 정윤숙, 손나영, 유지원(2020).

프로젝트 기반 팀 학습의 사례로, 기업에서 출발한 팀 문제해결 방법인 액션러닝(action learning)을 적용하여 지역사회 연계 프로젝트를 수행한 사례와 영화 제작 프로젝트 사례(박수정, 2023)가 있다. 액션러닝은 "학습자들이 팀을 구성하여 조직과 개인의 실제 과제를 협력적으로 해결하고, 과제를 해결하는 과정에서 역량을 실질적으로 구축하는 활동"으로, 실제 과제를 함께 해결하면서 배우는 교육 방법이다. 일종의 실행형 프로젝트로 볼 수 있으며, 최근 대학에서 중시하는 지역사회 연계 교육이라는 점에서도 의미가 있다. 한편, 영화 제작은 보고서 대신 영화라는 창의적인 종합예술 작품으로서의 산출물을 팀으로 제작하는 방식이다. 고난도 장기 프로젝트로 '창조하기' 목표에 가깝다고 할 수 있다. 스마트폰으로 촬영하고 편집한 영화 외에도 학생들에게 친숙한 동영상 형태로 의미 있는 산출물을 제작하는 프로젝트도 가능하며, 유튜브 등 공유를 권한다.

이 밖에도 문제기반학습, 디자인씽킹 등을 적용하여 캡스톤디자인을 운영할 수도 있다. 다음 책들을 참고하기 바란다. 선행연구와 사례에서 배우고 적절하게 적용한다면 큰 성과와 교수자의 보람을 가져올 것이다.

" 캡스톤디자인은 '팀 프로젝트의 Capstone'이다. "

핵심 POINT

01 캡스톤디자인은 주로 '팀 프로젝트'로 운영되기 때문에 팀 학습과 프로젝트 학습의 기초와 노하우를 참고하고 활용한다.

02 팀 학습의 성공 전략은 수업 규칙, 팀 구성, 팀 빌딩, 팀 규칙, 팀 과제, 팀 발표, 팀 성찰, 기여도 평가 등이며, 이를 캡스톤디자인에 적절하게 적용한다.

03 팀 학습의 평가 요소는 개인 성과, 팀 성과, 기여도(선택)로 구성되며, 교수자 평가 외에 학생 상호 평가와 외부자 평가를 활용할 수 있다.

[전공심화형] 캡스톤디자인 수강

시간을 잇고 사람을 묶는 캡스톤디자인

교육학과 전공 '교육문제 캡스톤디자인'은 긴 이름만큼이나 많은 경험을 가져다주었다. 프로젝트학습을 좋아한다고 생각하여 2학년이지만 용기를 내어 수강하였다. 그중 가장 크고 값진 것은 역시 사람이다. '사람이 온다는 건 실은 어마어마한 일'이라는 정현종 시인의 말처럼, 사람이 아는 것 중에 사람만큼 깊고 진한 것은 없다. 그래서 교육의 주인공도 사람인 듯하다. 캡스톤디자인 강의를 통해 사람들로부터 배웠다.

우선, 강의를 끌어 나가신 교수님께 배웠다. 교육이 무엇인지 고민하는 일을 멈추지 않도록 도와주셨다. 그리고 강의와 연관된 모든 만남이 성사되는 데에 필요했던 몫의 절반은 항상 교수님이 계시지 않았으면 채워지지 못했을 것이다. 우리 학과 팀원들도 교수님께서 강의를 열어주셨기에 모일 수 있었고, 자문과 조언을 주신 기업체 멘토와 교구 전문가, 학교 선생님들 등은 두말할 것 없다. 처음 만나 뵈었음에도 성심으로 우리 팀에게 조언을 아끼지 않으신 모든 분들에게 감사드린다.

한편, 무엇보다도 끝까지 함께 한 우리 팀원들에게 정말 고맙다. 세 학우는 프로젝트의 모든 부분에서 빠짐없이 적극적인 태도로 일관했다. 그래서 나도 더욱 열성을 기울여야겠다는 다짐을 되새겼다. 다들 심성이 좋은 사람들뿐이어서 나의 인성을 되돌아보는 계기도 되었다. 궂은일을 도맡으려는 온정은 굳어진 마음을 녹일 수 있었다.

언급한 사람들 외에 학술답사나 학술대회에서 만난 사람들도 떠오른다. 이 수업에서 다양한 활동의 참여를 권유받았는데, 이를 계기로 보다 적극적으로 여러 행사에 참여하게 되었고, 그 과정에서 만난 사람들로부터 좋은 영향을 받을 수 있었다. 교육에서 주목하는 곳이 서로 달라서 흥미로웠다. 동시에, 교육이 그 자리에 모인 모두를 하나로 묶고 있다는 사실이 재미있었다. 우리는 원형 식탁에 빙 둘러앉아, 가운데 놓인 커다란 메인디시를 바라보고 있는 듯했다. 각자 다른 부분을 바라보며 입맛을 다시고 있지만, 하나의 요리를 생각하고 있다. 모두가 함께 만들었지만 레시피는 없는 요리이다.

성찰은 앞을 살피는 일로 이어져야 한다. 작게는 내 개인적인 교육 문제는 어떻게 흘러가야 좋을지 고민하고, 크게는 세상의 교육 문제는 무엇인지 생각해야 한다. 교육이란 '건설적 소통'이라는 작은 물방울 같은 결론은 터질 것인가? 한동안은 그 크기를 키워 보고 싶다. 지켜봐야 알겠지만, 터지더라도 그것이 빗방울이 되어 땅을 적실지, 밤하늘을 밝히는 폭죽이 될지, 잔잔한 수면에 떨어져 어떤 파문을 그릴지 모르는 일이다. 세상의 교육도 마찬가지이다. 생각지 못한 일이 무수히 일어나지만, 생각하는 대로 바뀔 수 있는 곳이라 믿는다. 내가 할 일은 어디로 향하는지 모르는 이 걸음을 멈추지 않는 것뿐이다. 다만, 혼자가 아니라는 사실이 나의 힘이다.

◆세계시민교육 교구(여행상자)◆

◆교육학과 학술답사(현장 학습)◆

이다민 (충남대학교 교육학과)

캡스톤디자인 교수자 이야기

교육학자, 캡스톤디자인을 경험하다.

캡스톤디자인, 한 번도 들어 보지 못한 교수법이었다. 사범대학을 다녔을 때 들어 본 기억이 없고, 교수법에 관심이 있어 이것저것 찾아볼 기회가 있었는데도 생소했다. 알고 보니 공학교육인증으로 시작되어 많은 대학, 많은 전공에서 운영하고 있다. 그리고 캡스톤디자인 수업을 개발하거나 운영하면 지원금을 준다고 한다. 이렇게 대대적으로 장려하는 캡스톤디자인은 도대체 무슨 방법일까? 교육학자로서 반드시 제대로 알아보고 개념을 정립해야겠다는 생각이 들었다.

문헌을 살펴보니 교육학자들의 연구는 별로 없었다. 교육학이 대부분 교사교육기관에서 예비교사를 기르는 교육에 초점을 두다 보니, 졸업 후 취 · 창업 또는 산업체와의 연결고리는 부족하다. 그렇지만 문제해결력, 창의성, 비판적 사고 등은 우리 학생들에게도 필요하다. 교사가 되어도 필요하고, 교사가 아닌 진로를 선택해도 필요한 것, 하여 조사와 공부를 해 보니 프로젝트학습과 비슷하다. 전공교육의 완성을 위한 100% 프로젝트학습!

팀 학습에 대한 논문과 책을 쓰고 교수법 특강을 하고 있는데, 인문 · 사회 계열의 캡스톤디자인 교육에 대한 주제로 몇 차례 특강과 컨설팅을 하기도 하였다. 그런데 중요한 것은 '실제 운영 경험'이 아니던가. 교육학과의 전공 교육과정에 '교육문제 캡스톤디자인' 교과목을 개발하고, 국내 유수의 교육 기업과 MOU도 체결하였다. 그리고 수업을 개설하였다.

수업에 찾아온 수강생의 수는 많지 않았으나 스스로 찾아온 학생들의 동기는 높았다. "뭔가 만들어 보고 싶어요, 새로운 경험에 도전해 보고 싶어요." 진로가 미정이거나 다양하기에, 교육기업의 교사 출신 직원을 연결하여 신제품 개발을 시도해 보았다. 그러나 첫 도전은 쉽지 않은 법, '정확한 시장 조사'와 '상품 출시 가능성'에 대한 냉철한 조언은 학생과 교수자 모두에게 발상의 전환을 가져왔다. 최종적으로 세계시민교육을 주제로 한 교구(여행상자)를 만들었는데, 세계시민교육과 교구, 그리고 대상 학교급을 공부하고 아이디어를 구체화하는 경험을 하였다.

캡스톤디자인의 초보 교수자로서, 일종의 '발명'과 같은 프로젝트라는 생각이 들었고, '특허'를 새롭게 알게 되었다. 팀 학습 신봉자이지만, 캡스톤디자인의 팀 구성, 주제 선정, 과정 지원, 피드백과 평가는 새로운 경험이었다. 캡스톤디자인을 잘해 보고자 교수자 모임도 운영해 보고 책도 공동 집필하게 되었으니 뿌듯하다. 지역사회 연계를 좀 더 깊게 해 보고, 제품 출시와 특허 출원도 학생들과 함께 경험해 보고 싶다. 다음에는 더 잘해 보리!

저자 박수정

제6장

AI 융합 캡스톤디자인

교육을 연구하는 사람들은 학생들이 인공지능(AI)과 알고리즘(Algorithm)에 친숙해지고 컴퓨팅 사고(Computational Thinking: CT)에 능숙하도록 하는 것 이상으로, 교육 시스템의 지능화에 관심을 기울여야 할 필요가 있다. 교육 시스템이 학생들의 수준을 따라가지 못한다면 그 이상의 교육적 진전을 기대하기는 어려울 것이다(임미가, 2023c).

“ AI와의 융합은 캡스톤디자인도 예외가 아니다. ”

1
AI 융합교육의 기초 개념

오늘날의 세계는 지능정보 기반의 4차 산업혁명을 경험하고 있으며 사물인터넷(IoT), 빅데이터(Big Data), 증강현실(Augmented Reality), 가상현실(Virtual Reality)과 같은 기술의 발전이 유기적으로 일어나고 있다. 그리고 그 중심에 인공지능(Artificial Intelligence: AI)이 있다.

우리가 인공지능에 관해 보편적으로 관심을 가지게 된 것은 오래되지 않은 일이지만, 인공지능의 개념이 등장한 것은 꽤 오래전의 일이다. 1956년 존 매카시(John McCarthy)라는 미국의 컴퓨터학자가 다트머스(Dartmouth) 대학의 워크숍에서 기계의 지능을 논의하면서 등장한 인공지능 기술은, 이후 발전과 침체를 거듭하였다. 기대보다는 더디었지만 이후 인공지능 기술은 꾸준히 발전하였고, 오늘날 머신러닝(Machine Learning), 딥러닝(Deep Learning), 인공신경망(Artificial Neural Networks)을 이용해 인간이 가진 생물학적 한계를 뛰어넘는 지능을 보여 주고 있다. 우리 사회의 각 분야는 이러한 위력을 가진 인공지능을 광범위하게 받아들이고 있으며, 교육의 분야 역시 다방면으로 인공지능과의 융합을 시도하고 있다(임미가, 2022).

Holmes 등(2019)은 『Artificial Intelligence In Education』이라는 저서에서 교

육 분야의 인공지능을 'AI in Education(AIED)'으로 칭하고 오래전부터 이어져 오던 AIED의 큰 흐름을 지능형 튜터링 시스템(Intelligent Tutoring System: ITS), 대화형 튜터링 시스템(Dialogue-Based Tutoring System: DBTS), 탐구학습 시스템(Exploratary Learning Environment: ELE)으로 나누어 설명하였다(임미가, 2020).

첫째, 지능형 튜터링 시스템(Intelligent Tutoring System: ITS)의 활용이다. ITS는 수학이나 물리와 같이 잘 정의된 지식의 구조를 갖는 영역에 대해 최적의 단계별 학습 경로를 결정한다. ITS는 세 가지 종류의 지식에 기반하여 개발되는데, 그 지식은 도메인 모델(Domain Model), 교수 모델(Pedagogical Model), 학습자 모델(Learner Model)이다. 도메인 모델은 학습해야 할 지식, 교수 모델은 가르치는 데 효과적인 접근법에 대한 지식, 학습자 모델은 학생에 대한 지식이다. ITS 알고리즘은 이 세 가지 모델을 유기적으로 활용하여 사용자에게 어떤 맞춤형 학습 활동을 제시할지 결정한다. ITS는 도메인, 교수, 학습자 모델에 의존해 맞춤형 활동을 제공하고, 학습자 활동 데이터를 수집하고, 수집된 데이터를 분석하고, 스스로 모델을 갱신해 나간다. ITS는 수학이나 물리와 같이 정형화되고 구조화되어 있는 문제에 대한 교수 · 학습에 적합하다(임미가, 2020).

[그림 6-1]의 Carnegie Learning's MATHia는 미국 카네기멜론대학교의 연구를

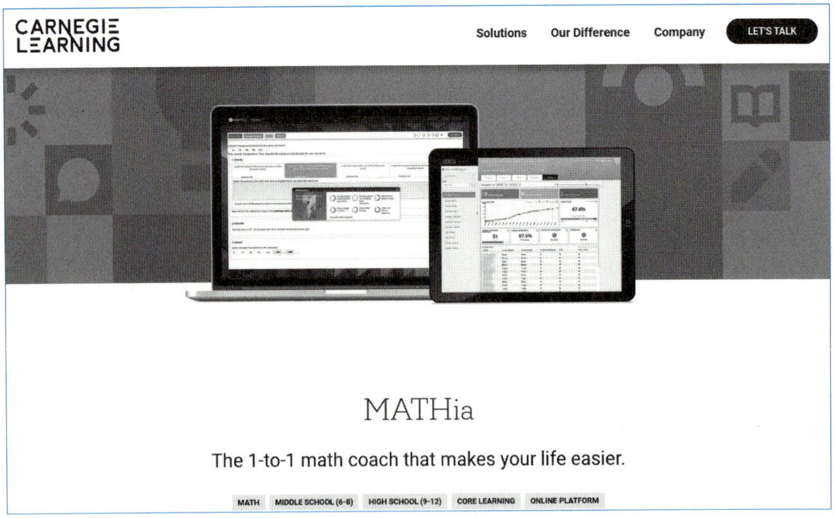

[그림 6-1] Carnegie Learning's MATHia

기반으로 개발된 수학 ITS 시스템이다. 학생의 문제해결 패턴을 분석하여 실시간으로 난이도를 조정하고, 필요한 피드백을 자동 제공한다.

둘째, 대화형 튜터링 시스템(Dialogue-Based Tutoring System: DBTS)의 활용이다. DBTS는 ITS의 새로운 버전으로, 학생들을 학습의 대화에 참여시킨다. DBTS는 발달된 자연어 처리와 자연어 생성 기술을 활용한다. AI는 학습자에게 질문을 하거나 문제를 제시하고, 학습자가 글이나 말로 응답하며, 오토튜터가 이 답을 인지하고 학습자의 이해도를 결정하고, 학생들이 오개념을 정정할 수 있는 피드백을 제공한다. 이 과정을 여러 번 반복하여 결국에는 학습자가 답을 이해하도록 돕는다. 즉, DBTS는 ITS에 학습자의 반응에 대한 수집과 분석 기능을 정밀하게 더한 것으로 볼 수 있으며, ITS에서 다루어지는 도메인 지식보다 조금 더 유동성 있는 심리학, 사회학, 커뮤니케이션 등의 영역을 다룰 수 있다(임미가, 2020).

[그림 6-2]의 Duolingo 챗봇은 언어학습에서 사용되는 DBTS 시스템이다. 학습자가 실제 외국어로 대화하고 문법 오류, 표현 오류 등을 AI가 실시간 피드백한다.

[그림 6-2] Duolingo platform

셋째, 탐구학습 시스템(Exploratary Learning Environment: ELE)의 활용이다. ELE는 구성주의적(Constructive) 접근방식을 채택한다. 즉, 학습자는 정해져 있는 단계별 순서를 따르기보다는 학습 환경의 요소를 탐구하고 조작해 지식을 스스로 적극적으로 구성할 수 있도록 유도된다. ELE는 학습자의 잘못된 학습 결과를 바로잡기 위한 자동화된 피드백을 제공한다. ELE 중 유럽연합(EU)에서 개발한 프랙션즈 랩은 학습자 스스로 문제 환경을 조절할 수 있게 하였으며, DBTS와 같은 문답법을 활용하여 학습자와 소통하지만 학습자의 감정 상태를 관리하는 것과 그에 대한 피드백도 포함되어 있다. 학습자를 지지하고 응원하거나, 다음 과정으로 진행하기 위한 상호 간의 확인 등의 내용이 포함된다. ELE는 학습자가 원하는 대로 탐구할 수 있는 비정형적이고 개방적인 학습 환경이다. 따라서 올바른 행동에 대한 명확한 정의가 없으므로 인공지능이 학생들을 파악하고 결정 내리기 위해 ITS나 DBTS에 비하여 더 많은 데이터와 학습 성과를 분석하고 그루핑한다(임미가, 2020).

[그림 6-3]은 베티의 뇌(Betty's Brain)라는 프로그램으로, 중학생 대상 과학 탐구를 위한 ELE 시스템이다. 학습자가 '베티'라는 AI 캐릭터를 가르치면서 개념을 스스로 설명하고 정리하는 방식으로 진행된다.

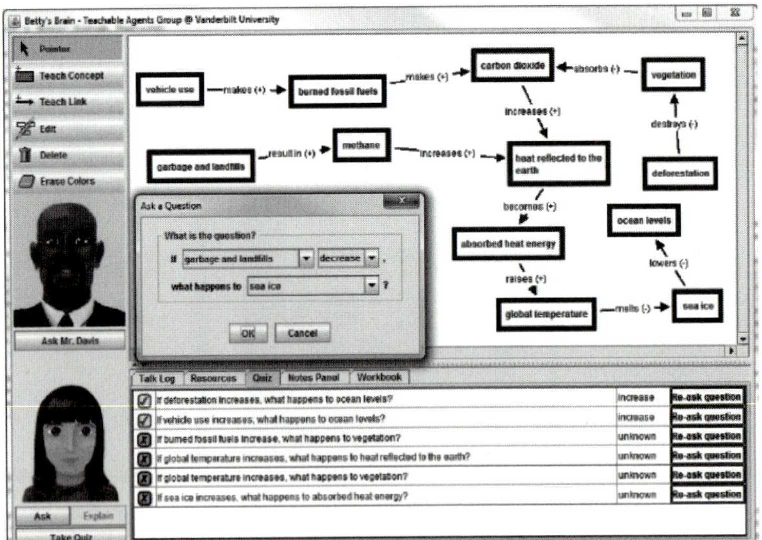

[그림 6-3] 베티의 뇌 프로그램(Betty's Brain system)

이처럼 초기 AI 융합교육은 AI를 교육 시스템으로써 활용하는 측면이 강했다. 그러나 최근의 AI 융합교육은 단순히 인공지능을 교육 시스템에 기능적으로 활용하는 것과 별개로, 인간이 인공지능을 이해하고 직접 활용할 수 있도록 교육하는 것까지를 포함하며 그 의미가 확장되었다. 그리하여 그 의미가 혼재되어 사용되기도 하는데, 현재의 AI 융합교육은 다음과 같은 두 가지 개념으로 구분하여 활용할 수 있다(Lim, 2024).

'AI 역량교육(AI literacy education)'은 교육 대상 및 주제를 인공지능으로 하거나 또는 여러 학습의 과정에서 인공지능을 사용하도록 하여 학습자가 인공지능을 이해하고 다룰 수 있는 능력을 함양하는 것을 목적으로 한다. 'AI 활용교육(AI-augmented education)'은 교수자가 교육의 효과를 증진시킬 수 있는 교수·학습의 시스템 구성 및 분석 기능의 도구로써 인공지능을 교육에 응용하는 것을 목적으로 한다(Lim, 2024).

2 AI 융합교육의 진화

AI 융합교육이 발전하면서 AI 융합교육은 AI를 단순히 교육의 도구로써 활용하는 것을 넘어 알고리즘적 사고를 통해 문제를 해결하고, AI를 다양한 분야와 융합해 새로운 교육방식을 창출하는 학문영역으로 확장되고 있다.

현재는 **AI+X 교육모델**로서, AI + 의료, AI + 법, AI + 예술 등 도메인 융합형 교육이 활성화되고 있다. 앞서 언급한 AI 역량교육, AI 활용교육, AI+X 교육모델은 〈표 6-1〉과 같이 교육의 각 영역에서 다양하게 발전하고 있다.

〈표 6-1〉 교육 분야 AI 융합 사례

구분	내용
교육공학	• 생성형 AI(GPT 등)를 활용한 수업 설계 • 교수자-AI 협력 교육 모형 개발 • 챗봇/에이전트를 활용한 맞춤 학습 시스템 개발 • AI 기반 학습 분석(Learning Analytics) 연구

교육과정	• AI 커리큘럼 설계 자동화 • AI 윤리교육 과정 편성
교육심리	• AI 피드백의 학습자 정서/동기 변화 연구 • AI 튜터에 대한 학습자 신뢰 형성 요인 • 인간-AI 상호작용 기반 학습 모형 개발
교육정책/행정	• AI 교과목 정규 편성(초 · 중등/고등교육) • AI 교사 역량 기준 개발 및 교사 재교육 정책 연구
융합교육	• AI 디자인싱킹 교육 모델 • 캡스톤디자인에서 AI 활용 중심 프로젝트 • AI 프로토타이핑 기반 창의교육

3 AI 융합 캡스톤디자인

AI 융합교육은 캡스톤디자인의 영역에서도 활발히 이루어지고 있다. 특히 캡스톤디자인 수업이 산업계의 수요를 반영하는 것을 전제로 한다는 점에서 시대적 요구에 따라, AI 또는 IT 융합 캡스톤디자인의 발전은 필연적인 부분이기도 하다. 캡스톤디자인에 AI를 융합하기 위해서는 〈표 6-2〉와 같은 구성 요소를 활용하여 접근할 수 있다.

〈표 6-2〉 AI 융합 캡스톤디자인 구성 요소

구분	내용
중심 문제	사회적 · 산업적 실제 문제
AI 기술 활용	머신러닝 · 딥러닝, 자연어처리(NLP), 거대언어모델(LLM), 예측 · 분석 기법 등
융합적 사고	AI 기술을 다양한 분야와 연계(교육, 예술, 환경, 경제 등)
결과물 구현	프로토타입, 어플리케이션, 챗봇, 웹서비스, 피지컬컴퓨팅 산출물(로봇), 보고서 · 정책 제안 등

출처: 임미가(2023c).

1) 대학 수준 AI 융합 캡스톤디자인 사례

✸성균관대학교: AI 캡스톤 프로젝트+WE-MEET 프로젝트

성균관대학교는 사회문제 및 여러 학문 분야에 AI를 결합하여 문제를 해결하는 AI 캡스톤디자인을 운영하고 있으며, 이를 WE-MEET 프로젝트와 함께하고 있다.

[그림 6-4] WE-Meet 프로젝트 개념 구조

출처: 성균관대학교(2024).

WE(Work Experience)–Meet 프로젝트는 대한상공회의소와 교육부가 협력하여 운영하는 첨단분야 대학–기업 협력 및 학점 연계형 프로그램으로, 산업계 전문가가 문제해결 및 체험형 프로젝트 주제를 제시하고 멘토링을 지원하며, 대학생이 직접 프로젝트를 수행한다. 기업과 대학은 학생에게 일 경험 기회를 제공하여 우수인재를 발굴 · 검증하는 사회적 역할을 이행하고, 대학생은 기업에 대한 이해와 적응력을 향상할 수 있다. 대학은 직접 기관 및 기업을 연계할 수도 있고, 정부 운영 플랫폼을 활용할 수 있다.

성균관대학교의 AI 캡스톤프로젝트 + WE-MEET 프로젝트에서는 학생들이 사회적 약자를 위한 보행 공간 정보 플랫폼, 인공지능 비즈니스 마케팅 모델 구축, 음성(목소리) 분류 솔루션 등 다양한 학문 영역에 AI를 적용하였음을 알 수 있다.

[그림 6-5] 성균관대학교 AI 캡스톤 프로젝트

출처: 성균관대학교(2024).

2) 교과목 수준 AI 융합 캡스톤디자인 사례

IT 비전공 학생들이 AI 융합 캡스톤디자인을 진행할 때 교과목 수준에서 고려해야 할 중요사항들은 다음과 같다.

AI 융합 캡스톤디자인을 진행하기 위해서는 수강 학생들의 AI 기술 역량에 대한 파악이 선행되어야 한다. 최근에는 여러 학과의 전공 수업(특히, 공학계열)에서 AI 프로그래밍 언어, 피지컬 컴퓨팅에 대한 수업이 필수인 경우가 많고, 비교과 프로그램으로 AI 기술을 공부하여 기초 소양을 함양하고 있는 IT 비전공 학생들이 많다.

다음은 실제 IT 비전공 학생들을 대상으로 AI 융합 캡스톤디자인을 운영할 때 고려해야 할 점들이다.

(1) AI 융합 캡스톤디자인 강의계획서

AI 융합 캡스톤디자인이지만 IT 비전공 학생들도 참여 가능함을 명확하게 표현한다. 이때 AI 기술 역량을 함양한 학생이 수강하면 더욱 좋지만, 그렇지 않은 학생도 수강할 수 있음을 함께 안내한다. AI 융합 캡스톤디자인의 주요 목적은 AI+X 교육으로서 AI 기술을 다양한 전공 영역과 융합함에 있다.

〈표 6-3〉 AI 융합 캡스톤디자인 강의계획서 예시

<table>
<tr><td>강의 목표</td><td colspan="2">전공지식을 기반으로 이루어지는 학습자 주도의 프로젝트형 실무 문제해결 수업이다. 개인의 다양한 전공 영역을 AI와 융합하여 디지털트래스포메이션 직무 환경에 대응할 수 있는 적응 역량을 향상시킨다.</td></tr>
<tr><td>선수학습</td><td colspan="2">• 파이썬, 앱 개발 등 AI 기술 역량
• AI 기술 역량은 필수가 아님. 팀 학습으로 AI 개념을 이해하여 본인의 전공 영역에 융합하여 새로운 아이디어를 산출하는 것을 목표로 함</td></tr>
<tr><td>1주차</td><td>오리엔테이션
팀 구성</td><td>캡스톤디자인 목적, 진행 방법, 주제 및 문제 배경 안내
학습양식 검사/팀워크 증진 활동</td></tr>
<tr><td>2/3주차</td><td>문제 이해</td><td>• 전공과 연관된 다양한 AI 융합 사례 탐색
• 팀원과 함께 아이디어 공유 및 결합
• AI 기술 원리 탐색/동료학습</td></tr>
<tr><td>4/5주차</td><td>문제 이해</td><td>• 앱 개발 강의 및 실습
• 프롬프트 엔지니어링 강의 및 실습
• AI 전문가 멘토링
• 팀별 아이디어에 대한 AI 기술 자문 진행</td></tr>
</table>

* 이후 과정은 이 책의 '제2장의 〈표 2-2〉 캡스톤디자인 강의계획서 예시' 참조.

(2) AI 융합 캡스톤디자인 팀 구성

팀 구성에서는 AI 기술 역량을 함양한 수강 학생들을 사전에 파악하여 각 팀에 고루 배치되도록 하면 수업이 원활하다. 다학제 수업이라면 가능한 여러 전공의 학생을 한 팀으로 구성하면 더욱 획기적인 아이디어가 산출된다. 〈표 6-4〉, 〈표 6-5〉는 AI 융합 캡스톤디자인에서 다학제 팀 구성을 통해 수행한 창의적인 프로젝트와 그 주제에 대한 소개이다.

〈표 6-4〉 AI 융합 캡스톤디자인 팀 구성 및 활동 사례 1

주제: 자율주행 드론을 활용한 살균시스템 개발		
1	학생 구성	바이오시스템기계공학과, 지질환경과학과, 전자공학과
2	주제	새로운 살균 패러다임을 만들다 - 하늘에서 내리는 청정 혁신
3	주요 과정	• 드론 제작 실습 • 선행기술(특허) 조사
4	결과	인체에 무해한 OH라디칼 성분을 활용한 자율주행 드론 살균 시스템 개발
5	기타	• 교내 캡스타트업 대회 최우수상 수상 • 팀원들의 각 전공 지식(살균, 대기, 자율주행)을 융합하여 AI 분야의 새로운 아이디어를 도출하고 비즈니스 모델까지 개발함

〈표 6-5〉 AI 융합 캡스톤디자인 팀 구성 및 활동 사례 2

주제: AI 활용 수중 인명구조 로봇 개발		
1	학생 구성	바이오시스템기계공학과, 경영학부
2	주제	AI 활용 자이로센서를 활용한 수중 인명구조 로봇 개발
3	주요 과정	• 로봇 구조 학습 • AI 활용 자이로센서 원리 학습 • CAD 도면 작성법 학습
4	결과	기존에 사람이 구조영법을 활용해 직접 익수자를 캐리하는 방식을 대신할 로봇 시스템 개발
5	기타	• 특허출원 • 팀원들의 각 전공 지식(로봇, 비즈니스 모델)을 융합하여 AI 분야의 새로운 아이디어를 도출하고 시장 진출 및 마케팅 방안을 도출함

(3) AI 융합 캡스톤디자인 수업 사례

여러 대학에서 실제 이루어진 다양한 AI 융합 캡스톤디자인 사례들을 소개하고자 한다.

교육, 스포츠, 복지, 안전 등 사회 각 분야를 주제로 한 캡스톤디자인 수업에서 AI를 융합하는 과정과 결과에 대한 아이디어를 얻을 수 있다.

[사례 1] 두비두바 – 유아 대상 낙서기반 영어학습 서비스

프로젝트 요약	두비두바는 유아의 낙서(doodle)를 기반으로 영어 단어를 학습하고 인공지능이 이를 4컷 만화로 재구성해 주는 창의적 영어 학습 솔루션이다. CNN 기반의 그림 인식 기술과 GPT 기반의 스토리 생성 기술을 결합하여, 아이가 직접 그린 그림이 단어 학습과 이야기로 확장되는 몰입형 학습 경험을 제공한다. 특히 주 사용자인 6~7세 유아의 흥미와 자율성을 고려한 인터랙티브한 UI과 반복 학습과 복습이 가능한 게임방 · 만화방 기능을 통해 놀이처럼 즐기며 자연스럽게 학습할 수 있는 환경을 제공한다. 정답 중심 교육에서 벗어나 창의성과 표현력을 중시하며 교육성과와 기술력을 동시에 갖춘 AI 융합 에듀테크 서비스이다.
문제정의	현재 영단어 학습서비스는 정답 중심의 수동학습이어서 몰입도가 저하되고 창의성 발현 환경이 부족하다. 자신이 그린 그림으로 단어학습을 할 수 있는 교육 프로그램을 만들고 싶다.
문제해결	 단어 반복 학습하기 / 영단어 보고 직접 그림 그리기 / 4컷 만화 생성 영단어 보고 직접 그림 그리기 / 유사도 분석 후 AI 피드백 / 4컷 만화 생성 동안 미니 게임 / 자신이 그린 그림을 모아둔 만화방 / 자신이 그린 그림으로 4컷 만화 생성  학습한 단어를 직접 그려 보며 공부 / 자신이 그린 그림에서 단어를 선택 → 그 그림 기반으로 스토리 생성 / 배운 단어를 통한 4컷 만화 생성

출처: 아주대학교(2025).

[사례 2] 인공지능 기술을 활용한 야구팬들을 위한 직관 기록 앱

구분	내용
프로젝트 요약	'BallFan'은 야구 팬들을 위한 직관 기록 플랫폼이다. OCR 기술을 활용하여 사용자가 업로드한 티켓 사진에서 정보를 추출하고, 자동으로 경기 정보를 불러와 앨범 형태로 저장한다. 이를 통해 사용자는 기존 종이 티켓을 디지털 앨범 형태로 수집할 수 있다. 티켓 인증 기반의 사용자 리뷰를 등록하도록 하며, LangChain 기반 유사 리뷰를 추천하고, 네이버 지도 API와 연계해 맛집, 관광지 등의 세부 정보를 제공한다. 사용자가 다녀온 경기 데이터를 기반으로 본인의 직관 승률, 월별/팀별 관람 지표, 방문 기록 등을 시각화하여 제공한다.
문제정의	프로야구가 강력한 팬덤 문화가 생성되고 있음에도, 많은 팬들의 관람 기록은 여전히 종이 티켓 보관, 메모장 기록, 정보 수집의 어려움 등 수동적이고 비체계적인 방식에 머물러 있다.
문제해결	[디지털 티켓 수집] OCR과 자동 크롤링을 통해 티켓 정보와 경기 기록 자동 저장 [직관 데이터 통계화] 개인 직관 승률, 연승 기록, 구장 방문 내역 등 데이터 시각화 [직관 정보 및 후기 공유] 티켓 인증 기반 리뷰 제공, 랭체인 기반 유사 리뷰 추천 및 정보 요약

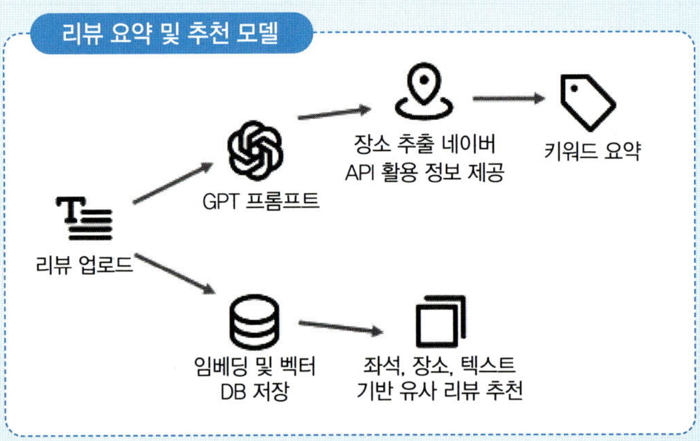

출처: 아주대학교(2025).

[사례 3] **스마트 팩토리 AI 로봇 교육 프로그램 개발**

프로젝트 요약	핑퐁로봇을 통해 AI를 접목시켜 '스마트 팩토리'를 구현하는 하드웨어, 소프트웨어(스크레치) 패키지 키트를 개발하여 학생들이 보다 쉽게 AI와 코딩 과정을 이해하고 더 나아가 '스마트 팩토리'의 개념적 이해, 최적화 방법 등을 배우는 것을 목표로 하였다.
문제정의	'AI 교육 시대'로 교육과정에 SW와 AI 필수 교육이 확대되었다. 하지만 현재 AI 교육을 위한 하드웨어 플랫폼을 살펴보면, 확장성이 부족하다는 한계가 있었다. 따라서 다양하고 복잡한 시스템까지 제작이 가능한 높은 하드웨어와 소프트웨어 확정성을 가진 핑퐁로봇을 가지고 '스마트 팩토리'를 구현하고자 하였다. '스마트 팩토리' 구현을 목표로 한 이유는 현재 산업에 사용되는 기술 활용 교육 프로그램이 따로 없기 때문에 이를 통해 '스마트 팩토리'의 개념적 이해, 최적화, 자동화 등에 대한 전반적인 과정을 배울 수 있을 것이라고 판단했기 때문이다.
문제해결	[구성] • teachable machine + 스크레치를 통한 소프트웨어: 학생들이 쉽게 AI와 코딩을 할 수 있도록 제작하였다. • 레고를 활용한 하드웨어: 보편적인 레고를 하드웨어로 활용할 수 있도록 키트를 구성하여 확장성을 높였다. [과정] 표지판을 따라 이동하여 지정된 위치로 물류를 이동시키는 AGV 파트 + 컨베이어 벨트 위로 지정된 물품을 이동시키는 로봇팔 파트 + 컨베이어 벨트로 물류를 이동시키고 sorter로 물류를 분류하는 컨베이어 벨트 부분으로 나뉜다.  AGV 파트 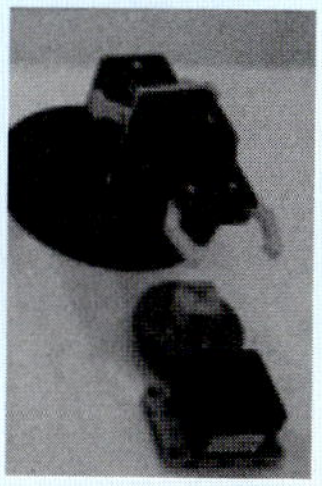 로봇팔 파트

출처: KAIST K-School (2021).

[사례 4] 발달장애인의 생체정보를 모니터링하여 자동으로 작동하는 스마트 조끼

프로젝트 요약	㈜돌봄드림은 발달장애인의 안정적인 일상을 위한 소셜벤처로, 발달장애인을 위한 공기 주입 식조끼 HUGgy 첫 제품 출시를 앞두고 있다. 본 팀과 ㈜돌봄드림은 해당 문제에 진정으로 공감하며 더욱 고도화된 기술을 바탕으로 장애인들을 위한 혁신적인 솔루션을 개발하고자 한다. 시장조사를 통한 문제 및 니즈 정의를 바탕으로 본 팀은 발달장애아동에 적합한 생체정보 인식 디바이스를 개발하였고, 사용자의 상태 모니터링 및 HUGgy와의 연동이 가능한 어플을 자체 개발하였다.
문제정의	발달장애 아동 학부모의 하루 일정표를 기준으로 journey map을 작성하여 육아의 힘듦이라는 넓은 범위의 니즈에서 아이와 떨어져 있을 때 상태를 모니터링할 수 있는 수단에 대한 key needs를 파악하였다. 교사 인터뷰를 기반으로 고객 심층 분석을 통해서 들어가 본 결과, 유저인 발달장애아동과 의사소통이 어렵다는 문제가 존재하였다. 즉, 치료 교육의 근거가 될 객관적인 정보와 교육을 도와줄 수 있는 보조기기에 대한 니즈가 크다는 것을 발견하였으며, 이를 기록할 수 있는 제품에 대한 수요가 존재한다는 점을 찾아냈다.
문제해결	• 발달장애 아동의 맞춤형 데이터 수집 및 조끼(HUGgy)와의 연동 • 디바이스 자체 개발을 통해 아이에게 최적의 안정감을 제공할 수 있는 조끼(HUGgy)와의 연동 제공 • 아이의 상태를 학부모/교사에게 전달할 수 있는 어플 

출처: KAIST K-School (2021).

[사례 5] IoT 기반 모듈형 수상 안전 멀티 디바이스 PongDang

프로젝트 요약	㈜지노시스는 IOT 안전 플랫폼 및 안전관리 시스템을 개발하는 회사로, 본 팀은 안전사고 예방이라는 목표 아래 익수사고를 예방하는 기기를 개발하고자 하였다. 그 결과, 사계절 동안 사용할 수 있는 IOT 기반 모듈형 수상 안전 디바이스 'PongDang'을 제작하였다. 기기와 핸드폰 어플리케이션 간의 블루투스 통신을 통해 GPS 위치와 함께 구조 신호를 전송할 수 있으며, 하드웨어적 요소로는 여름철에 사용 가능한 팽창형 구명 튜브 및 겨울철에 사용할 수 있는 아이스픽 기능을 함께 탑재하였다. 직관적이고 간단한 작동 방식으로 익수자의 신속한 구조를 돕고자 하였으며, 탈부착이 가능한 모듈을 사용해 편리성을 높였다
문제정의	한국재난정보학회에서 발간한 국내 익사 사고 연도별 통계에 따르면 익사 사고의 2/3 이상이 하천, 강, 계곡 등 인적이 드물어 신속한 구조와 도움이 이루어지기 어려운 장소에서 발생하고 있었다. 하드웨어 및 소프트웨어 각각의 기술이 탑재된 제품은 많았으나, 두 기능을 한 기기에 탑재한 제품은 시중에 출시되지 않았다. 따라서 이 두 기능을 합친다면 신속한 구조뿐만 아니라 구조 전 익수자의 능동적 대처를 가능하게 하는 효율적인 형태의 기기를 만들 수 있다고 보았다. ㈜지노시스에서 기존에 개발한 스마트폰 수분감지 센서를 이용한 익사 사고 경보 시스템의 경우 익수 시 휴대폰을 소지하고 있어야 하기 때문에 물리적 · 거리적 한계가 존재하며, 이러한 한계를 극복하기 위해서는 새로운 통신 시스템 및 구조를 개발하는 것이 필요하다.
문제해결	• GPS 기반 구조신호 전송 기능을 갖춘 전자기기 및 팽창형 튜브를 내장한 목걸이 형태의 하드웨어 기기 개발 • 스위치 트리거를 눌러 작동하는 CO2 가스 팽창식의 직관적이며 편리한 팽창형 튜브 제작 및 모듈화를 통한 계절에 따른 사용 편리성 확보 • 기기와 블루투스 통신으로 관련 기관에 사고 위치 및 구조 요청 • 메시지를 전달하는 'PongDang' 앱 개발  제품 전체 조감도

출처: KAIST K-School (2021).

핵심 POINT

01 AI 융합교육은 AI+의료, AI+경영, AI+예술 등 도메인 융합형 교육으로 활성화되고 있으며, 캡스톤디자인에서도 AI 활용 프로젝트가 증가하고 있다.

02 AI 융합 캡스톤디자인에서는 중심 문제를 산업실무 · 사회문제로 두고 머신러닝, 거대언어모델(LLM), 자연어처리(NLP) 등과 같은 AI 기술을 연계하여, 새로운 프로토타입, 어플리케이션, 웹서비스 등을 개발할 수 있다.

03 대한상공회의소, 한국수력원자력 등 공공기관에서 AI 융합 캡스톤디자인 교육을 연계하여 진행하거나 경진대회를 개최하기도 한다.

[창의형-다학제] AI 융합 캡스톤디자인 수강

저는 대학의 마지막 학기인 4학년 2학기에 AI 융합 캡스톤디자인을 수강했습니다. 지질학을 전공하는 자연과학대 학생으로, 그동안 팀 프로젝트 수업은 전공 수업 캡스톤디자인이 전부였습니다. 하지만 AI 융합 캡스톤디자인 수업을 통해 처음으로 다양한 학과의 학생들과 협업하며, AI와 관련된 기술들을 배울 수 있는 경험을 했습니다.

이 수업에서는 먼저 AI 기술과 디지털 융합 기술에 대한 이해를 높이기 위해 XR, 데이터 분석, 드론 교육, 메타버스(로블록스) 등 다양한 분야의 특강과 실습이 진행되었습니다. 그 과정에서 직접 견학을 가서 디지털 기술을 체험하기도 했고, 이후 각자의 전공과 연계한 융합 아이디어를 바탕으로 팀 프로젝트를 수행하게 되었습니다.

저희 팀은 'OH 라디칼을 활용한 자율주행 살균 드론'을 주제로 프로젝트를 진행했습니다. 바이오시스템기계공학과 팀원은 바이오식품공정 분야에 관심이 많아 OH 라디칼의 살균 원리와 생성 방식에 대한 아이디어를 제안했고, 전자공학과 팀원은 드론의 AI 기반 자율주행 제어 기술 개발을 담당했습니다. 저는 대기환경 문제에 대한 관심을 바탕으로 프로젝트의 큰 방향을 잡고, 팀원들의 전공과 기술이 효과적으로 융합될 수 있도록 조율하며 전체적인 기획과 발표를 주도했습니다.

전공이 다른 학생들과 함께 고민하고 의견을 나누며 하나의 결과물을 만들어 가는 과정은 제에게 큰 성장의 기회였습니다. 단순한 기술 습득을 넘어, 실제 사회 문제를 해결할 수 있는 '융합'의 힘을 직접 체감할 수 있었던 값진 시간이었습니다. 이 프로젝트는 이후 캡스타트업 사업화 아이디어 공모전에서 최우수상을 수상하기도 했는데, 그만큼 실현 가능성과 참신함에서도 좋은 평가를 받았다는 점에서 더욱 의미 있게 남았습니다.

AI 융합 캡스톤디자인은 기술을 배우는 데 그치지 않고, 다양한 전공의 학생들과 함께 문제를 정의하고 해결하는 과정을 경험할 수 있는 수업이었습니다. 다양한 분야에 관심이 있거나, 전공의 한계를 넘어 새로운 시도를 해 보고 싶은 분들께 꼭 추천하고 싶습니다.

임민정 (충남대학교 지질환경과학과 졸업)

캡스톤디자인 교수자 이야기

캡스톤디자인의 교육학적 기초

AI 융합, 다학제 융합, 글로벌 연계, 지역기업 연계, 디자인씽킹, 다양한 유형의 캡스톤디자인 수업을 직접 계획하고 강의했다. 캡스톤디자인이 더욱 확산되고 활성화되기를 바라는 마음에서 교수연구회 제도를 기획하였고, 감사하게도, 열의를 가진 많은 교수님께서 각자의 전공에서 때로는 융합 전공으로 교수연구회들을 운영하여 주셨다. 그 결과, 다양한 개성을 가진 캡스톤디자인 교과목이 신설되고 발전되었다.

공학계열에서 캡스톤디자인이 이미 보편화되어 있고 인문, 사회, 예술 전공까지 그 영역을 공격적으로 넓혀가고 있는 이 시점에서, 캡스톤디자인의 교육학적 기초는 어디에 있는지 그리고 우리가 올바른, 목적에 맞는 방법으로 교육하고 있는 것인지 고민이 있었다. 교육학자 박수정 교수님이 열의를 가지고 주도해 주신 연구회에 함께하며 캡스톤디자인의 기원, 교육학적 의의를 살피고 그 결과로 실제 교육에 도움이 될 책을 함께 만들어 낸 기쁨은 말할 수 없이 크다.

메이커교육 전공자가 본 캡스톤디자인 교육

메이커교육(기술적 문제해결학습)을 주제로 오랜 기간 교육하고 연구해 왔다. 메이커교육이란, 학습자가 제작의 과정을 통해 지식과 기술을 체화하고, 창의적 문제해결력과 기술 주체성을 기르는 경험 기반의 교육이다.

대학에서의 캡스톤디자인은 메이커교육의 개념을 포함한 심화이자 확장이었다.

이 책에서 캡스톤디자인 교육의 목표를 학습자의 창의성, 비판적 사고, 종합적 사고력, 문제해결력, 팀워크, 실무적응력 함양으로 제시하였는데, 메이커교육에 비교하여 캡스톤디자인이 가지는 가장 중요한 차별점은 '실무적응력'이다. 대학에서 이루어지는 캡스톤디자인은 '창작을 통한 창의적 문제해결'이라는 교육적 가치에 더하여, '현장실무와 직업세계 연결'이라는 산학협력 활동으로서 중요 가치를 가진다는 것이 널리 공감되고 인식되기를 바라는 마음이다.

학생과 교수자가 함께 이루는 도전

캡스톤디자인은 '팀 프로젝트'이고 그만큼 협업 및 소통 역량이 중요하다. 그런데 이것은 학생들 사이에만 해당되는 이야기가 아니다. 교수자는 학생, 산업체를 연결하는 '가교'의 역할을 한다. 캡스톤디자인 수업에서 교수자가 해야 하는 가장 중요한 역할은 학생들이 세상과 연결되어 소통하는 기회를 마련하는 것이다. 여기에서의 '세상'은 때로는 산업체이고, 때로는 우리가 살고 있는 지역이고, 때로는 소비자이기도 하다. 우리는 학생과 세상이 연결되는 것에 힘을 쏟고, 연결된 세상과의 소통은 잘하든 잘못하든, 빠르든 느리든 학생 스스로 만들어 가는 것임을 기억하고, 적절하게 개입하고, 때로는 기다려 주어야 한다.

캡스톤디자인은 학생들에게 도전이지만, 나에게도 도전이었다. 지도하는 팀별로 과제가 다르고, 정형화되지 않은 수업이기에 일반 강의식 수업에 비하여 체력적 정신적 소모가 크다.

하지만 분명히 매력있고 가치 있다. 캡스톤디자인 수업에서는 학생들의 생동감 있는 성장의 과정을 목격하게 된다. 이는 강의식 수업에서는 경험하기 어렵다. 학생들의 성장, 변화, 과정과 그 결과를 직접 보고, 함께 희열을 느끼면서, 어느 순간 다음 캡스톤디자인 수업을 구상하고 있는 자신을 발견하게 될 것이다.

미래의 문제해결자

AI 시대, 인공지능과 자동화가 일상 깊숙이 자리 잡은 오늘날, 우리가 교육을 통해 길러야 할 핵심 역량은 무엇일까?

기술은 점점 더 많은 정답을 빠르게 제공하고, 표준화된 업무는 기계가 대신한다. 이런 변화 속에서 인간에게 요구되는 능력은 더 이상 단순한 지식 습득이나 정해진 절차의 수행이 아니다. 빠르게 변화하는 환경이 만들어 내는 예측 불가능성에 능동적으로 대응하고, 주어진 문제에 대하여 기존의 해답을 넘어 새로운 해결 방식을 탐색할 수 있는 역량이야말로 미래 인재가 갖추어야 할 진정한 문제해결력이라고 생각한다.

'정답은 없고 더 좋은 방법을 찾아가는 것'이 생존의 전략인 이 시대에, 캡스톤디자인 교육은 분명 우리 학생들을 미래 사회의 훌륭한 문제해결자로 만들어 줄 것이다.

저자 임미가

제7장

캡스톤디자인과 지식재산

"창의적 문제해결의 결실인 캡스톤디자인 결과물이 이제 단순한 프로젝트를 넘어, 지식재산으로 보호받고 새로운 가치를 창출하는 여정을 시작해 볼까요?"

캡스톤디자인을 통해 창출된 결과물을 지식재산으로 연결하는 것은 점점 더 중요해지고 있다. 이는 단순히 과제 수행에 그치지 않고, 학생들이 창의적이고 혁신적인 결과물을 바탕으로 실질적인 가치를 만들어 낼 수 있도록 돕는 데 기여한다.

특히, 이전에 나온 선행 특허의 검색은 이러한 과정에서 중요한 첫 단계로, 결과물이 나오기 전에 주제를 몇 가지로 좁히고 기존 특허를 검색하여 과제가 독창성과 신규성을 갖추었는지를 확인하는 데 필요하다. 이를 통해 중복 연구를 방지하고, 과제의 방향성을 보다 명확히 할 수 있다.

캡스톤디자인은 교수자가 학생을 어떻게 교육하고 산학협력을 얼마나 지원하는지를 평가할 때 활용되는 대학정보공시 항목 중 하나이기도 하다. 이와 함께 특허출원과 등록 실적, 학생들의 창업 현황과 창업교육 지원 현황 등도 공시 대상에 포함된다. 교육부 대학정보공시지침서(2025)에 따르면, 산업재산권 가운데 특허만을 공시 항목으로 삼고 있으며, 학교법인이나 대학의 산학협력단 명의로 출원 및 등록된 경우만 공시할 수 있도록 규정하고 있다. 개인 명의로 출원하거나 등록된 실적은 공시 대상에서 제외된다.

여기에서는 지식재산권이 무엇인지, 그리고 특허가 그중 어떤 종류에 속하는지 설명한다. 또한 출원인을 개인이 아닌 대학이나 산학협력단 명의로 하는 '직무발명제도'에 대해서도 다룬다. 또한 교수자가 캡스톤디자인 수업을 진행하면서 학생들의 최종 결과물을 특허로 출원할 수 있도록 돕는 절차를 소개한다. 이 절차에는 미리 조사해야 하는 선행기술 조사, 발명 신고서 작성법, 특허명세서를 쓰는 방법, 무료로 지원받을 수 있는 방법이 포함된다. 마지막으로, 캡스톤디자인 수업을 받고 특허출원을 경험했던 학생들의 소감을 통해 특허출원의 생생한 과정, 느낌, 성취감 등을 느낄 수 있도록 하여 이 책을 읽고 특허를 내고자 하는 사람들에게 도움이 되도록 하였다.

1

지식재산권의 정의와 종류

"아이디어 하나로 돈을 벌 수 있다고?
우리가 매일 접하는 브랜드, 노래 작사 · 작곡, 응원봉도 모두 '지식재산'이야."

지식재산권(Intellectual Property Rights: IP 또는 IPR)은 법률에서 정의가 내려져 있다. 법이라 어렵게 느껴질 수 있지만 정확하게 의미를 알기 위해서는 법에 적힌 것을 참고하는 것이 이해하기에 가장 좋은 것 같다.

지식재산권은 "인간의 창조적 활동 또는 경험 등에 의하여 창출되거나 발견된 지식 · 정보 · 기술, 사상이나 감정의 표현, 영업이나 물건의 표시, 생물의 품종이나 유전자원, 그 밖에 무형적인 것으로서 재산적 가치가 실현될 수 있는 지식재산에 대하여 법령 또는 조약 등에 따라 인정되거나 보호되는 권리"를 말한다(「지식재산기본법」 제3조).

이 권리는 경제적 이익을 추구하는 재산권의 특징을 가지고 있으며, 다른 사람들이 독점적으로 사용할 수 있게 해 준다. 다만, 물리적인 물건에 대한 소유권과는 다르게, 여러 명이 동시에 이용할 수 있는 무형의 재산권이다.

"누군가는 기계를 만들고, 누군가는 멋진 로고를 그려요.
이처럼 지식재산권도 '어떤 걸 만들었느냐'에 따라 종류가 나뉘어요!"

지식재산권은 크게 세 가지로 구분할 수 있다(〈표 7-1〉 참조). 첫째, 산업재산권은 발명이나 기술, 디자인 등의 창작물을 보호하는 권리이다. 둘째, 저작권은 음악, 영화, 책과 같은 문화적인 창작물을 보호하는 권리이다. 셋째, 신지식재산권은 기존의 지식재산권에 포함되지 않지만 새로운 형태의 창작물을 보호하기 위한 권리이다.

이 중 신지식재산권은 기존의 산업재산권이나 저작권으로는 보호하기 어려웠던 새로운 기술이나 창작물을 보호하기 위해 만들어진 개념이다. 최근 첨단 기술의 발달과 함께 등장한 컴퓨터 프로그램, 유전자 조작 기술, 반도체 설계 등과 관련된 지식재산권을 보호하기 위해 사용되고 있다. 캡스톤디자인 수업에서 학생들이 만든 결과물은 대체로 산업재산권에 속하는 특허로 출원되어 보호받는다.

〈표 7-1〉 **지식재산권의 분류 및 권리 기간**

분류	종류	내용	권리 기간
산업 재산권	특허권	새로운 기술이나 발명에 대한 독점 권리	출원일 후 20년
	실용신안권	간단한 발명이나 고안에 대한 권리	출원일 후 10년
	디자인권	물건의 외형, 모양, 색채 등에 대한 권리	출원일 후 20년
	상표권	상품이나 서비스에 쓰이는 이름, 로고, 기호 등을 보호	설정등록일로부터 10년마다 갱신 가능한 반영구적 권리
저작권	저작인격권	공표권, 성명표시권, 동일성유지권, 저작인격권의 일신전속성, 공동저작물의 저작인격권	저작자 사후 70년
	저작재산권	복제권, 공연권, 전시권, 배포권, 대여권, 2차적저작물작성권	
	저작인접권	실연 · 음반 및 방송	
신지식 재산권	영업비밀	공개되지 않은 비법이나 정보로, 경쟁력이 있는 기업만의 비밀 자산	비밀관리 기간
	컴퓨터 프로그램	프로그램 코드에 대한 보호	저작자 사후 70년
	반도체 배치 설계	반도체 칩 내부의 정교한 회로 배치를 보호하는 권리	등록 후 10년
	유전자원	물 · 동물 · 미생물 등 생물의 유전자 정보를 활용한 자원	등록 후 20년 (과수 및 임목은 25년)
	신품종	새롭게 개발한 식물 품종에 대해 육종가가 가지는 권리	
	전통지식	오랜 세월 동안 지역 공동체에서 쌓아온 지식과 기술	지속적 보호

출처: 국가법령정보센터(2024, July 31); 국가법령정보센터(2024, August 28); 특허청(2025, August 19).

쉽게 이해하는 지식재산권

Q. 특허권이란?

A. 누군가가 기존에 없던 발명품을 만들었다면?
예를 들어, 자동으로 과자를 나눠 주는 기계를 만들었어!
"이건 내가 제일 먼저 만들었어요!" 하고 말할 수 있게 도와주는 게 특허권이야.

Q. 실용신안권이란?

A. 특허만큼 거창하진 않지만, 일상에 편리한 아이디어도 인정받아야지!
예를 들어, 지퍼백의 잠금 고리처럼 간단하지만 기발한 아이템.

Q. 디자인권이란?

A. 제품의 기능이 아니라 생김새가 멋지거나 예쁠 때!
예쁘게 생긴 휴대폰 케이스나 독특한 의자 모양도 '내 디자인'으로 보호할 수 있어.

Q. 상표권이란?

A. 스타벅스 로고처럼 "이건 우리 브랜드야!"라고 알리는 표시야.
만약 네가 '치킨집'을 차렸다면, 이름과 로고를 지켜 주는 게 바로 상표권!

Q. 저작권이란?

A. 노래, 그림, 글, 영상 등 마음으로 만든 콘텐츠는 특별하니까!
친구가 쓴 시, 내가 만든 유튜브 영상도 저작권의 보호 대상이야.

Q. 신품종보호권이란?

A. 새로운 꽃, 과일, 채소를 만들어 냈다면?
세상에 없던 장미를 키워 냈다면 그건 '식물계 특허'! 신품종보호권이야.

"신지식재산권은
새로운 시대에 생겨난 지식과 창작물에 대한 맞춤형 보호 장치로,
기존 틀에 없다고 무시하지 않고, 창의적인 시도를 응원하는 방식이라고 할 수 있어."

Q. 영업비밀이란?

A. 쉽게 말해, '우리 가게만 아는 비법 소스' 같은 것.
특허로 등록하지 않아도, 남들이 몰래 따라 하지 못하게 지켜야 해.
코카콜라 원액 레시피, KFC 치킨 시즈닝 같은 것이야.

Q. 산업디자인보호이란?

A. 법적 디자인권 등록은 안 했지만, 실제로 독창적이고 산업적으로 활용되는 디자인.
특이한 상품 진열 방식, 포장 패키지 디자인 등이 속해.

Q. 반도체 배치설계권이란?

A. 전자회로의 미세한 설계까지도 이제는 자산이야.
쉽게 말해, '전자 부품 안의 미로 설계도'를 보호하는 제도야.

Q. 데이터베이스 제작자권이란?

A. 수많은 데이터를 정리하고 분석해 만든 자료 집합도 지식이야!
병원 진료 기록 DB, 쇼핑몰 소비패턴 통계 데이터 같은 것이 있어.

Q. 컴퓨터프로그램 보호권이란?

A. "코딩도 창작이다!"
게임, 앱, 프로그램처럼 직접 만든 소프트웨어도 법으로 보호해 줘.

특허출원! 특허등록! 비슷한 것 아니야? 뭐가 다를까?

출원은 '신청',
등록은 '인정받아 독점권 획득'이야.

출원만 해 두고 등록이 안 되면, 아무 권리도 없는 거야.
그래서 심사를 통과해서 등록이 되어야 특허권을 얻게 되는 거지.

특허출원은 '이 발명을 내가 먼저 생각해 냈으니, 특허로 인정해 주세요!' 하고 특허청에 신청하는 과정이다. 이때는 발명의 내용을 자세히 쓴 서류인 특허명세서와 함께 출원서를 특허청에 내게 된다.

이것으로 끝이 아니고, 이후에는 심사 청구라는 절차를 통해 '이 발명이 정말 새로운가? 특허로 보호할 가치가 있는가?'를 특허청에서 꼼꼼히 따져 보게 된다. 그 과정을 통과하면 비로소 특허등록이 이루어져서 법적으로 이 발명에 대한 권리, 즉 독점권이 생기게 되는 것이다.

그리고 캡스톤디자인 결과물도 마찬가지로, 그 아이디어나 기술이 권리로 인정받으려면 특허출원을 먼저 하고, 그게 심사를 통과해 특허등록까지 되어야 한다. 그래야 누가 그 아이디어를 따라 했을 때 법적으로 대응할 수 있는 힘이 생기는 것이다.

하지만 대학생활 동안의 특허출원은 특허에 대한 권리를 이해하고 적극적으로 활동을 했다는 증거가 될 수 있어 꼭 특허등록이 대학 생활 중에 이루어지지 않아도 의의는 크다고 할 수 있다.

구분	특허출원	특허등록
의미	특허를 받고 싶다고 신청하는 것	심사 후 특허로 인정되어 등록되는 것
권리	없음(심사 중이라 보호 안 됨)	법적으로 보호받는 독점 권리 발생
시간	서류 제출 시 즉시	2년 내외(심사 특허가 많으면 오래 걸림)
비용	초·중·고: 무료 대학생: 85% 감면	초·중·고: 3년간 등록료 무료 대학생: 개인 비용 발생

출처: 특허청 자료 변형.

2 캡스톤디자인과 직무발명

"캡스톤디자인은 그냥 수업 과제가 아니라, 잘만 하면 특허로 이어질 수 있는 진짜 발명이 될 수 있어."
"그런데 학교 수업 안에서 만든 발명은 '누구의 권리인가?'라는 문제도 함께 따라와. 이럴 때 알아 둬야 할 것이 바로 직무발명이라는 개념이야."

1) 직무발명의 정의

직무발명이란 종업원, 법인의 임원 또는 공무원(이하 '종업원 등')이 그 직무에 관하여 발명한 것이 성질상 사용자 · 법인 또는 국가나 지방자치단체(이하 '사용자 등')의 업무 범위에 속하고 그 발명을 하게 된 행위가 종업원 등의 현재 또는 과거의 직무에 속하는 발명을 말한다(「발명진흥법」 제2조 정의).

직무발명에 대한 자세한 사항은 직무발명제도 공식 홈페이지를 통해서도 알 수 있으므로 참고해도 좋다([그림 7-1] 참조).

[그림 7-1] 직무발명제도

출처: 특허청(2025c, July 14).

2) 직무발명보상제도

"캡스톤디자인 수업에서 만든 아이디어! 내가 생각한 것이지만 학교가 지원했다면?
이럴 때 등장하는 게 바로 '직무발명보상제도'예요.
발명한 사람도, 학교도 모두 윈윈할 수 있도록 도와주는 제도죠!"

직무발명은 발명자에게는 정당한 보상을 제공하고 사용자에게는 권리를 보장해 주는 제도이다([그림 7-2] 참조). 대학정보공시항목으로 등록되는 실적은 학교법인이나 대학의 산학협력단 명의로 출원 및 등록된 건에 한하도록 되어 있으며 개인 명의는 제외된다.

'직무발명에 대한 보상'이란 종업원 등은 직무발명에 대하여 특허 등을 받을 수 있는 권리나 특허권 등을 계약이나 근무규정에 따라 사용자 등에게 승계하게 하거나 전용실시권을 설정한 경우에는 정당한 보상을 받을 권리를 가진다(「발명진흥법」 제15조).

직무발명제도의 정의에 제시된 종업원은 학생, 교수, 교직원을 의미하며, 학교의 지원으로 캡스톤디자인 수업을 통해 발명을 했다면 직무발명에 해당한다. 따라서 학교의 지원으로 지식재산권을 획득할 때는 학교법인이나 대학의 산학협력단의 명의로 출원을 해야 한다.

출원인에 내 이름이 안 들어간다고?

내가 수업 시간에 만든 아이디어인데,
왜 내 이름으로 특허를 못 낼 수도 있는 걸까?

핵심은 '누가 지원했고, 어떤 환경에서 만들어졌냐'는 거야. 수업 시간에 만든 아이디어라도, 학교의 지원이나 예산, 시설, 지도를 받아서 만들어졌다면 그건 개인 발명이 아니라 직무발명으로 간주돼.

직무발명은 학교(또는 산학협력단)가 출원과 등록의 주체가 되고, 특허 명의도 개인이 아닌 학교 명의로 올라가게 돼. 즉, '출원인'으로는 학교의 이름이 들어가는 거야. 왜냐하면, 그 발명을 가능하게 만든 기반(수업, 실습, 장비 등)이 모두 학교의 자원 덕분이기 때문이야.

하지만 그렇다고 해서 학생 이름이 빠지는 건 아니야. 특허의 '발명자'에는 개인의 이름이 들어가고, 실적 인정이나 발명보상 등의 형태로 보장받을 수 있어. 요약해 보면, 아이디어는 내가 냈지만, 학교의 도움으로 만들었기 때문에 학교와 '공동소유'로 보는 거야.

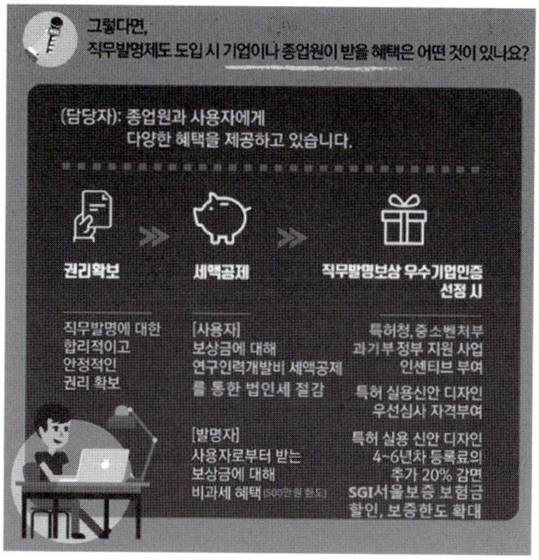

[그림 7-2] 직무발명 시 혜택

출처: 특허청(2025c, July 14).

직무발명제도를 통해 개발된 발명은 특허 검색 시 출원인과 발명자가 서로 다르며 출원인과 발명자가 동일할 경우에는 직무발명인 것으로 짐작할 수 있다.

[그림 7-3]에서와 같이 '자동 높이조절용 난간장치'는 출원인이 '충남대학교산학협력단', 발명자가 '김영아'이다. 이는 출원인과 발명자가 다르기 때문에 직무발명으로 출원하고 등록했다는 것을 짐작할 수 있다. 성심당에서 대표적인 빵인 '튀김 소보로 빵의 제조 방법'은 성심당의 대표인 '임영진'이 출원인, 발명자도 '임영진'으로 되어 있어 이 특허는 직무발명이 아닌 개인발명임을 알 수 있다.

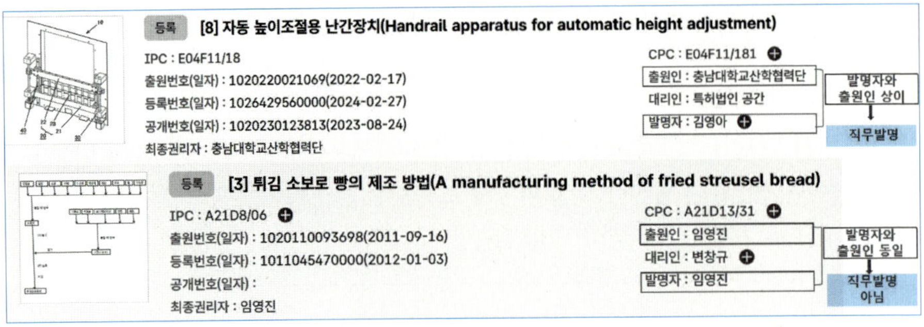

[그림 7-3] 직무발명과 개인발명에 대한 예시

출처: 키프리스의 자료 가공.

3) 특허출원 방법

"좋은 아이디어가 떠올랐다면, 이제 그걸 지키는 방법이 필요하죠!
특허는 학교, 지자체, 변리사회를 통해 다양한 지원을 통해 출원할 수 있어요.
생각보다 쉽고 든든한 지원도 많답니다."

캡스톤디자인에서 만든 결과물을 특허로 출원하는 방법에는 여러 가지가 있다(〈표 7-2〉 참조). 가장 많이 하는 것은 학교(사업단, 산학협력단 등)의 도움을 받는 것이고, 다른 하나는 학생이 직접 출원하는 것이다(〈표 7-2〉 참조).

〈표 7-2〉 지식재산 출원 방법

구분	방법	
1. 학교(산학협력단) 지원	연계된 특허사무소 또는 변리사의 도움을 받아 특허출원	
2. 개인 출원	서면출원	
	전자출원	'특허로' 사용
		별도의 SW 사용
	지자체, 공공기관의 특허 출원 지원 사업	연계된 특허사무소 또는 변리사의 도움을 받아 특허 출원
	지역 지식재산센터 지원	예비 창업자, 소상공인 지원 등을 통한 지식재산출원
	대한변리사회	매칭된 특허사무소를 통해 출원에서 등록까지 무료로 진행

학교의 도움을 받는 경우에는 '직무발명제도'에 따라 특허사무소나 변리사의 지원을 받을 수 있다. 이 방법은 절차가 간단하고 비용도 덜 들어서 학생이나 교수자가 모두 편하게 특허를 낼 수 있는 장점이 있다.

개인이 특허를 출원하는 방법은 특허등록을 도와주는 기관(대한변리사회, 한국지식재산보호원 등)에서 무료 지원을 받거나 특허청에서 운영하는 '특허로'에서 전자출원을 하는 것이다. [그림 7-4]는 '특허로' 홈페이지 메인화면으로, '국내출원신청' 메뉴를 통해 특허출원 절차를 진행할 수 있다. 국내출원은 '출원신청 사전절차 → 전자출원 SW 설치 → 명세서 및 서식 작성 → 온라인 제출'이라는 4단계의 절차를 수행하게 된다. 전자출원은 각 단계를 직접 수행하므로 학교의 지원을 받는 출원에 비해 시간과 노력이 더 요구된다. 그러나 성공적으로 특허출원을 마친 경험은 성취감과 자신감을 느끼는 계기를 제공하며 학생들은 졸업 후 창업이나 기술사업화를 위한 자산을 갖게 된다는 장점이 있다.

서면출원도 있으나 최근에는 전자출원을 하는 경우가 많다. 전자출원은 특허청에서 제공하는 소프트웨어를 이용하여 전자문서 형태의 특허 출원서와 관련서류를 온라인으로 제출하는 것으로 서면출원에 비해 출원료가 저렴한 반면, 교수자나 학생이 스스로 해결해야 할 절차가 많다는 단점이 있다.

[그림 7-4] 특허로 홈페이지 메인화면

출처: 특허로(2025b, July 14).

전자출원의 개요 및 사전절차는 특허청 유튜브를 통해 확인할 수 있다([그림 7-5] 참조).

[그림 7-5] 전자출원 절차
출처: 특허청 유튜브(2022. November).

3 지식재산 캡스톤디자인을 위한 교수자의 역할

"좋은 아이디어 결과물이 나왔다면,
그걸 어떻게 보호하고 활용할지는 교수자의 역할이 매우 중요해요.
캡스톤디자인 수업은 단순한 과제가 아니라, 실제 지식재산권으로 연결될 수 있는 기회이기도 하거든요. 그래서 수업 전에 어떤 지원이 가능한지 먼저 살펴보는 게 꼭 필요해요."

1) 대학의 특허 프로세스 확인

캡스톤디자인 수업을 운영하는 교수자는 캡스톤디자인 수업 전 캡스톤디자인 결과물이 산업재산권으로 출원될 수 있도록 학교의 내·외부에서 지원되는 사업들이 있는지 확인하는 것이 필요하다.

앞서 캡스톤디자인 결과물의 특허출원 방법 두 가지를 염두에 두어야 한다. [그림 7-6]은 충남대학교의 캡스톤디자인 수업에 대한 지원 및 특허출원을 위한 절차로서, 직무발명신고서 제출부터 기술이전 및 창업 등 기술사업화에 대한 일련의 절차를 확인할 수 있다.

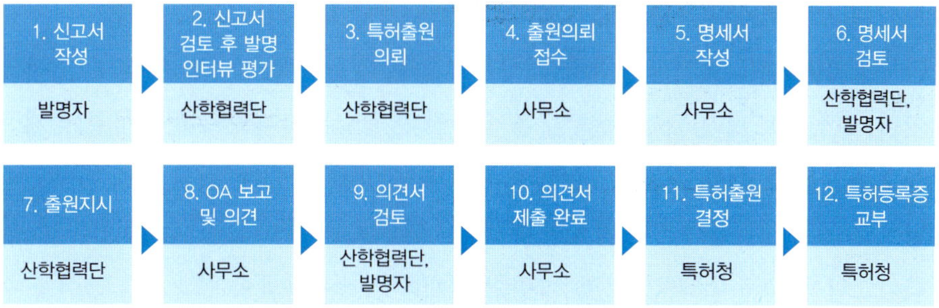

[그림 7-6] 충남대학교 특허 프로세스

출처: 충남대학교 산학협력단(2025, June 20).

2) 대학의 지식재산 실무인재 인증

충남대학교의 경우 지식재산 실무인재 양성을 위한 인재양성 체계를 구축하고 있다. 공학계열의 학과는 1학년과 2학년 교육과정 중에는 '창의(공학)설계'를 통해 아이디어의 산출과 구체화를 위한 역량을 함양하고, 3학년과 4학년 시기에는

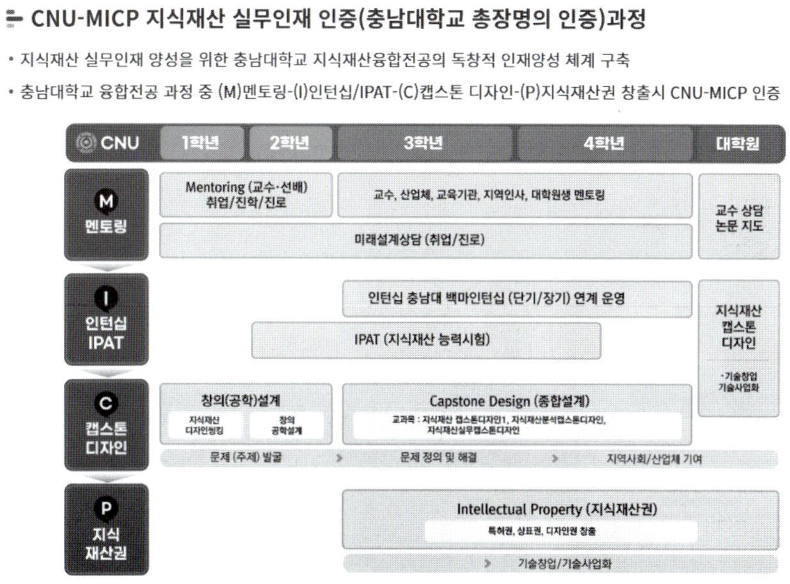

[그림 7-7] CNU-MICP 지식재산 실무인재 인증 과정 체계도

출처: 충남대학교 지식재산전문인력양성사업단(2025, July 14).

본격적인 캡스톤디자인을 통해 실무에 활용할 수 있는 산출물과 역량을 함양한다. 이 외의 다른 계열 학생들은 교양과목으로 '일상에서 만나는 지식재산' 수업이나, 일선으로 운영되는 '특허법'을 수강하면 캡스톤디자인 수업에서 지식재산 창출에 도움을 받을 수 있다. 이러한 과정에서 얻게 된 특허 등의 권리자산을 바탕으로 기술사업화나 창업으로 연계될 수 있는 입체적인 교육과정이 이루어진다. [그림 7-7]을 통해 캡스톤디자인의 체계와 지식재산과의 연계성을 확인할 수 있다.

3) 캡스톤디자인 수업 중 선행특허기술 조사 및 아이디어 구체화

"멋진 아이디어 하나가 특허로 이어진다면?
단순한 수업이 아니라, 진짜 발명과 기술사업화로 연결되는 여정!
캡스톤디자인 수업은 이제 '창의력'뿐만 아니라 '지식재산'도 함께 설계해야 한다."

수업 중에는 아이디어를 설계하고 기획하는 단계에서 학생들이 선행특허기술 조사를 수행하고 아이디어를 발전시켜 나갈 수 있도록 해야 한다.

고현선(2017)은 캡스톤디자인 운영의 자립화를 위하여 기업체와의 연계 과제 확대, 결과물을 통한 특허권리화 및 상품화 등의 기술사업화를 강조하였다. [그림 7-8]과 같이 캡스톤디자인과 지식재산권을 연계하기 위한 과정을 제시하였으며, 지식재산과 연계한 선행 연구들의 경우 아이디어 설계와 기획 단계에서부터 국

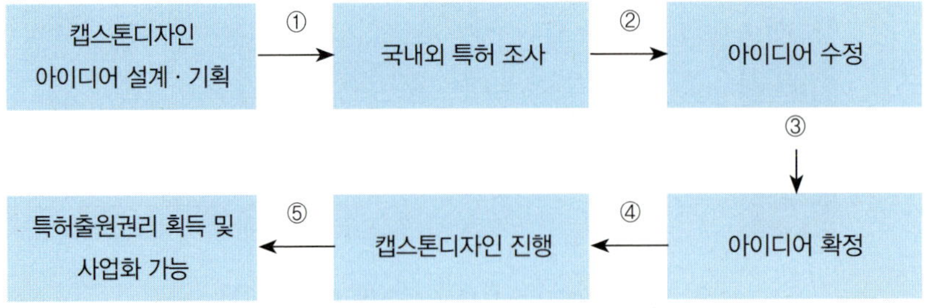

[그림 7-8] 캡스톤디자인과 지식재산권 연계 과정

출처: 고현선(2017), p.481.

내외 선행특허기술 조사 과정을 수행한 것을 확인할 수 있다(고은미, 박영신, 2023; 이석문, 서영석, 2022). 또한 캡스톤디자인 수업 전에 변리사를 통해 특허권의 중요성, 특허출원 방법 등에 대한 선행교육 및 팀별 프로젝트에 대한 컨설팅을 진행한 연구(황윤자, 정효정, 2021)가 있으며, 나승희, 박준환(2022)의 연구는 스포츠 분야 학생들이 공학적 지식과 융합하여 노인친화형 운동기구를 개발하여 특허를 출원한 사례가 제시되어 있는데, 개발한 발명품의 청구항에 대한 내용이 비교적 자세히 제시되어 있어 참고할 만하다.

캡스톤디자인을 운영하는 교수자는 학생들이 아이디어를 형성하는 과정에서 유사한 특허가 있는지 검색하도록 도와주는 것이 필요하다. 학생들이 특허를 검색하여 현재 구상한 아이디어가 기존의 제품들과 비교하여 독창성과 신규성을 확보했는지 확인할 수 있으며, 중복으로 연구되는 에너지를 방지하고 학생들의 아이디어가 나아가야 하는 방향을 더욱 명확하게 설정하는 과정이다.

"캡스톤디자인에서 아이디어만 좋다고 끝이 아니다!
비슷한 특허는 없는지 먼저 살펴보고,
그런 다음 진짜 '내 것'으로 발전시켜야 한다."

교수자는 학생들이 캡스톤디자인 과제를 통해 발굴한 아이디어가 특허로 발전시켜 나갈 수 있도록 수업 초기부터 과정을 안내하고 아이디어 실현을 위한 수행과정을 빠짐없이 기록하면서 연구를 하도록 지도해야 한다.

특허 검색을 위한 대표적인 플랫폼으로는 무료로 이용 가능한 키프리스(kipris.or.kr)와 유료 서비스인 윕스온(wipson.com) 등이 있다. 그 외의 무료 서비스와 유료 서비스는 [그림 7-10]을 참고하면 도움이 된다.

키프리스에서는 국내·외 특허 검색이 가능한 다양한 사이트 링크도 제공하므로 접근이 편리한 플랫폼을 선택하여 활용하면 된다.

충남대학교의 경우, 윕스온 유료 서비스를 학교에서 결제해 두었기 때문에 교내 아이디가 있으면 개인적으로 비용을 결제하지 않아도 이용이 가능하다. 단, 하루에 5,000포인트만 사용이 가능하다. 이것으로는 하루에 약 2,000건의 특허를 다운로드할 수 있다. 도서관 데이터베이스를 통해 가입 후 사용하며, 다른 대학들도 이와 유사한 서비스를 제공하는 경우가 있으므로 확인 후 적극적으로 활용하는 것이 유익하다.

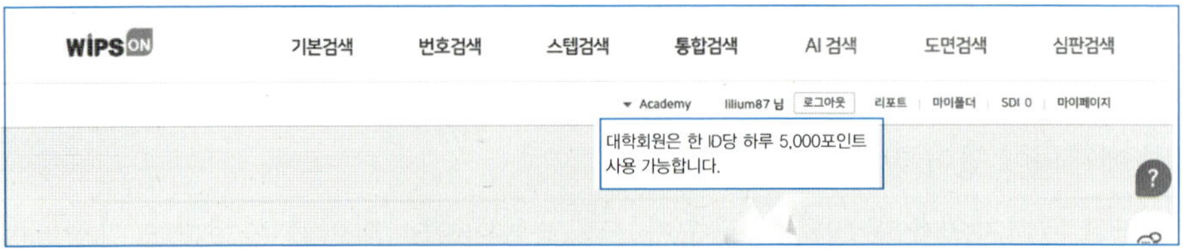

[그림 7-9] 윕스온 로그인 및 포인트 제공 화면

출처: 윕스온(2025, July 14).

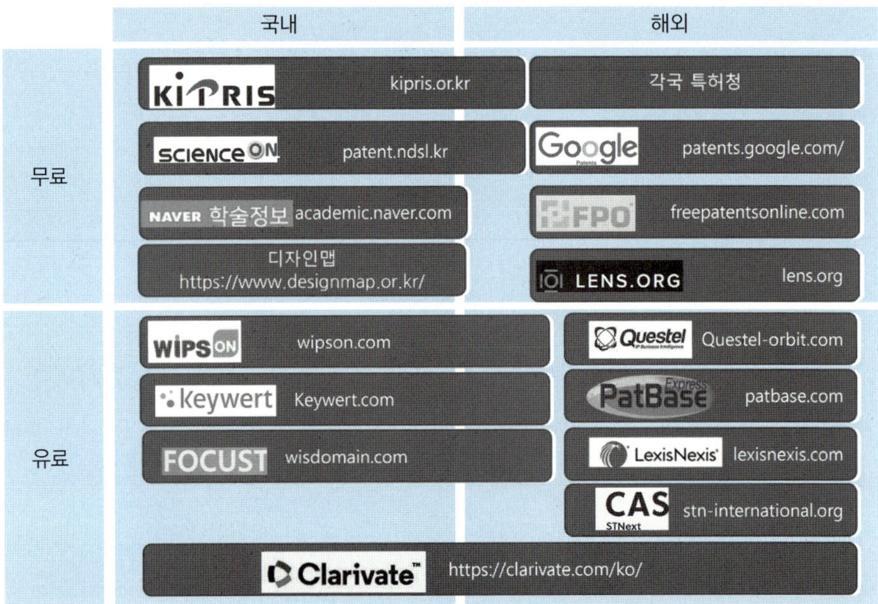

[그림 7-10] 국내외 특허검색 서비스 플랫폼

산업재산권에 해당하는 특허의 등록요건은 신규성, 진보성, 산업성이며, 교수자는 캡스톤디자인 수업 초기 아이디어의 설계와 기획 단계에서 선행특허기술 조사와 함께 팀원들이 하고자 하는 주제를 다양한 아이디어 발산 기법을 통해 구체화할 수 있도록 도와줘야 한다.

4) 선행기술 조사

"특허를 내기 전에는 비슷한 아이디어가 이미 있는지 먼저 찾아보는 과정이 꼭 필요해요. 이것을 '선행기술 조사'라고 하는데, 미리 조사하면 시간과 비용을 아낄 수 있어요."

선행기술 조사 절차는 조사하는 목적, 대상이 되는 기술의 특징을 이해하고 대상을 정확하게 아는 것이 필요하다. 조사 대상이 되는 기술을 잘 나타내는 키워드를 정리하여 검색식을 작성한다. 검색식에는 한글 외에도 해외 특허 검색을 위해 영어로도 표현해야 한다. 그래야 국내의 특허뿐만 아니라 해외에서의 특허도 검색되어 국가별 동향을 알 수 있게 된다,

검색 결과를 확인하고 찾고자 하는 주제와 다른 특허들이 보이면 검색식을 수정하면서 얻고자 하는 주제의 특허를 도출하면 된다. 초보자의 경우, 검색식을 만들어 하기 어렵고, 가볍게 동향만을 보고자 할 경우에는 무료 및 유료 검색사이트의 AI 검색을 활용하는 것도 하나의 방법이다.

(1) 특허와 실용실안 검색

키프리스의 홈페이지 화면에 상세검색을 클릭하면 [그림 7-11]의 화면이 나타난다. 여기에 출원인 외에 발명자도 알고 있다면 하단의 오른쪽 +를 클릭한다. 따라서 인명정보에 발명자가 추가되며, 여기에 발명자명을 적으면 된다. 만약에 검색하고자 하는 주제와 관련된 대표적인 회사로 '씨제이제일제당'이 있고, 그 회사의 특허건을 보고 싶다면 출원인에 '씨제이제일제당'을 입력하고 검색하기를 클릭하면, 그 회사의 기존 특허를 볼 수 있다. 특히 '햇반'같이 쌀로 가공하는 식품에 관심이 많다면 검색어로 '밥*쌀'을 넣으면 된다([그림 7-11] 참조). 검색 결과로는 74건이 검색된 것을 볼 수 있고, 검색 수가 많지 않으므로 이를 통해 찾고자 하는 핵심 특허를 어렵지 않게 찾아볼 수 있다([그림 7-12] 참조).

웝스온에서도 해외 특허는 보지 않고 한국 특허만 보고자 하는 경우에는 한국 특허만 클릭하고 기본검색을 한다.

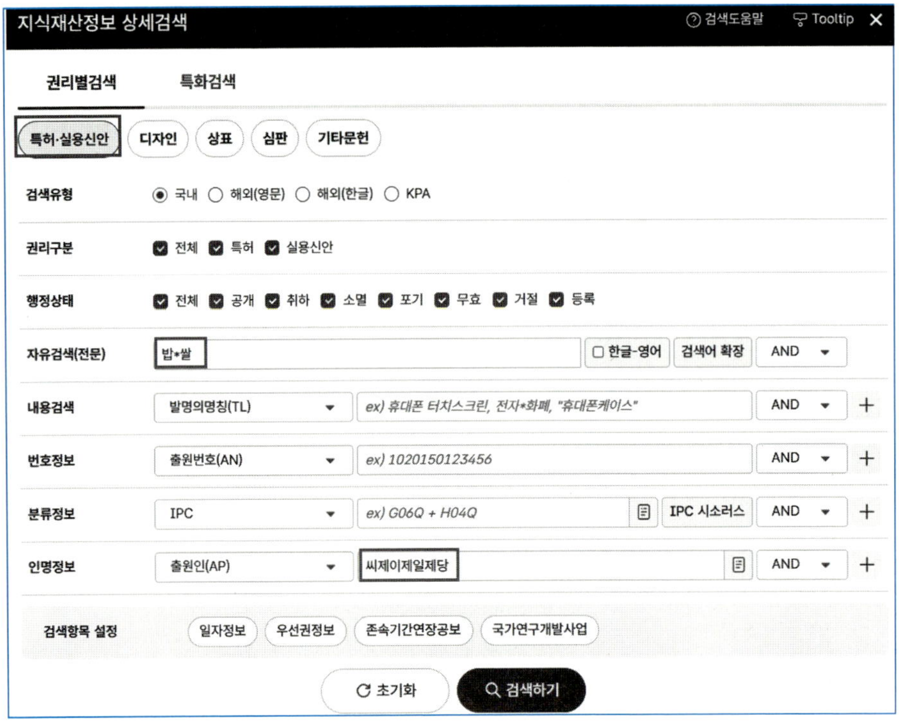

[그림 7-11] 키프리스를 활용한 상세 검색의 예시

출처: 키프리스(2025a, June 20).

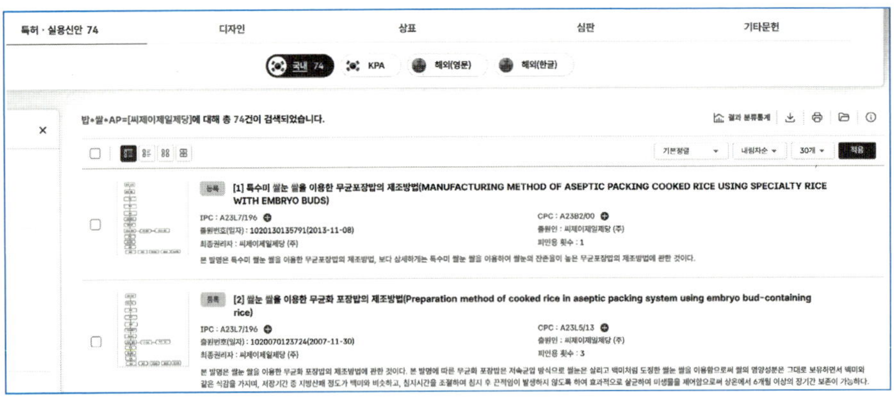

[그림 7-12] 키프리스를 활용한 상세 검색 후 결과 예시

출처: 키프리스(2025a, June 20).

예를 들어, [그림 7-13]과 같이 검색필드의 발명자에 '김영아'를 입력하고 출원인을 '충남대학교'로 입력하면 특허출원 및 등록 건이 보이게 된다.

[그림 7-13] **윕스온에서의 검색 방법**

출처: 윕스온(2025, July 14).

(2) 상표검색

제3장의 캡스톤디자인 운영 사례에서 제시되었던 CNU Care(상표출원번호 40-2019-026811)를 키프리스 사이트에서 검색해 봄으로써 선행기술을 조사하는 절차를 간략하게 제시하고자 한다. 키프리스를 통해 선행기술을 조사하는 방법은 '상세검색', '자유검색' 등이 있다([그림 7-14], [그림 7-15] 참조).

키프리스 홈페이지에서 '지식재산정보 검색' 탭을 선택하면 화면상단 메뉴에 '특허'를 비롯하여 '디자인', '상표', '심판', '기타문헌' 등을 검색할 수 있도록 되어 있다. 이곳에서 '상표'를 클릭하고 검색창에 원하는 검색어를 입력한다. 예를 들어, 'CNU Care'를 키워드로 입력하여 검색할 수 있다. 검색된 내용을 클릭하면 상세정보, 출원공고, 등록공고, 등록사항, 통합행정정보 등 세부 내용을 함께 검색할 수 있다.

[그림 7-14] 지식재산 상세 검색 방법 예시

출처: 키프리스(2025a, June 20).

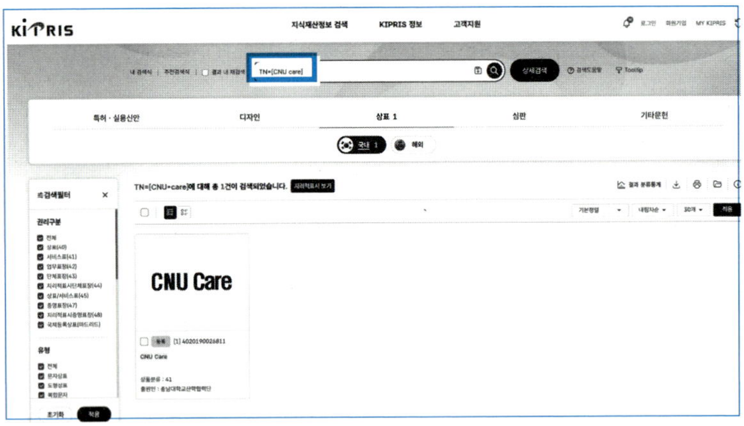

[그림 7-15] 지식재산 상세 검색 결과

출처: 키프리스(2025a, June 20).

검색창에 상표만 지정하지 않고 'CNU care'를 입력하여 전체를 검색하면, [그림 7-16]과 같이 특허, 디자인, 상표에서 다양하게 검색될 수 있으므로 찾고자 하는 목적에 맞게 검색식 등을 넣어야 원하는 특허를 찾을 수 있다.

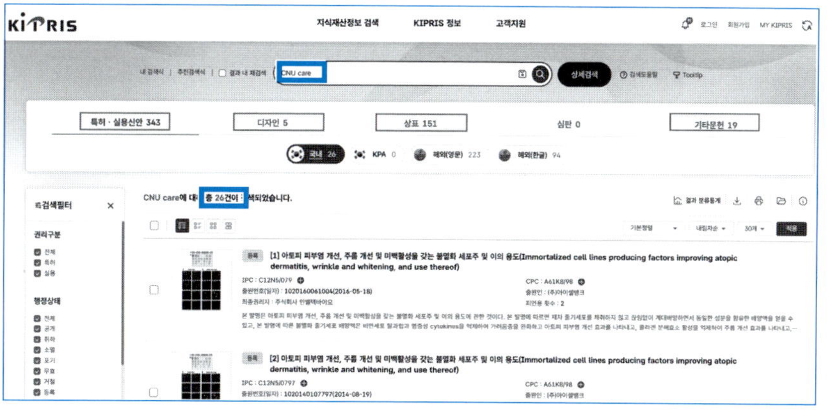

[그림 7-16] 지식재산 검색 결과 화면

출처: 키프리스(2025a, June 20).

5) 발명신고서 작성

"캡스톤디자인 수업에서 만든 아이디어가 진짜 특허가 될 수 있다면?
그 시작은 바로 '발명신고서' 작성에서부터 출발한다."

직무발명의 경우 대학의 산학협력단에 발명신고서를 제출해야 한다([그림 7-17], [그림 7-18], [그림 7-19] 참조). 산학협력단이 제공하는 발명신고서 서류에는 발명신고서와 함께 권리승계합의서(양도증)도 있어 반드시 작성하여야 한다. 간혹 학생들 중에는 왜 권리승계합의서를 작성해야 하냐고 묻는 경우가 있다. 이것을 제출하는 순간, 뭔가 학교에 특허를 뺏긴다는 느낌이 든다는 것이다.

권리승계합의서(양도증)는 말 그대로 발명자가 가진 권리를 특정 기관에 '양도'한다는 공식 문서이다. 좀 더 풀어 보면, 캡스톤디자인과 같은 수업에서 교수나 학생이 발명을 했다 해도, 그 발명은 학교가 제공한 연구환경(장비, 예산, 지도 등) 안에서 이루어진 '직무발명'으로 간주된다. 이 경우 발명자는 여전히 이름은 올라가지만, 실제 권리(특허권자)는 산학협력단 등 학교 기관이 되는 것이다. 따라서 '이 발명은 학교 소유로 하고, 우리는 권리를 넘기겠어요'라는 법적 약속을 문서로 남긴 것이 바로 권리승계합의서이다. 이것을 작성하지 않으면 특허출원이나 등록 후 비용 지원을 받기 어려워질 수 있다.

Q. 왜 필요해? → A. 특허권의 소유를 학교에 명확하게 넘기기 위해
Q. 누가 작성해? → A. 교수, 학생 등 발명자
Q. 언제 작성해? → A. 특허를 출원하기 전에 작성하여 산학협력단에 제출, 직무발명으로 인정될 경우
Q. 어떤 효과가 있어? → A. 학교가 특허권을 보유하고, 이후 출원 및 등록 비용을 대신 부담해 줄 수 있어.

여기서는 충남대학교 산학협력단에서 제공하는 발명신고서를 기준으로 설명하고자 한다. 발명신고서 양식에는 신고자, 발명의 명칭, 기술 분야 등의 요소를 작성해야 한다([그림 7-17] 참조). 크게 두 페이지로 되어 있으며, 첫 페이지의 가장 위에 있는 '신고자'는 발명의 대표자가 되는 교수를 적거나 경우에 따라 대표 학생을 적기도 한다.

'발명의 명칭'은 캡스톤디자인 과제를 수행하면서 주제로 삼았던 것을 그대로 써도 되고, 내용 중에 특허를 내는 기술을 따로 정리하여 적어도 된다.

'기술 분야'는 미래유망신기술 6T로, BT(생명공학기술), CT(문화기술), ET(환경·에너지기술), IT(정보기술), NT(나노기술), ST(우주항공기술)이다. 이에 속하지 않는 것은 기타 기술에 넣으면 된다. 캡스톤디자인으로 산출된 결과물과 연관된 기술 분야에 표기하면 된다. 국내출원과 해외출원은 선택하면 되는데, 일반적으로 국내출원이 대부분이며, 이 중 특허, 실용신안, 디자인, 상표, 저작권 중 해당하는 것에 표기하면 된다. 해외출원은 산학협력단을 통해 별도의 심사절차에 의해 심사를 받고 선정되어야 지원받을 수 있다. 우선권주장이나 분할출원은 학생 특허에서는 거의 발생하지 않는 것으로 특별히 관심 가지지 않아도 될 것 같다.

'기타사항'의 '비용부담'은 지원받는 기관에 체크하며, 특허사무소는 학교와 연계된 곳을 표기하거나 행정지원 부서에서 체크하는 사항으로 참고하면 된다. 별도의 비전담사무소를 지정할 경우에는 별도 사유서를 작성하여 함께 제출하면 된다.

'추가절차'는 심사청구에 체크해야 특허출원과 동시에 특허등록 절차로 넘어가는 것이므로 표시가 되었는지 꼭 확인해야 한다. 심사 미청구를 체크하면, 특허

출원만 진행하고 특허등록은 진행하지 않게 되는 것이다. 우선 심사는 비용을 추가로 지불하여 신속하게 진행되는 것이나, 특별한 경우에만 이루지게 된다. 예를 들어, 기술이 급속히 변하는 AI, 첨단 바이오 등 기술거래 중인 것들이 여기에 속한다.

발명자의 주의사항!
자기공개(Self-disclosure)가 되지 않도록 해야 한다.
특허출원 전에 발명자가 직접 논문 발표, 포스터 세션이나 학회 발표, 홈페이지 등에 내용을 공개하지 않도록!

'발명공개'는 특허출원을 하기 전에 논문 등에 공개가 되었는지를 확인하는 절차이다. 저자도 2005년에 특허를 처음으로 내기 위해 실험을 한 결과를 특허사무소에 의뢰한 적이 있다. 얼마 후 변리사가 혹시 논문에 낸 적이 없냐고 물었고, 아직 1년이 되지 않아 문제가 없다고 말한 적이 있었다. 그러나 논문으로 내기 이전에 학회에서 포스터 발표를 통해 1년 이전에 공개된 적이 있다는 것을 찾아내었고, 결국 '자기공개'에 의해 특허를 출원할 수 없는 일이 발생한 적이 있다. 사업화를 할 수 있는 좋은 결과임에도 불구하고 특허를 확보하지 못해 아쉬웠던 경험이 있다.

'전담사무소'는 화학, 생명, 전기, 기계 등 기술・분야별로 지정된 사무소를 확인하고 의뢰하고 싶은 곳을 체크하면 되고, 전담사무소 외에 다른 사무소에 의뢰하고 싶으면 '비전담사무소'에 작성하고, 지정 사유를 간단히 작성하면 된다.

'연구과제'는 작성하지 않아도 된다. 캡스톤디자인은 연구과제에 속하지 않기 때문이다. 물론 대학원생 등이 실험실에서 교수님과 과제를 수행하여 작성하는 경우에는 작성해야 한다.

기술사업화 계획은 기술이전 및 사업화 계획이 있으면 작성하고, 그렇지 않으면 작성하지 않아도 된다. 작성을 하지 않아도 추후 특허등록 후 산학협력단에서 매칭을 하게 되면 연락이 오므로 작성 유무에 따른 불이익을 걱정하지 않아도 된다.

두 번째 페이지의 '발명자 정보'는 모두 적어야 한다([그림 7-18] 참조). 일반적으로 교수, 학생 순으로 적으며, 학생은 과제에 기여도가 높은 사람 순으로 작성하기도 한다. 지분은 특허출원이나 등록 시에 결정되는 것은 아니고, 기여도를 생각하여 적으면 된다. 총 합계가 100%가 되도록 작성한다. 단, 기술이전을 할 경우 이 문서를 근거로 제시하며, 지분변경이 필요할 경우에는 사유를 첨부하여 신청하면 된다.

'발명 개요', '관련 도면', '응용 분야', '발명의 활용 가능성', '기술의 독창성/우수성' 항목은 학생들이 과제를 수행했던 결과를 중심으로 기본적으로 작성하며, 교수자는 이 내용을 기반으로 구체성 및 완성도를 높일 수 있도록 지도한다.

'특허로'에서 제공하는 양식을 참고하여 작성하면 도움이 되며, 유사한 특허를 찾아 참고하면 작성시 무엇을 넣으면 좋을지 판단하기에 좋다.

다음으로, '권리승계합의서(양도증)'에 대해 설명해 보고자 한다([그림 7-19] 참조).

'권리승계합의서(양도증)'는 반드시 작성해야 하는 서류 중 하나이다. 캡스톤디자인 수업을 통해 이루어진 발명은 일반적으로 '직무발명'에 해당되며, 이 경우 특허출원의 주체는 학생 개인이 아니라 해당 학교의 기관(예: 산학협력단 등)이 된다. 발명자는 교수와 학생으로 등록되며, 출원인은 기관 명의로 등록된다. 작성 순서는 일반적으로 교수, 학생 순으로 작성하며 발명자 정보에 작성한 순서대로 하면 된다.

해당 서류를 작성함으로써 기관은 특허 권리를 보유하게 되며, 이에 따라 출원 비용, 등록 비용, 유지비용은 물론, 심사과정에서 발생할 수 있는 '중간사건 비용' 또한 기관에서 지원받을 수 있다.

'중간사건 비용'이란, 특허청 심사관이 발명 내용에 대해 거절 이유를 통지하는 경우, 이를 대응하기 위한 의견서 제출, 보정서 작성, 거절이유 극복을 위한 기술 자문 또는 변리사 대응 비용 등을 말한다. 이 과정은 특허 취득의 성패를 좌우할 만큼 중요하며, 기관의 비용 지원 없이 진행할 경우 학생 개인에게 상당한 부담이 될 수 있다.

특허는 단순한 아이디어가 아니라 법적으로 보호받는 재산이다. 따라서 출원

〈 별지 제1호 서식 〉

발명신고서

<table>
<tr><td rowspan="2">신고자</td><td>성명</td><td>담당교수 성명</td><td>연락처</td><td>담당교수 연락처</td></tr>
<tr><td>소속</td><td>담당교수 학과</td><td>이메일</td><td>담당교수 이메일</td></tr>
<tr><td colspan="2">발명의 명칭</td><td colspan="3">0000</td></tr>
<tr><td colspan="2">기술 분야</td><td colspan="3">□BT □CT □ET □IT □NT □ST □기타 기술</td></tr>
<tr><td rowspan="3">구분</td><td>■국내출원</td><td colspan="3">□특허 □실용신안 □디자인 □상표 □저작권 □기타( )
□우선권주장(원출원일: /원출원번호:)
□분할출원(원출원일: /원출원번호:)</td></tr>
<tr><td rowspan="2">□해외출원</td><td>□PCT</td><td colspan="2">국내출원정보(출원일: /출원번호:)</td></tr>
<tr><td>□개별국
(국가명1/
국가명2)</td><td colspan="2">국내출원정보(출원일: /출원번호:)
PCT출원정보(출원일: /출원번호:)</td></tr>
<tr><td rowspan="4">공동출원</td><td>기관명</td><td>권리지분(%)</td><td>비용 부담율(%)</td><td>담당자정보(성명/소속/직위/연락처)</td></tr>
<tr><td></td><td></td><td></td><td></td></tr>
<tr><td></td><td></td><td></td><td></td></tr>
<tr><td colspan="4">※공동출원 사유:</td></tr>
<tr><td rowspan="3">기타사항</td><td>비용부담</td><td colspan="3">□산학협력단 지원 □연구비 계상 ■기타(RISE사업단)</td></tr>
<tr><td>추가절차</td><td colspan="3">■심사 청구 □심사 미청구 □청구범위제출유예(가출원)
□우선 심사</td></tr>
<tr><td>발명공개</td><td colspan="3">□논문 · 학술지게재 □학회 · 강연회발표 □연구보고서 □카탈로그
□제품판매 □기타( )
※공개일자:</td></tr>
<tr><td rowspan="5">특허사무소</td><td></td><td>화학/에너지/자원</td><td>생명/바이오/의료</td><td>전기/전자/정보통신</td><td>기계/건축/환경/소재</td></tr>
<tr><td>전담사무소</td><td>■OO(이OO)
□OO(김OO)
□OOOO(권OO)</td><td>□OO(최OO)
□OO(나OO)</td><td>□OO(김OO)</td><td>□OO(박OO)</td></tr>
<tr><td rowspan="2">비전담사무소</td><td colspan="2">사무소명:</td><td colspan="2">담당자:</td></tr>
<tr><td colspan="2">연락처:</td><td colspan="2">이메일:</td></tr>
<tr><td colspan="5"></td></tr>
<tr><td rowspan="5">연구과제</td><td>사업명</td><td></td><td>주관부처(전문기관)</td><td></td></tr>
<tr><td>과제명</td><td></td><td>연구 책임자</td><td></td></tr>
<tr><td>연구기관</td><td></td><td>참여(협동) 기관</td><td></td></tr>
<tr><td>연구기간</td><td></td><td>연구협약일</td><td></td></tr>
<tr><td>연구비</td><td colspan="3">총000,000,000원 (정부: 000,000,000원, 자체: 000,000,000원, 민간: 000,000,000원)</td></tr>
<tr><td colspan="2">기술사업화 계획</td><td colspan="3">※기술이전 및 사업화 계획:</td></tr>
<tr><td colspan="5">상기의 발명을 충남대학교 지식재산 규정 및 운영지침에 따라 신고합니다.

2000년 0월 0일

신고자 (인)
충남대학교 산학협력단장 귀하</td></tr>
</table>

[발명의 명칭] 캡스톤디자인 주제 또는 아이디어명 적기

[기술 분야] 미래유망기술 분야 6T로서 해당하는 분야에 표기. 예를 들어 바이오면 BT에 표시

BT(생명공학기술), CT(문화기술), ET(환경 · 에너지기술), IT(정보기술), NT(나노기술), ST(우주항공기술)

[구분_국내출원] 일반적으로 국내출원인 경우가 많으며 '특허'에 표시. 실용신안, 디자인, 상표, 저작권이면 해당하는 것에 표시

[구분_해외출원] 일반적으로 해외출원은 지원하지 않는 경우가 많으니 학교별 요건 확인

[기타사항_비용부담] 학교의 상황에 따라 비용부담 기관을 체크. 예를 들어, 대학의 사업단 지원을 받는 경우 기타에 체크 후 지원기관명으로 표기

[기타사항_추가절차] 특허등록을 위해 추후 심사 절차 진행을 할 수 있으므로 심사청구에 표시

[특허사무소] 대학의 전담사무소 중 해당하는 분야의 사무소에 체크

[비전담사무소] 비전담사무소를 지정할 경우 작성하고, 이용 사유서 등 별도 서식을 작성하여 제출. 산학협력단에 확인하여 함께 제출

기술이전 및 기술사업화 계획이 있는 경우에만 체크

[그림 7-17] 발명신고서 양식(충남대학교) 및 작성 요령

출처: 충남대학교 산학협력단(2025, June 20).

발명자 정보					
성명 (국문)	성명 (영문)	소속(대학/학과)	지분 (%)	연락처(휴대폰)	이메일
000	000				
000					
000					

발명 정보	
발명 개요	○ 발명의 목적 : ※ 발명의 동기, 필요성, 종래기술의 문제점 등 왜 본 발명을 하게 되었는지에 대해 간략하게 기재 ○ 발명을 실시하기 위한 구체적인 내용 : ※ 종래기술의 문제점을 어떻게(어떠한 기술로) 해결하였는지 본 발명을 구현하기 위한 기술적 수단에 대해 구체적으로 기재 ○ 발명의 효과 : ※ 본 발명을 구현함으로서 어떠한 효과가 있는지(무엇이 얼마나 좋아졌는지)에 대해 간략하게 기재 ○ 대표적인 청구범위 : ※ 특허권으로 보호받아야 할 사항, 기술적인 특징사항을 간략하게 기재
관련 도면	
응용 분야	
발명의 활용 가능성	
기술의 독창성/ 우수성	

- 지분(%): 발명에 기여한 비율을 적음, 인원의 합을 100%로 함
- 성명(국문): 일반적으로 지도교수명, 학생명 순으로 적음, 한글 이름 작성, 예를 들어, 김영아로 작성
- 성명(영문): 영문명 작성, 예를 들어, Kim, Young A로 작성
- 학생명의 경우, 팀장, 팀원 순으로 적음
- 발명 개요: **[구체적인 내용]** 발명을 실시하기 위해 했던 과제 혹은 프로젝트 내용을 기술
  [대표적인 청구범위]
  아이디어의 가장 대표적인 특징을 세부적으로 기술
  (예시)
  –캐리어를 끌기 시작할 때 기울이기 용이하도록 하는 캐리어 중앙부 하반의 발 받침대
  –캐리어 중앙 하단부, 발 받침대 상단의 손잡이의 역할을 할 수 있는 홈
- **[관련 도면]** 간단한 스케치 혹은 사진
- **[응용 분야]** (예시) 캐리어를 제작할 때 캐리어의 디자인으로써 적용 가능
- **[발명의 활용 가능성]** (예시) 발 받침대를 이용해 무거운 캐리어를 적은 힘으로 안정적으로 기울여 캐리어 이동 가능/발 받침대 상단의 손가락을 넣을 수 있는 홈에 손을 넣고 안정적으로 캐리어를 들어 올릴 수 있음
- **[기술의 독창성]** (예시) 본 기술에서는 기존의 캐리어와 다른 디자인의 캐리어로 발 받침대와 홈을 추가한 디자인의 창의적 문제 해법을 제시/캐리어 하단의 중앙부에 발 받침대를 설치하여 발을 대고 적은 힘으로 캐리어를 안정적으로 기울일 수 있게 했고 캐리어를 들어 올릴 때 발 받침대 상단에 홈을 설치하여 적은 힘을 이용하여 들어 올릴 수 있게 함

[그림 7-18] **발명신고서 양식(충남대학교)**

출처: 충남대학교 산학협력단(2025, June 20).

〈 별지 제2호 서식 〉

권리승계합의서(양도증)

발명의 명 칭	0000			
발명자(양도인)	성 명	(인)	주민등록번호	
	주 소		개인정보 수집 및 이용 동의	ㅁ 동의함 ㅁ 동의하지 않음
	성 명	(인)	주민등록번호	
	주 소		개인정보 수집 및 이용 동의	ㅁ 동의함 ㅁ 동의하지 않음
	성 명	(인)	주민등록번호	
	주 소		개인정보 수집 및 이용 동의	ㅁ 동의함 ㅁ 동의하지 않음
	성 명	(인)	주민등록번호	
	주 소		개인정보 수집 및 이용 동의	ㅁ 동의함 ㅁ 동의하지 않음
	성 명	(인)	주민등록번호	
	주 소		개인정보 수집 및 이용 동의	ㅁ 동의함 ㅁ 동의하지 않음
	성 명	(인)	주민등록번호	
	주 소		개인정보 수집 및 이용 동의	ㅁ 동의함 ㅁ 동의하지 않음
	성 명	(인)	주민등록번호	
	주 소		개인정보 수집 및 이용 동의	ㅁ 동의함 ㅁ 동의하지 않음
	※ 해외출원의 경우: 성명, 주소를 영문으로 기재(국내출원과 별도 제출)			
출원인(양수인)	명 칭	충남대학교 산학협력단		
	주 소	대전광역시 유성구 대학로 99		

〈 개인정보 수집 · 이용 동의 〉

- 산학협력단에서는 관련 법률에 의거 지식재산권 출원 등의 절차를 진행하기 위해 아래와 같은 개인정보(고유식별정보 포함)를 수집하고 있습니다.
  - 필수 수집 항목: 주소, 주민등록번호(고유식별정보), 성명
- 수집한 개인정보는 지식재산권 존속기간까지 보관합니다.
- 정보제공 주체는 개인정보(고유식별정보 포함) 제공 및 활용에 거부할 권리가 있으나, 이 경우 지식재산권 출원(발명자 정보 입력)에 제약이 있습니다.

위 발명자(양도인)는 상기 발명에 대한 지식재산권을 받을 수 있는 권리 및 관련 지식재산권을 충남대학교 지식재산권규정에 의거 충남대학교 산학협력단에 양도하며, 동 규정에 따른 직무발명 보상금 지급에 동의합니다.

년 월 일

충남대학교 산학협력단장 귀하

[권리승계합의서] 직무발명의 경우에는 작성하여 산학협력단에 제출

[발명의 명칭] 첫 페이지와 동일하게 작성

[성명] 교수 성명 작성
[(인)] 사인을 직접 하거나, 캡쳐하여 넣기
[주소] 자세한 주소 전부 넣기(시 · 군 · 읍 · 면 · 동 · 번지)

[주민등록번호] 앞자리 전부, 뒷자리 전부 작성

[개인정보 수집 및 이용 동의] 동의함에 체크

학생 성명 작성, 팀장부터 순서대로 작성 (인): 사인 넣기, 주소: 자세한 주소 전부 넣기

[발명자]
발명자에 해당하는 교수, 학생을 순서대로 작성

[그림 7-19] 발명신고서 중 권리승계합의서(양도증) 양식

출처: 충남대학교 산학협력단(2025, June 20).

시에는 발명자에 대한 정보가 명확히 기재되어야 하며, 성명과 함께 주민등록번호도 필수로 작성해야 한다. 주민등록번호 작성에 민감한 학생이 있을 수 있으나, 특허는 지식재산권으로서 명확한 권리 귀속을 위해 본인 식별이 반드시 필요하다. 이는 향후 발명자 권리 보호, 기술이전, 수익 배분 등 다양한 법적·실무적 상황에서 기준이 되는 핵심 정보이다. 민감한 정보인 만큼 관련 기관을 통해 안전하게 처리되며, 이 절차는 발명자가 자신의 아이디어를 정식 재산으로 인정받는 중요한 단계임을 반드시 알려야 한다.

'개인정보 수집 및 이용 동의'에는 '동의함'에 체크해야 한다. 해외출원을 원할 경우에는 따로 신청하고 접수한다.

6) 명세서 작성

산학협력단은 이메일로 제출된 발명신고서를 바탕으로 특허출원 지원 여부를 심의한다. 심의 결과, 문제가 없다고 결정되면, 특허출원 지시를 발명자와 특허사무소에 이메일로 전달한다. 이후 특허사무소 또는 발명자는 특허출원에 필요한 특허명세서를 작성한다.

특허사무소는 발명신고서의 내용을 기반으로 명세서를 작성하며, 필요한 경우 도면 작성이나 기술적 이해를 위해 추가 자료나 설명을 발명자에게 요청할 수 있다. 발명자는 명세서 작성을 위한 자료를 충분히 준비하고, 특허의 핵심이 누락되지 않도록 내용을 꼼꼼히 확인해야 한다([그림 7-20] 참조).

명세서 초안이 완성되면 특허사무소는 발명자에게 전달하고, 발명자는 이를 검토하고 수정·보완하여 특허사무소에 회신한다. 이상이 없을 경우, 해당 명세서를 바탕으로 특허출원이 진행된다.

산학협력단의 지원 없이 개인적으로 특허를 출원할 경우, 특허청 '특허로' 사이트에 게시된 '명세서 작성 예시'를 참고하여 명세서를 작성하면 된다. 초보자의 경우 유사한 특허를 검색하여 흐름과 구성방식 등을 파악한 뒤 작성하면 어렵지 않게 작성할 수 있다. 작성이 완료되면 '특허로'를 통해 전자출원을 진행하며, 이때 '출원인번호'를 사전에 발급받아야 출원할 수 있다.

■ 특허법 시행규칙 [별지 제15호서식] <개정 2013.1.3>

특허로(www.patent.go.kr)에서 온라인으로 제출가능합니다.

【명세서】

(앞쪽)

【발명(고안)의 명칭】
【기술분야】
【발명(고안)의 배경이 되는 기술】
(【선행기술문헌】)
  (【특허문헌】)
  (【비특허문헌】)
【발명(고안)의 내용】
  【해결하고자 하는 과제】
  【과제의 해결 수단】
  【발명(고안)의 효과】
【도면의 간단한 설명】
【발명(고안)을 실시하기 위한 구체적인 내용】
  (【실시예】)
(【산업상 이용가능성】)
(【부호의 설명】)
(【수탁번호】)
(【서열목록 자유텍스트】)
【특허(실용신안등록)청구범위】
  【청구항 1】
(【서열목록】)

[그림 7-20] **명세서 양식**

출처: 국가법령정보센터(2025, July 11).

특허명세서 작성 방법을 자세히 알아보면 다음과 같다.

특허를 출원하려면 '명세서'라는 서류를 작성해야 한다. 이 명세서는 내가 만든 발명이 어떤 기술인지 자세히 설명하는 문서이다. 작성에는 정해진 형식과 순서가 있으며, 보통은 학교와 연계된 전문 변리사가 대신 작성해 주는 경우가 많다. 하지만 변리사가 내용의 흐름을 이해하고 있어야 청구 범위가 제대로 들어간 특허를 제대로 받을 수 있으므로 발명자는 변리사에게 발명의 내용을 충분히 설명하여야 한다. 명세서는 일반적으로 다음의 6단계로 작성된다.

① 발명의 구성 요소 분석하기

내 발명이 기존 기술과 무엇이 다른지, 어떤 점이 더 나아졌는지를 생각하고, 그것을 이루는 주요 요소들이 무엇인지 정리한다.

② 특허 청구범위 쓰기

이 부분은 특허에서 가장 중요한 내용이다. '이러이러한 기술을 내가 보호받고 싶다'는 범위를 정하는 것이다. 먼저 청구범위를 써 두면, 뒤에 나올 설명도 더 쉽게 쓸 수 있고, 사용할 용어나 도면도 미리 준비할 수 있다.

③ 도면 그리기와 부호 붙이기

청구범위에서 정리한 구성 요소들을 바탕으로 그림(도면)을 그리고, 각 요소에 번호나 이름(부호)을 붙인다. 보는 사람이 발명을 쉽게 이해할 수 있도록 돕는 과정이다.

④ 발명의 설명 쓰기

앞에서 정리한 청구범위와 도면을 기반으로, 발명이 어떻게 작동하는지, 어떤 장점이 있는지에 대해 자세히 설명한다.

⑤ 최종 검토하기

작성한 내용이 잘 맞는지 전체적으로 점검한다. 빠진 숫자는 없는지, 도면 부호와 글 안의 용어가 서로 맞는지, 설명이 자연스럽고 논리적인지 등을 확인한다.

⑥ 발명의 요약 쓰기

지금까지 쓴 내용을 간단하게 정리해서, 누가 봐도 이 발명이 무엇인지 한눈에 알 수 있도록 요약문을 작성한다.

4 특허로 만들 때 학생들의 어려움과 해결 방안

"좋은 아이디어가 있어도 '특허'까지 가는 길은 쉽지 않다.

법도 어렵고, 기술도 복잡하고, 돈까지 드니 학생들은 쉽게 지치기 마련이다.

그래서 교수자와 대학은 학생들이 겪는 특허출원의 어려움을 미리 알고, 체계적인 지원 방안을 마련해야 한다."

캡스톤디자인 수업에서 나온 아이디어나 결과물을 특허로 출원하려고 할 때는 여러 가지 어려움이 생길 수 있다. 교수자는 학생들이 이런 문제를 미리 겪지 않도록 도와줄 수 있어야 한다.

① 교육적인 문제

특허출원 과정은 절차가 복잡하고 법적인 용어도 많다. 학생들은 요구되는 조건이나 절차를 정확히 이해하지 못해 어려움을 겪는 경우가 많다. 특히 '명세서'라는 기술 설명서를 작성할 때 막히는 경우가 많다. 이를 해결하기 위해서는 대학이나 관련 기관의 온·오프라인 강좌 등을 통해 특허 기초 교육, 명세서 작성법 같은 실용적인 수업을 듣게 하면 좋다. 또한 특허사무소와 협력해서 학생들이 상담이나 멘토링을 받을 수 있도록 하고, 명세서나 도면을 쉽게 작성할 수 있도록 '특허로'에 제공된 표준 양식을 활용하는 것도 도움이 된다. 또한 특허를 성공적으로 출원한 우수 사례를 공유하는 것도 이해를 돕는 데 효과적이다.

② 기술적인 문제

학생들이 자신이 만든 결과물이 기존 기술과 무엇이 다른지 명확히 표현하지 못할 때 생기는 문제이다. 이럴 때는 특허 검색 교육을 통해 기존 기술과의 차이를 스스로 파악할 수 있도록 돕고, 과제를 정할 때부터 다른 기술과의 차별성을 고려해서 시작할 수 있도록 유도해야 한다.

③ 경제적인 문제

특허를 출원하려면 출원료나 도면 제작 비용이 들 수 있어 학생들에게는 큰 부담이 될 수 있다. 캡스톤디자인 수업에서 나온 결과물이라면 산학협력단의 직무발명제도를 활용하여 학교 차원의 지원을 받을 수 있다. 반면, 개인적인 아이디어로 특허를 출원하고자 할 경우에는 특허청의 '특허로' 전자출원 시스템을 이용하면 1만 원 이내의 비용으로 간단히 출원할 수 있다. 또한 대학생 신분인 경우에는 대한변리사회를 통해 출원부터 등록까지의 절차를 지원받을 수 있다. 이 경우 학생은 정부에 납부해야 하는 관납료만 부담하면 된다. 이러한 제도를 적극적으로 활용하면 경제적 부담을 줄이고, 보다 쉽게 특허출원을 경험할 수 있다.

캡스톤디자인에 참여한 학생들은 결과물을 만드는 과정에서 스스로 만족감을 느낀다. 이 결과물을 특허로 등록해 '지식재산'으로 만들게 되면, 더 큰 성취감과 자부심을 얻을 수 있다. 특허를 가지고 있으면 취업이나 대학원 진학에서 가산점을 받을 수도 있다.

무엇보다 자신의 아이디어가 특허가 되어 실제로 '가치 있는 것'으로 인정받는 경험은 학생들에게 큰 동기부여가 된다. 이를 통해 더 도전적인 목표를 세우고 나아갈 수 있는 자신감도 생긴다.

5 학생 스스로 지식재산 만들기

학생이 직접 아이디어를 권리로 전환해 보는 경험은 창의성과 실무 역량을 높이는 데 큰 도움이 된다. 이를 지원하기 위해 '특허로' 전자출원, 무료변리(공익변리) 서비스, 대학 · 기관의 지원 사업 등 다양한 제도가 마련되어 있다([그림 7-21] 참조).

IP 디딤돌 프로그램은 예비창업자의 아이디어를 지식재산 기반 창업 아이템으로 도출하여 창업까지 연계될 수 있도록 맞춤형 지원을 통한 혁신형 창업 유도하기 위한 프로그램이다. 각 지역별로 설치된 지식재산센터에서 개별적으로 진행된다. 그러므로 지역의 지식재산센터 웹사이트에 접속한 후, 지역별로 지원사업 공고를 확인하여 지원하면 된다. 학생도 지원 가능하다.

이공계 대학(원)생 아이디어 권리화 패키지 지원사업은 대전테크노파크에서 진행하는 사업으로, 우수한 아이디어를 보유한 대전소재 이공계 대학(원)생에게 특허출원 및 향후 사업화할 수 있는 비즈니스 모델을 설계할 수 있도록 지원한다.

대전테크노파크 웹사이트에서 일반사업공고에서 일정을 확인하고 접수한다. 예산 상황에 따라 수시로 공지되기 때문에 지속적으로 모니터링을 하는 것이 좋다.

[그림 7-21] **대한변리사회 공익변리 신청 방법**

출처: 대한변리사회(2025a, July 14).

다음 사례는 캡스톤디자인 수업을 통해 '농약 잔류량을 저감시킨 애플민트 재배방법'으로 특허출원에 성공한 사례이다.

[사례 1] 발명명칭_농약 잔류량을 저감시킨 애플민트 재배 방법

특허출원일자: 2021.12. 9.	특허출원번호: 10-2021-0175746	
특허등록일자: 2025. 1. 6.	특허등록번호: 10-2752235	
특허등록번호: 10-2752235	특허공개일자: 2023. 6. 16.	
출원인: 충남대학교산학협력단		

(1) **출원 과정:** 생물환경화학과 4명으로 구성된 학생팀이 음료나 차로 사용되는 애플민트의 농약 사용을 줄이기 위해 재배 방법을 개선하는 방법을 설계하였다. 수업의 우수결과물을 직무발명으로 하여 사업단에서 산학협력단으로 신고하여 진행이 되었다. 발명인터뷰를 통해 선정되어 특허출원 과정을 거쳤다. 특허사무소는 충남대학교 산학협력단의 전담사무소 중 바이오 관련 사무소를 선택하여 과제물

전체를 설명하고, 추가 조언을 통해 이루어졌다.

(2) 학생 시스템: 지도교수와 함께 실험설계를 하고, 목표로 하는 분석을 위해 학과에서 구비한 LC-MS, HPLC 등 고가 실험장비를 활용하고 데이터를 얻었고, 이를 직접 해석하여 실험 결과를 얻었다.

(3) 지원 시스템: 캡스톤디자인 지도교수 멘토링과 특허사무소와의 협업을 통해 특허명세서를 작성하였다. 바이오 분야의 특허는 다른 분야의 특허보다 등록을 받기가 쉽지 않다. 그 이유는 내용에 실험 계획, 구성비율, 농도 등을 비교 실험하여 표와 그래프로 표현하고 결과를 보여 주며, 결과물의 사진 등을 첨부해야 하기 때문이다.

(4) 성과: 해당 아이디어는 특허출원(출원일 2021. 12. 9.)되었다. 2023년 6월 16일에 특허공개가 되었고, 2025년 1월에 특허등록까지 되었다([그림 7-22] 참조).

(5) 특허등록의 어려운 점: 특허출원 시에 청구항 수가 6개였으나, 최종 특허등록 시 청구항 수가 총 1개만 등록되어 권리가 제한적인 것을 알 수 있다([그림 7-23] 참조).

(6) 학생 소감 인터뷰

"특허출원 과정을 통해 내 아이디어가 산업적으로 가치가 있다는 사실을 확인할 수 있어 매우 기쁩니다."

"학부생으로 팀 과제 수행 중에 고가 실험장비를 이용하기에 힘들었지만, 소속 학과의 대학원생과 교수님이 실험 방법과 장비를 활용할 수 있도록 도와주셔서 너무 감사드립니다. 학부생이 활용하기 어려운 장비를 캡스톤디자인을 통해 이용하고 결과도 내서 앞으로 직무에 활용할 수 있을 것 같습니다 "

"그동안 실험은 해 보았지만 선행기술 조사와 명세서 작성은 한 번도 해 보지 않아 어떻게 해야 하나 고민을 했습니다. 하지만 대학에서 특허 지원을 해 준 덕분에 특허사무소에서 우리가 생각하지 않은 부분까지 너무 잘 작성해 줘서 좋은 결과가 나온 것 같습니다."

(7) 교수자 코멘트

"학생들이 과제 수행 후 직접 특허출원을 경험하며 기술적 성취와 창의성을 동시에 키워 가는 것을 볼 때 지도자로서 보람을 느낍니다."

"팀 활동으로 과제를 수행하고, 특허출원, 등록까지 하는 것은 대학 생활 동안에 열정을 다하여 활동을 한 결과로 보일 수 있습니다. 이들은 문제해결능력이 뛰어나고 창의력이 있는 학생이라 할 수 있습니다."

(8) 제안할 점

특허등록일을 보면, 출원일 이후 등록까지 3년 이상이 걸린 것을 알 수 있다. 이러한 경우, 대부분의 학생은 이미 취업을 한 경우가 많아 특허등록이 되어도 취업 시 직접적인 활용이 되지 않기도 한다. 따라서 대학 1~2학년의 저학년에 특허출원하여 졸업 시 특허등록이 되면 취업에 도움이 크게 될 수 있다. 학생 중에는 2학년 때 'Adventure Design' 같은 문제해결 기반 수업을 통해 특허출원을 한 경우, 4학년 1학기에 특허등록이 되어 대기업의 지원서 특허등록 칸에 작성을 하고, 자신감으로 무장하여 원하는 곳에 취업하는 것을 보았다.

등록특허 10-2752235

(19) 대한민국특허청(KR)
(12) 등록특허공보(B1)

(45) 공고일자 2025년01월09일
(11) 등록번호 10-2752235
(24) 등록일자 2025년01월06일

(51) 국제특허분류(Int. Cl.)
A01G 22/60 (2018.01) *A01G 24/00* (2018.01)
A01N 31/14 (2006.01)
(52) CPC특허분류
A01G 22/60 (2018.02)
A01G 24/00 (2018.02)
(21) 출원번호 **10-2021-0175746**
(22) 출원일자 **2021년12월09일**
심사청구일자 **2021년12월09일**
(65) 공개번호 **10-2023-0087105**
(43) 공개일자 **2023년06월16일**
(56) 선행기술조사문헌
JP2021523944 A
(뒷면에 계속)

(73) 특허권자
충남대학교산학협력단
대전광역시 유성구 대학로 99 (궁동, 충남대학교)
(72) 발명자
김영아
대전광역시 유성구 어은로 57, 106-202(어은동, 한빛아파트)
김민
경상북도 포항시 북구 성실로 55, 104동 1808호(장성동, 현진에버빌1단지아파트)
(뒷면에 계속)
(74) 대리인
특허법인 공간

전체 청구항 수 : 총 1 항 심사관 : 김정희

(54) 발명의 명칭 **농약 잔류량을 저감시킨 애플민트 재배방법**

(57) 요 약

본 발명은 농약 잔류량을 저감시킨 애플민트 재배방법에 관한 것으로, 최근 수요가 증가하고 있는 애플민트를 저농약으로 안전하게 재배할 수 있어 국민건강에 기여할 수 있다.

대 표 도 - 도2

[그림 7-22] 등록 특허 공보의 첫 장 예시

명 세 서

청구범위

청구항 1

애플민트 재배방법에 있어서,

토양과 농약을 혼화처리한 배양토를 제조하는 단계;

상기 제조한 토양과 농약을 혼화처리한 배양토에 애플민트를 식재하는 단계; 및

상기 식재한 애플민트를 25 내지 40일 재배 후 채취하는 단계;를 포함하는 것을 특징으로 하며,

상기 농약은 에토펜프록스이며

상기 토양과 농약을 혼화처리한 배양토를 제조하는 단계에서 토양과 농약의 혼합비율은 중량비 1000: 0.7~2로 혼합하며,

상기 재배방법으로 재배된 애플민트는 0.03 mg/kg 이하의 농약 잔류량을 갖는 것을 특징으로 하는 농약 잔류량을 저감시킨 애플민트 재배방법.

청구항 2

삭제

청구항 3

삭제

청구항 4

삭제

청구항 5

삭제

청구항 6

삭제

[그림 7-23] 청구항이 삭제되어 청구범위가 축소된 경우

핵심 POINT

01 캡스톤디자인에서 나온 아이디어를 특허로 연결하려면 절차와 방법을 단계별로 익히고, 발명을 구체화하며, 특허 요건인 신규성 · 진보성 · 산업상 이용 가능성을 갖추어야 한다.

02 과제 수행 전에 선행기술 조사를 실시하여 기존 기술과의 차별성을 파악하고, 이를 기반으로 과제를 설계 · 진행한다.

03 특허 지원 사업 예시와 실제 출원 사례를 참고하여 교수자와 학생은 어렵지 않게 지식재산을 획득할 수 있고, 기술창업이나 기술사업화까지 할 수 있다.

특허출원 사례

지식재산 기반 인재로 성장하는 출발점

캡스톤디자인 수업은 기술을 활용해 실제 문제를 정의하고 해결해 나가는 전 과정을 직접 경험한 소중한 기회였습니다. 단순히 수업을 수동적으로 듣는 것을 넘어, 문제를 발견하고 해결책을 스스로 모색해야 했기에 책임감과 배움의 깊이가 확연히 달랐습니다.

제가 해결하고자 했던 주제는 '기존 PCR(Polymerase Chain Reaction) 장치의 제약을 개선하는 것'이었습니다. 전공 과정에서 접한 대부분의 상용 PCR 장비는 무겁고 구조가 복잡해 실험실 환경 외에서는 사용이 어렵고, 분석 시간도 길어 현장 대응이 거의 불가능하다는 한계가 있었습니다. 특히 코로나19 시기에, 밀폐된 공간에서의 비말 감염은 중대한 문제였지만, 이를 즉시 경고할 수 있는 장치가 없다는 점은 매우 현실적인 이슈였습니다.

문제해결을 위해 수많은 아이디어를 브레인스토밍하고, 수차례의 회의와 자료 조사를 거쳐 구현 방안을 구체화했습니다. 공기 중 바이러스를 포집한 뒤 PCR로 증폭해 감염 가능성을 판단한다는 개념은 기존 기술에도 있었지만, 이를 '휴대성과 실시간 대응'이라는 관점에서 재설계한다는 점에서 차별화가 필요했습니다.

저는 기기 구조 개선과 관련된 설계를 맡아 다양한 자료를 바탕으로 기술을 발전시켜 나갔습니다. 그 과정에서 세척액 공급이 가능한 필터 구조를 통합하고, 최소한의 온도 구획으로도 효율적인 증폭이 가능한 열전달 모듈을 간소화하는 설계를 구현할 수 있었습니다. 이처럼 작은 설계 하나하나가 성능에 어떤 영향을 미치는지 직접 확인하고 수정하며, 기술적 판단과 설계 간의 밀접한 연관성을 몸소 체득했습니다.

기술 설계가 완료된 후, 교수님의 추천으로 대전테크노파크의 이공계 대학(원)생 권리화 지원사업에 도전하게 되었습니다. 이 사업을 통해 기술 검토 자문과 시제품 보완 작업을 수행하면서, 장치의 실용성과 시장성에 대해 보다 객관적인 시선으로 검토할 수 있었습니다. 특히 전문가와의 피드백은 기술을 보다 구체화하는 데 큰 도움이 되었으며, 이는 이후 특허 권리화 과정에도 효과적으로 이어졌습니다.

출원 준비 과정에서는 '특허명세서 작성 실무' 수업에서 배운 내용을 실전에 적용해 보았습니다. 전문가와의 소통을 위해 팀 프로젝트의 설계 의도와 목적을 다시 정리했고, 핵심 기술 내용을 글로 풀어 내며 한 학기 간의 여정을 체계적으로 정리했습니다. 이후 전문가의 컨설팅을 통해 표현을 다듬고 도면을 구체화하여, 'PCR을 활용한 호흡기 감염균의 검출 및 경고 장치'라는 명칭으로 특허를 출원할 수 있었습니다. 하나의 아이디어가 기술이 되고, 마침내 하나의 권리로 전환되는 전 과정을 경험하면서, 이론으로만 접하던 지식재산의 실질적 의미를 몸소 느낄 수 있었습니다.

무엇보다 인상 깊었던 점은 캡스톤디자인이라는 한 학기 수업이 지식재산 기반 인재로 성장하는 출발점이 되었다는 사실입니다. 제가 다룬 기술은 완벽하지 않았고 설계에도 한계가 있었지만, 문제를 정의하고, 기술적으로 해결하며, 제도적으로 보호하는 전 과정을 스스로 경험한 것 자체가 값진 배움이었습니다.

그 경험 이후, 저는 어떤 아이디어든 단순한 발상에 그치지 않고 "이 기술은 지식재산으로 보호받을 수 있는가?", "실제 시장에서 어떻게 기능할 수 있을까?"라는 질문을 함께 떠올리는 습관이 생겼습니다.

결과 중심이 아닌 '과정 중심'의 접근을 통해 저만의 문제해결 방식을 다듬고, 기술과 제도, 사람 사이의 연결 고리를 배울 수 있었던 실전과도 같은 이 캡스톤디자인 수업은, 기술적 감각과 실무 역량을 넘어 기술이 사회와 어떻게 연결되는지를 고민하는 시야를 갖게 해 준 중요한 기반이 되었습니다.

〈재학 중 지원받은 특허출원〉

특허출원지원: 대전테크노파크 이공계 대학(원)생 아이디어 권리화 패키지 지원사업 (수시 2차) 선정(대전테크노파크, 2024. 10. 23.)

특허출원지원: 대전테크노파크 이공계 대학(원)생 아이디어 권리화 패키지 지원사업 (수시 3차) 선정(대전테크노파크, 2024. 12. 3.)

'다 같이'하는 상생협력 "더 가치"있는 동반성장

대전테크노파크

수신자 수신자참조
(경유)
제목 이공계 대학(원)생 아이디어 권리화 지원사업(수시2차) 선정평가 결과통보

1. 2024년도「이공계대학(원)생 아이디어 권리화 패키지 지원사업(수시)」대전테크노파크 공고 제2024-55호 관련입니다.
2. 동 사업의 선정평가결과 지원대상으로 "선정" 되었음을 통보합니다.

가. 향후일정 : 협약체결(대전TP, 선정 학생, 1개 분야(특허출원) 수행사) (10.29(화) 15:30 예정, 협약서 별도 안내) → 과제추진(국내 출원 반드시 11.30까지 종료) → 결과보고(수행사→대전TP) → 정산 및 지원금 교부(12월초) / * 일정은 변경될 수 있음

나. 참고사항 : 협약기간은 2024.10.22.(선정일)~11.30. 끝.

대전테크노파크 원장

수신자 선정 학생 4인(문태성, 윤성민, 전민수, 정우성), 수행사 2개(특허법인 공간, 케이씨비(KCB)특허법률사무소, 특허법인 오암) 대표이사

과장 10/23 정종택 팀장 10/23 이종성 기술사업화실장 전결 10/23 배병준

협조자

시행 기술사업화실-1663 (2024. 10. 23.) 접수 ( )
우 30427 대전광역시 유성구 테크노9로 35 대전테크노파크 / http://www.djtp.or.kr
전화 042-930-4813 /전송 042-930-4839 / jbjung@djtp.or.kr / 공개

◆대전테크노파크 특허 지원사업 공문◆

2024년 이공계 대학(원)생 아이디어 권리화 패키지 지원사업 신 청 서				
지원유형별 신청건수	□ BM설계(건) ■ 특허출원(1건)			
대상기술명	특허1	PCR을 활용한 호흡기 감염균 검출 및 경고 장치		
	특허2	해당없음		
	소속	충남대학교	재적상태	학사과정 2학년 재학중

◆이공계 대학(원)생 아이디어 권리화 패키지 지원사업 신청서◆

문태성 (충남대학교 미생물 · 분자생명과학과, 지식재산융합전공)

캡스톤디자인 학습자 이야기

특허출원 사례

작고 단순한 아이디어도 충분히 권리가 될 수 있구나!

1학기의 '지식재산 캡스톤디자인' 수업을 통해 팀원들과 협력하여 아이디어를 도출하고, 이를 구체적인 결과물로 만들어 내는 교육과정을 경험했습니다. 이 경험을 바탕으로 지역문제해결 경진대회에도 출전하였고, 이어 2학기에 '아이디어와 지식재산' 수업에서 진행된 특허출원 프로젝트를 통해 특허출원을 하였고, '심사청구'를 하지 않아, '공개특허'를 신청하여 바로 공개되었습니다. 이러한 과정을 통해 지식재산권의 의미와 창의적 문제해결능력의 중요성을 직접 체감하게 되었습니다.

당시 저희 팀은 '구명튜브가 결합된 백팩'이라는 아이디어를 발굴해 AI를 활용해 도면을 그려 보는 과정을 진행했습니다. 이 프로젝트는 단순한 수업 과제를 넘어 실무적 지식과 경험을 쌓을 수 있었던 소중한 계기였습니다.

프로젝트의 출발점은 여름철 뉴스에서 자주 접하는 수상사고였고, 또 하나는 팀원 중 한 명이 수상 레저를 즐기던 중 구명 장비가 없어 위험을 느꼈던 실제 경험이었습니다. "일상에서 사용하는 가방이 물에 빠졌을 때도 생명을 지킬 수 있다면 어떨까?"라는 질문이 곧 '구명튜브와 백팩의 결합'이라는 아이디어로 이어졌고, 팀원 간 활발한 토론을 통해 기능 구성과 실현 가능성을 구체화하기 시작했습니다.

다양한 전공의 팀원들과 협업하면서 초기엔 용어와 관점 차이로 어려움도 있었지만, 이질적인 사고가 오히려 강점이 되어 아이디어를 다각도로 확장하는 데 큰 도움이 되었습니다. 사고의 긴급성, 사용자 편의성, 기술적 작동 가능성 등 다양한 시각이 모여 완성도를 높일 수 있었습니다.

특허출원 과정은 예상보다 훨씬 복잡했습니다. 단순한 아이디어만으로는 부족했고, 유사한 선행기술을 면밀히 조사하고 분석하는 데 상당한 시간과 노력이 필요했습니다. 예컨대, '구명 기능이 있는 가방'은 이미 일부 시장에 존재했기 때문에, 우리 아이디어의 차별성을 명확히 설정하고, 특허의 보호 범위를 전략적으로 설계해야 했습니다. 기술의 핵심을 정확히 짚어 내고, 청구항을 명확하게 구성하는 과정에서는 실무지식과 논리적 사고력이 필수적이었습니다.

무엇보다 인상 깊었던 점은, 이 모든 고민의 출발점이 '사용자의 불편'을 해소하려는 문제의식이었다는 사실입니다. 저희는 거창한 기술을 발명한 것이 아니라, 일상의 불편을 주의 깊게 관찰하고 이를 구조적으로 재해석해 개선안을 제시했을 뿐임에도 특허로 출원될 수 있었던 이유는, 지식재산 제도가 창의적인 시도와 실질적인 문제 해결 능력을 제도적으로 인정하고 보호해 주기 때문이라고 생각합니다. 이 경험을 통해 저는 지식재산이 단순한 법적 권리를 넘어, 창의성, 실용성, 그리고 사회적 책임이 어우러진 사고의 결과물임을 깨달았습니다. 만약 이 프로젝트가 없었다면, 특허는 기업이나 연구기관만의 영역이라고 생각했을지도 모릅니다. 그러나 지금은, 작고 단순한 아이디어도 충분히 권리가 될 수 있다는 점을 직접 체감했습니다.

이러한 경험은 앞으로의 진로에 중요한 시작점이 될 것입니다. 저는 연구자와 발명자의 권리가 정당하게 보호받는 사회에 기여하고 싶으며, 실무적인 지식재산 전략 수립에도 큰 관심을 갖게 되었습니다. 어떤 분야에 있든, 이 경험은 문제를 관찰하고 해법을 도출하며, 이를 제도적으로 구체화할 수 있다는 자신감을 저에게 심어 주었습니다.

〈학부 재학 중 지원받은 특허출원〉

특허출원지원: 대전 테크노파크 이공계 대학(원)생 아이디어 권리화 패키지 지원 사업(수시 2차) 선정(대전테크노파크, 2024. 10. 23.) 특허출원 2건

특허출원지원: 대전 테크노파크 이공계 대학(원)생 아이디어 권리화 패키지 지원 사업(수시 3차) 선정(대전테크노파크, 2024. 12. 3.) 특허출원 2건

'특허로'를 통한 전자출원 1건

공개특허 10-2024-0137503

(19) 대한민국특허청(KR)
(12) 공개특허공보(A)

(11) 공개번호 10-2024-0137503
(43) 공개일자 2024년09월20일

(51) 국제특허분류(Int. Cl.)
A45F 3/04 (2006.01) *A45C 13/00* (2014.01)
B63C 9/00 (2006.01) *B63C 9/08* (2006.01)
(52) CPC특허분류
A45F 3/04 (2013.01)
A45C 13/00 (2013.01)
(21) 출원번호 10-2024-0087999
(22) 출원일자 2024년07월04일
심사청구일자 없음

(71) 출원인
윤성민
경기도 파주시 와석순환로 307, 1103동 1603호 (목동동, 산내마을11단지 현대아이파크아파트)
오성택
대전광역시 서구 계룡로231번길 30, 304호 (월평동)
(72) 발명자
윤성민
경기도 파주시 와석순환로 307, 1103동 1603호 (목동동, 산내마을11단지 현대아이파크아파트)
김휘나리
충청남도 예산군
오성택
대전광역시 서구 계룡로231번길 30, 304호 (월평동)

전체 청구항 수 : 총 1 항

(54) 발명의 명칭 **구명튜브가 결합된 백팩**

(57) 요 약

본 발명은 수상 활동 중 발생할 수 있는 긴급상황에 대비하기 위한 인명구조용 구명튜브가 결합된 백팩에 관한 것으로, 보다 상세하게는 내부에 짐을 넣고 활용하는 일반적인 배낭으로 활용하다가 긴급상황 발생 시 장기간 부유할 수 있는 부유체를 형성하여 인명을 구조할 수 있는 백팩에 관한 것이다.

(뒷면에 계속)

대 표 도 - 도1

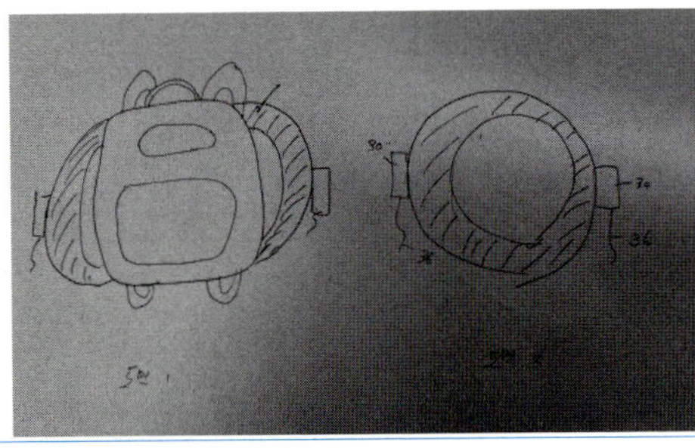

◆공개특허공보◆

◆결과물에 대한 AI 활용 도면◆

윤성민 (충남대학교 동물자원과학부, 지식재산융합전공 졸업)

문제를 해결하는 힘, 사람을 키우는 수업

"캡스톤디자인? 그게 뭔가요?"

수년간 학생들 앞에 섰지만, 이 교과목만큼은 나에게도 낯설었다. 전공이 다른 학생들이 모인 수업. '내가 과연 잘 이끌 수 있을까?' 걱정도 있었지만, 해 보기로 하였다.

2013년, 충남대학교에서 '융합 캡스톤디자인'을 처음으로 강의하게 되었다. 곧 깨달았다. 중요한 건 교수의 이론적 설명이 아니라, 학생들 간의 협력이라는 것을….

문제를 발견하고, 해법을 만들고, 의견을 조율해 가는 과정 속에서 학생들은 서로를 이해하며 수업을 스스로 살아 움직이게 만들었다. 수업 주제를 가져오면 항상 질문한다. "누구를 위해 이 주제를 선택했지요? 그렇다면 정말 해결하고 싶은 건 무엇인가요?"

"Learning by Doing"

이 수업의 본질은 지식 전달이 아니다.

학생들이 직접 문제를 정의하고, 손으로 해답을 만들며, 서로의 아이디어에 부딪히고 기대는 과정 그 자체가 배움이다. 협력, 실천, 그리고 주도성으로 학생들은 진짜 힘을 키웠다. 때로는 특허출원이나 기술이전 같은 구체적인 성과로 이어지기도 했지만, 그보다 더 큰 성장은 자기 삶을 문제로 바라보는 시선을 갖게 된 것이다.

"거리와 언어를 넘어, 함께 고민하다"

돌이켜 보면 가장 짜릿했던 순간은 네덜란드와의 협업이었다.

2020년 1월, 전국의 교수와 학생들이 네덜란드의 '리빙랩(Living Lab)' 교육 현장을 직접 찾았다. 그곳에서 우리는 배웠다. 학생이 지역의 문제를 정의하고, 실무 프로젝트를 통해 해결 방안까지 만들어 내는 교육이 어떻게 실질적인 취업과 창업으로 이어지는지를.

그 생생한 배움은 곧 실천으로 이어졌다. 돌아온 직후, 충남대학교에 국내 최초로 '글로벌 캡스톤디자인' 과목을 신설 및 운영을 했다. 코로나19라는 제약 속에서도 배움은 멈추지 않았다. 한국과 네덜란드의 시차를 조율해 Google Meet을 통해 비대면 수업을 진행했다. 우리 학생들은 지역의 문제, 예컨대 취약계층을 위한 커뮤니티 가든이나, 쓰레기 문제해결 아이디어 등을 발표했고, 네덜란드 학생들은 그에 대해 질문과 실질적인 조언을 건넸다. 서툰 언어였지만 K-food, BTS 등 유쾌한 질문이 오가기도 하며 웃음도, 우정도 피어났다.

그리고 2023년, 2024년. 네덜란드 폰티스대학의 학생들이 직접 대전을 찾았다. 어은동, 소제동, 원도심을 탐방하며 대전의 학생들과 함께 지역 문제를 고민하고, 1박 2일의 프로젝트를 수행했다. 그 모습을 지켜보며 확신했다. 각 나라의 문제점은 우리 모두의 문제점이고 같이 협력하면 생각하지 못한 창의적인 방법으로 해결할 수 있다는 것을….

"캡스톤디자인, 한 학기의 기적"

이 수업은 단순한 프로젝트 수업이 아니다.

학생이 자신의 삶에 문제를 제기하고, 그 해결 과정을 통해 성장해 가는 여정이다.

때론 갈등도 생기고, 생각이 부딪히지만, 그 과정을 견디며 자신만의 해법을 찾아간다. 그 여정에서 생기는 자신감, 협업의 감각, 실천력은 그 어떤 교과서보다 강력한 자산이 된다.

이 수업은 나에게도 매 학기 새로운 배움이다. 학생과 함께 고민하고, 변화하고, 성장하는 이 과정이 교육의 본질이라고 믿는다. 그래서 나는, 계속 이 수업을 하고 싶다.

◆충남대학교-네덜란드 대학 온라인 글로벌 리빙랩 워크숍◆

저자 김영아

KAIST K-School (2021). 2021 봄학기 KAIST 융합캡스톤디자인 성과집. KAIST.

강인애, 정은실(2010). 팀 구성 방식에 따른 학습활동 만족도: 질적 자료 분석에 의한 사례 연구. 교육방법연구, 22(3), 67-95.

강희명, 기희숙(2022). 산학연계 캡스톤디자인 사례 연구: 3D CAD 시스템을 활용한 니트 조직 개발. 디자인융복합연구, 21(6), 41-52.

고은미, 박영신(2023). 전문대학 예비유아교사 융합형 캡스톤디자인 수업을 통한 지식재산권 연계 사례 연구. 문화기술의 융합, 9(6), 833-841.

고현선(2017). 지식재산권을 연계한 캡스톤디자인 교육에 대한 고찰. 예술인문사회융합멀티미디어논문지, 7(8), 479-488.

교육부(2022). 대학혁신지원사업 종합성과 분석 보고서. 교육부 고등교육정책실.

교육부(2025). 2025년 대학정보공시지침서.

국가통계포털(KOSIS). (n.d.). 캡스톤디자인 운영 대학 수. https://kosis.kr

국가법령정보센터(1957, January 28). 저작권법. https://www.law.go.kr/lsSc.do?query=저작권법

국가법령정보센터(2022, December 11). 지식재산 기본법 제3조. https://www.law.go.kr/lsSc.do?query=지식재산+기본법

국가법령정보센터(2024, August 7). 발명진흥법 제15조. https://www.law.go.kr/lsSc.do?query=발명진흥법

국가법령정보센터(2024, August 28). 저작권법. https://www.law.go.kr/%EB%B2%95%EB%A0%B9/%EC%A0%80%EC%9E%91%EA%B6%8C%EB%B2%95

국가법령정보센터(2025, July 11). 특허법 시행규칙. https://www.law.go.kr/lsSc.do?query=특허법+시행규칙

국가법령정보센터(2024, July 31). 반도체집적회로의 배치설계에 관한 법률. https://www.law.go.kr/%EB%B2%95%EB%A0%B9/%EB%B0%98%EB%8F%84%EC%B2%B4%EC%A7%91%EC%A0%81%ED%9A%8C%EB%A1%9C%EC%9D%98%EB%B0%B0%EC%B9%98%EC%84%A4%EA%B3%84%EC%97%90%EA%B4%80%ED%95%9C%

EB%B2%95%EB%A5%A0

국가법령정보센터(2025, July 14). 국가법령정보센터 홈페이지. https://www.law.go.kr

김경언, 이상기(2024). 대학생의 교양교육 인식 및 요구 분석-C 대학을 중심으로. **교양교육연구**, 18(5), 245-260.

김남기(2023). 캡스톤디자인 혁신교수법 세미나 발표자료.

김승윤(2022). 상담심리학 학부생의 캡스톤디자인 수강 경험에 관한 현상학적 연구. **학습자중심교과교육연구**, 22(17), 771-785.

김영아, 김태훈, 박길환, 허내금, 박선민, 정다운, 박상현, 윤병선, 박성준(2024). **창의적인 지식재산 캡스톤디자인**. 충남대학교출판문화원.

김종민(2021). 지역디자인 산업발전을 위한 캡스톤디자인 교육 사례연구: '제주 탐라는아이디어전'을 중심으로. **한국콘텐츠학회논문지**, 21(6), 653-662.

김종현, 엄우용(2023). 대학교원의 캡스톤 디자인 교수역량 모델 개발. **대학 교수-학습 연구**, 16(3), 172-212.

김진홍(2022). **디자인 씽킹을 활용한 캡스톤 디자인 수업의 이해**. 박영사.

김현주(2024). 캡스톤디자인(일본문화)의 수업실천. **일본학보**, 129, 97-114.

김혜경(2015). 팀 프로젝트 학습의 학습자 역량모형 개발. **학습자중심교과교육연구**, 15(7), 521-544.

나승희, 박준환(2022). 캡스톤디자인을 활용한 노인친화형 운동기구 개발: 특허출원(2020-0023049). **한국발육발달학회지**, 30(1), 91-98.

남지연(2020). 융합 캡스톤디자인 프로젝트 경험에 대한 현상학적 연구. **학습자중심교과교육연구**, 20(2), 801-818.

대전테크노파크(2024, August 26). 이공계 대학(원)생 아이디어 권리화 패키지 지원사업 공고(2차) https://www.djtp.or.kr/board.es?mid=a20102000000&bid=0102&act=view&list_no=12392&tag=&nPage=5

대전테크노파크(2024, November 6). 이공계 대학(원)생 아이디어 권리화 패키지 지원사업 공고(3차) https://www.djtp.or.kr/board.es?mid=a20102000000&bid=0102&act=view&list_no=12392&tag=&nPage=5

대한변리사회(2025a, July 14). 공익변리 신청방법. https://www.kpaa.or.kr/

대한변리사회(2025b, July 14). 대한변리사회 홈페이지. https://www.kpaa.or.kr

동국대학교(2025, April 2). 캡스톤디자인 유형. https://linc.dongguk.edu/student/capstone

문찬주, 한지예(2023). 캡스톤 디자인 수업 경험이 대학생의 학업 및 진로준비도에 미치는 영향. **교육행정학연구**, 41(1), 193-216.

민혜영, 김지영(2020). 캡스톤 디자인 간호연구 수업의 팀워크역량과 팀활동 경험. 한국산학기술학회논문지, 21(1), 705-716.

박선미(2024). 2년제 대학생의 캡스톤 디자인 수업경험 탐색. 학습자중심교과교육연구, 24(6), 211-224.

박수정(2015). 스마트폰 영화 제작 교육방법의 대학 강의 적용 사례와 성과 분석. 학습자중심교과교육연구, 15(7), 403-421.

박수정(2021). 온라인 수업에서 팀 학습 어떻게 할까. 학지사.

박수정(2023). 대학 수업은 처음입니다. 학지사.

박수정, 박진호, 장은아(2021). 지역사회 연계 프로젝트 수업 사례 분석. 학습자중심교과교육연구, 21(10), 949-966.

박수정, 이희숙, 김선영(2024). 교육연구논문작성법. 박영스토리.

박신향(2016). PBL 수업과 강의식 수업 비교를 통한 수업 방식 선호 연구. 학습자중심교과교육연구, 16(9), 495-515.

서강대학교(2025, April 2). 캡스톤디자인 유형 소개. https://linc.sogang.ac.kr/capstoneIntro/a/m/getSubjectIntro.do

서연화(2022). 지역사회 연계 캡스톤디자인 수업개선 방안 연구: 시각디자인 수업 운영사례를 중심으로. 브랜드디자인학연구, 20(1), 183-196.

석승민, 민지영(2023). 골목상권 활성화를 위한 캡스톤디자인 교육 연구: 수내역 일대 대학 협업사례를 중심으로. 상품문화디자인학연구, 74, 219-228.

설연경(2020). '변혁적 역량기반(Transformative Competencies)' 미래지향적 교육설계 방안. 교양교육연구, 14(3), 25-38.

성균관대학교(2024). 성균관대학교 WE-MEET 프로젝트 홈페이지. https://we-meet.skku.edu

신창범, 권오성(2014). 캡스톤디자인의 디자인 교육 응용 사례연구: 인터랙션 디자인 교과를 중심으로. 디지털디자인학연구, 14(1), 33-42.

신창식(2021). 음악대학 캡스톤디자인 적용 사례 연구. 연기예술연구, 22(2), 243-262.

아주대학교(2025). 아주대학교 SW융합교육원 홈페이지. https://softcon.ajou.ac.kr/works/works_list.asp?category=I

안경환(2024). 대전대학교의 적정기술 선도 글로벌 협력. 적정기술, 16(2), 142-159.

엄우용, 김종현, 김화경(2022). 캡스톤 디자인 수업 운영에 대한 대학교원의 인식 및 교육 요구도 분석. 공학교육연구, 25(2), 3-12.

엄지영, 황혜미(2023). 인문사회계열의 산학연계 캡스톤디자인 수업사례 연구: IPA 및 FGI 분석. 무역연구, 19(2), 131-146.

오형준, 김준형(2020). 3-Tier 캡스톤디자인: SW 개발 캡스톤디자인 사례 연구. 창의정보문화연구, 6(3), 199-207.

윕스온(2025, July 14). 윕스온 특허검색 시스템. https://www.wipson.com

유은정, 김두희, 김미진, 구원회(2021). CE-PBL을 적용한 캡스톤디자인 교과목 비대면 수업에서의 대학생 경험 분석. 학습자중심교과교육연구, 21(9), 29-47.

유지은(2023). 기독교교육전공 캡스톤디자인 수업사례. 성경과신학, 108, 85-110.

유진희(2023). 중국어 캡스톤디자인 교과목 운영사례 연구: 중국 마케팅 전략수립을 중심으로. 중국학, 83, 377-397.

이경훈(2024). 전문대학 전기과 졸업생이 경험한 캡스톤디자인 수업의 교육적 성과와 가치 탐구. 한국산학기술학회논문지, 25(8), 158-164.

이광동, 박승우. (2019). 대안적 대학교육 모델로서 지역혁신 캡스톤 디자인 강좌의 의미 고찰 - OO대 사회학과 운영 사례를 중심으로. 교양교육연구, 13(4), 181-205.

이규진(2022). PBL 기반 캡스톤 디자인을 활용한 패션디자인교육: ICT 웨어러블 헬스케어 스마트패션디자인을 중심으로. 한국디자인포럼, 27(4), 219-232.

이동원(1995). 인간교육과 협동학습. 성원사.

이석문, 서영석(2022). 산업체 참여형 캡스톤디자인 & 현장실습 연계 모형 연구: 경북 Y대학 전자공학과 사례를 중심으로. 실천공학교육논문지, 14(1), 137-147.

이석열, 김누리, 신재영, 오세원, 육진경, 이영학, 이인서, 이종일, 이훈병, 최현준(2025). 대학전공자율선택제의 이해와 실천. 학지사.

이옥진, 이승원, 홍은희, 김혜금(2020). 대학생들의 캡스톤 디자인 수업방법에 대한 인식이 학습성과에 미치는 영향: 수업선호 매개효과를 중심으로. 학습자중심교과교육연구, 20(15), 1001-1015.

이인서(2020). 다층성장모형을 활용한 산학협력 유형별 대학의 영향요인 분석: 제도주의 동형화와 자원의존이론 관점에서. 교육정치학연구, 27(4), 285-312.

이지원(2024). 지역사회 연계형 중국어 캡스톤디자인 교육과정 사례 연구. 중국어교육과연구, 42, 19-38.

이하나, 김민정(2024). 산학연협력 캡스톤디자인 수업이 대학핵심역량의 제고에 미치는 효과성 검증 연구. 한국디자인문화학회지, 30(1), 281-290.

임미가(2019). 기술적 문제해결을 위한 학습양식의 도출과 검사도구 개발. 한국교원대학교 대학원 박사학위논문.

임미가(2020). 인공지능 시대에서 기술 교육의 방향에 대한 고찰. 한국실과교육학회지, 33(4), 81-102.

임미가(2022). 챗봇 튜터를 활용한 AI 융합 발명 교육 프로그램 개발. 대한공업교육학회지,

47(2), 198-222.

임미가(2023a). 캡스톤디자인 연구노트. CNULINC3.0 캡스톤디자인센터.

임미가(2023b). 글로벌 캡스톤디자인. 캡스톤디자인 혁신교수법 세미나 발표 자료.

임미가(2023c). 캡스톤디자인 따라하기. AI 융합 캡스톤디자인 강의 자료.

임미가(2024). 창의융합 교육의 방법. 창의융합 영재 교육 세미나 발표 자료.

임미가(2025). 글로컬 캡스톤디자인. 캡스톤디자인 성과공유회 발표 자료.

임미가, 강바람(2024). 리버스 엔지니어링을 활용한 공학 교육 프로그램 개발. 교사교육연구, 63(4), 601-617.

임소현, 박경호, 김은미, 최나연, 구경아, 설가인, 이윤정, 어경록, 송민아, 김애린, 이승주(2024). 학과(전공) 분류 자료집. 교육부, 한국교육개발원.

임욱빈, 황영아(2021). 경영컨설팅 분야 캡스톤디자인 수업사례 연구: H대학 재직자 중심학과 사례를 중심으로. 경영교육연구, 36(6), 101-118.

장경원(2023). 프로젝트기반학습으로 수업할까?. 학지사.

장경원, 성지훈(2012). 문제중심학습의 소집단 구성방식에 대한 대학생들의 인식. 학습자중심교과교육연구, 12(4), 231-260.

장영은(2023). 지역사회를 활용한 캡스톤디자인 수업 개선방안 연구. 인문사회21, 14(1), 3769-3778.

전호성(2024). LINC 사업은 대학을 산학협력 친화형으로 변화시키는 데 기여하였는가?: 산학협력 수익에 대한 효과를 중심으로. 한국교육, 51(1), 235-264.

정미선, 정세영(2022). 대학의 학습자 중심 교수법 연구 동향. 학습자중심교과교육연구, 22(24), 1029-1045.

정용교(2024). 글로컬 캡스톤디자인 수업의 설계와 적용: 한-베 대학 교류활동 중심으로. 사회과교육, 63(2), 31-47.

정용운(2024. 5. 30.). 대전 유성구, 대학과 손잡고 청년기획단 발대식 기최. 뉴스티엔티대전. http://www.newstnt.com/news/articleview.html?inxno-377183

정윤숙, 유지원, 손나영(2020). 대학의 프로젝트 기반 학습 평가를 위한 프로젝트 수행 역량 평가틀 개발: 설계기반연구. 교육평가연구, 33(2), 455-486.

정정미(2022). 코로나19 상황에서 집중이수제로 운영된 간호 캡스톤디자인 수업 사례. 보건의료생명과학논문지, 10(2), 243-252.

조위수, 한강우(2020). 내 · 외국인 학생의 지역사회 연계형 수업에 관한 소고. 문화교류와 다문화교육, 9(5), 83-102.

충남대학교 링크사업단(2024). 충남대학교 링크사업단 홈페이지. https://linc3.cnu.ac.kr

충남대학교 산학협력단(2025, June 20). 직무발명신고서 양식 및 특허프로세스. https://

iuc.cnu.ac.kr/iuc/tech/intellectual.do
충남대학교 지식재산전문인력양성사업단(2025a, July 14). CNU-MICP 지식재산 실무인재 인증 과정. https://ipedu.cnu.ac.kr/ipedu/undergraduate/major01.do
충남대학교 지식재산전문인력양성사업단(2025b, July 14). 충남대학교 지식재산전문인력양성사업단 홈페이지. https://ipedu.cnu.ac.kr/ipedu/index.do
키프리스(2025, April 2). 상표검색결과. https://www.kipris.or.kr/khome/search/searchResult.do?tab=trademark
키프리스(2025a, June 20). KIPRIS 특허정보 검색 시스템 검색(직무발명과 개인발명에 대한 예시, 상세검색 예시). https://www.kipris.or.kr
키프리스(2025b, June 20). 구명튜브가 결합된 백팩 공개특허 검색 결과. https://www.kipris.or.kr/khome/search/searchResult.do
키프리스(2025c, June 20). 농약 잔류량을 저감시킨 애플민트 재배방법 특허 검색 결과. https://www.kipris.or.kr/khome/search/searchResult.do
특허로(2025a, July 14). 명세서 작성 방법. https://www.patent.go.kr/smart/jsp/ka/menu/guide/main/GuideMain0208.do
특허로(2025b, July 14). 특허로 전자출원시스템. https://www.patent.go.kr
특허청 유튜브(2022. November), 전자출원 개요 및 사전절차. https://www.youtube.com/watch?v=a_wjk5KYueA
특허청(2023, May 1). 전자출원 개요 및 사전절차 [YouTube 동영상]. https://www.youtube.com/watch?v=a_wjk5KYueA
특허청(2025, August 19). 산업재산권 등록제도. https://www.kipo.go.kr/ko/kpoContentView.do?menuCd=SCD0200286
특허청(2025, April 2). 상표 검색 결과. https://www.kipris.or.kr/khome/search/searchResult.do?tab=trademark#none
특허청(2025a, July 14). 명세서 및 출원서 양식 다운로드 페이지. https://www.patent.go.kr/smart/jsp/kiponet/ma/websolution/OnlineWrite.do
특허청(2025b, July 14). 민원서식 명세서 양식. https://www.kipo.go.kr/ko/cvcmpFrmList.do
특허청(2025c, July 14). 직무발명제도 소개. https://www.kipa.org/ip-job/index.jsp
특허청(2025d, July 14). 특허출원 가이드. https://www.patent.go.kr/smart/jsp/ka/menu/guide/main/GuideMain0207.do
특허청(2025e, July 14). 특허출원. https://www.kipo.go.kr
한국공학대학교(2024). 한국공학대학교 홈페이지 학사정보. https://www.tukorea.

ac.kr/haksa/2988/subview.do?utm_source=chatgpt.com

한석실(2023). '아동수학지도' 수업에서 캡스톤 디자인 수업모형 적용 효과. **한국보육학회지**, 23(1), 15-25.

한양대학교 ERICA(2025, April 2). G-캡스톤디자인 유형. https://erica.hanyang.ac.kr/bbs/url/26f8/142a6

한양대학교(2025, April 2). 캡스톤디자인 유형. https://linc.hanyang.ac.kr/front/ko/training/capstone-program/capstone

허미선, 이정민(2021). 국내 캡스톤 디자인 교육의 학습효과에 관한 메타분석. **한국콘텐츠학회논문지**, 21(4), 331-346.

허원회(2021). 지역사회와 연계한 공학계열 종합설계 연구. **한국융합학회논문지**, 12(3), 133-139.

황윤자, 정효정(2021). 디지털 헬스케어 분야 디자인씽킹 기반 교과형 캡스톤디자인 적용 방안 탐색. **실천공학교육논문지**, 13(2), 261-270.

황지영(2022). PBL을 적용한 캡스톤 디자인 수업에서 유아교육과 학생들의 수업경험 분석. **유아교육학논집**, 26(1), 25-50.

황지영(2023). 유아교육과 캡스톤 디자인 적용 사례연구-교수자의 수업운영을 중심으로. **어린이문학교육연구**, 24(4), 273-306.

ABET (2017). *Criteria for accrediting engineering programs (2018-2019)*. Engineering Accreditation Commission. ABET. https://www.abet.org

Anderson, L. W., & Krathwohl, D. R. (Eds.) (2001). *A taxonomy for learning, teaching, and assessing: A revision of Bloom's taxonomy of educational objectives*. Longman.

Australian National University (2020). Capstone project course outlines. https://programsandcourses.anu.edu.au

Belbin, R. M. (2010). *Team roles at work* (2nd ed.). Routledge.

Deloitte (2023). 2023 manufacturing industry outlook. https://www2.deloitte.com/

Deslauriers, L., McCarty, L. S., Miller, K., Callaghan, K., & Kestin, G. (2019). Measuring actual learning versus feeling of learning in response to being actively engaged in the classroom. *Proceedings of the National Academy of Sciences*, *116*(39), 19251-19257.

Freeman, S., Eddy, S. L., McDonough, M., Smith, M. K., Okoroafor, N., Jordt, H., & Wenderoth, M. P. (2014). Active learning increases student performance in science, engineering, and mathematics. *Proceedings of the National Academy of Sciences*, 111(23), 8410-8415.

Holmes, W., Bialik, M., & Fadel, C. (2019). *Artificial intelligence in education: Promises and implications for teaching and learning.* Center for Curriculum Redesign.

Hotaling, N., Fasse, B. B., Bost, L. F., Hermann, C. D., & Forest, C. R. (2012). A quantitative analysis of the effects of a multidisciplinary engineering capstone design course. *Journal of Engineering Education, 101*(4), 630-656. https://doi.org/10.1002/j.2168-9830.2012.tb01122.x

Johnson, D. W., & Johnson, R. T. (1989). *Cooperation and competition: Theory and research.* Interaction Book Company.

Kilpatrick, W. H. (1918). The project method. *Teachers College Record, 19*, 319-323.

Kolb, D. A. (1995). *Experiential learning: Experience as the source of learning and development.* Prentice Hall.

Larmer, J., Mergendoller, J., & Boss, S. (2015). *Setting the standard for project based learning.* Ascd.

Lim, M. (2024). Developing a framework for the integration of artificial intelligence in technology education: Enhancing learning and innovation. *Technical Journal, 18*(2), 229-233.

OECD (2022). *Does higher education teach students to think critically?* https://www.oecd.org

Todd, R. H., Magleby, S. P., Sorensen, C. D., Swan, B. R., & Anthony, D. K. (1995). A survey of capstone engineering courses in North America. *Journal of Engineering Education, 84*(2), 165-174.

UNESCO (2021). *Reimagining our futures together: A new social contract for education.* UNESCO Publishing.

Wagenaar, R. (1993). The capstone course. *Teaching Sociology, 21*(3), 209-214.

Webb, N. M. (1982). Group composition, group interaction and achievement in cooperative small groups. *Journal of Educational Psychology, 74*(4), 475-484.

저자 소개

박수정 Soojung Park

서울대학교 교육학 박사

현 충남대학교 교육학과 교수

〈주요 저서〉

『대학 전공 선택+a』(학지사, 2025)

『신입생을 위한 대학 생활 안내서』(충남대학교출판문화원, 2025)

『대학 수업은 처음입니다』(학지사, 2023)

『교육행정입문』(박영스토리, 2024)

『교육연구논문작성법』(박영스토리, 2024)

임미가 Mika Lim

한국교원대학교 교육학 박사

현 서울대학교 대학혁신센터 선임연구원

〈주요 저서〉

『AI와 디지털 헬스케어』(커뮤니케이션북스, 2025)

『지역사회 문제해결 캡스톤디자인 2024』(문원미디어, 2025)

『중 · 고등학교 기술 · 가정과 서논술형 평가도구 자료집』(한국교육과정평가원, 2021)

김정은 Jeongeun Kim

충남대학교 교육학 박사

현 충남대학교 교육대학원 초빙교수

〈주요 저서〉

『(NCS 학습모듈) 철근콘크리트 시공 현장안전관리』(교육부, 2023)

『(NCS 학습모듈) 철강재 시공 도면 파악』(교육부, 2023)

김영아 Younga Kim

충남대학교 농학 박사

현 충남대학교 지식재산융합학과 초빙교수

〈주요 저서〉

『창의적인 지식재산 캡스톤디자인』(충남대학교출판문화원, 2024)

『창업과 창직』(해림, 2018)

『청춘, 오사카에서 창업 ITEM을 찾다』(문예마당, 2018)

『둥글둥글 지구촌 식물이야기』(풀빛, 2012)

『실내 공기정화식물 기르기』(푸른행복, 2009)

AI시대 캡스톤디자인 교육
Capstone Design Education in the Age of AI

2025년 8월 25일 1판 1쇄 인쇄
2025년 9월 1일 1판 1쇄 발행

지은이 • 박수정 · 임미가 · 김정은 · 김영아
펴낸이 • 김진환
펴낸곳 • (주)학지사
04031 서울특별시 마포구 양화로 15길 20 마인드월드빌딩
대표전화 • 02-330-5114 팩스 • 02-324-2345
등록번호 • 제313-2006-000265호

홈페이지 • http://www.hakjisa.co.kr
인스타그램 • https://www.instagram.com/hakjisabook

ISBN 978-89-997-3500-4 93370

정가 20,000원